本书拓展资源

前　言

城市轨道交通是一种容量较大，运送速度较快的交通方式，可为乘客提供安全、快速便捷、舒适的运送服务，能解决城市道路拥堵，尾气污染、出行难的问题。在城市的发展过程中，城市轨道交通凭借运能大、速度快、能耗低、安全、准点等特点，成为缓解城市交通压力的主要交通工具之一。

随着我国经济持续快速发展与城市规模不断扩大，城市交通需求与日俱增。在此形势下，城市轨道交通成为改善城市交通状况和缓解环境污染的有效途径，并进入了高速发展的时期。从北京开始修建我国第一条城市轨道交通线路以来，截至 2022 年 6 月，我国城市轨道交通累计通车里程达 9607 千米，累计已有 51 座城市的 277 条线路通车运行，实际开行列车 279 万列次，完成客运量 17.8 亿人次，进站量 10.8 亿人次。未来五年，我国城市轨道交通的建设必将掀起新一轮高潮，轨道交通行业的人才需求也将进一步扩大。

城市轨道交通供电系统作为城市轨道交通系统的动力来源，是城市轨道交通车辆能够正常运行和车站设备能够正常使用的重要保障。没有供电系统安全可靠地供电，城市轨道交通各个方面就无法正常运行，城市轨道交通供电系统施工方法和操作标准是城市轨道交通供电系统安全运行的保证和施工参照依据。编写本书的目的，不仅让读者对城市轨道交通供电系统有基本了解，而且还可作为城市轨道交通供电系统现场工作人员的施工指南和参考标准，使其能够适应当前职业教育"校企融合、工学结合"的教学改革形式，与获取城轨"1+X"证书的参考教材。

通过本书的学习，应能熟悉城市轨道交通供电系统的组成与功能，掌握城市轨道交通供电系统中的变电所、环网电缆、动力照明系统、接触网、杂散电流防护系统及电力监控系统施工的组织措施、工艺和流程。

本书紧密结合城市轨道交通供电系统相关施工岗位要求，根据城市轨道交通供电系统的组成结构、施工工艺与操作流程组织教学内容，可作为大中专学校供电类专业学生和教师的教材或参考用书，也可作为从事轨道交通供电系统工作的施工人员和技术人员的普及读本。本书内容全面，且理论与实践相结合。各项目都设置了章节导学和课后习题，能够引导读者有目的、有针对性地学习。本书各项目建议学时安排如下：

序号	内容	学时
1	项目 1　城市轨道交通牵引供电系统施工概述	6
2	项目 2　城市轨道交通变电所施工	10
3	项目 3　环网电缆施工	8
4	项目 4　动力照明系统配线安装施工工艺	8
5	项目 5　城市轨道交通接触网施工	26
6	项目 6　杂散电流防护系统与接地网施工	6
7	项目 7　电力综合监控系统施工	8

为学习贯彻落实党的二十大精神，本书根据《党的二十大报告学习辅导百问》《二十大党章修正案学习问答》，在数字资源中设置了"二十大报告及党章修正案学习辅导"栏目，以方便师生学习。

本书由西安铁路职业技术学院薛博文担任主编，西安市轨道交通集团有限公司王晓博担任主审，西安市轨道交通集团有限公司电力调度中心朱亮和西安铁路职业技术学院尚俊霞担任副主编，西安地铁公司培训部樊坤参编；其中项目2、项目4，任务5.1、任务5.2、任务5.3和项目6由薛博文编写，任务5.4、任务5.5、任务5.6、任务5.7和任务7.1、任务7.2由尚俊霞编写，项目1和项目3由朱亮编写，任务7.3、任务7.4由樊坤编写。

限于编者水平，书中疏漏在所难免，诚恳广大读者提出宝贵意见。

编者

2023 年 1 月

"十四五"职业教育系列教材

城市轨道交通供电施工

主　编　薛博文

副主编　朱　亮　尚俊霞

参　编　樊　坤

主　审　王晓博

中国电力出版社

CHINA ELECTRIC POWER PRESS

内 容 提 要

本书为"十四五"职业教育系列教材。全书分为 7 个项目，主要内容包括城市轨道交通牵引供电系统施工概述、城市轨道交通变电所施工、环网电缆施工、动力照明系统配线安装施工工艺、城市轨道交通接触网施工、杂散电流防护系统与接地网施工、电力综合监控系统施工。本书紧密围绕城市轨道交通供电系统相关施工岗位要求编写，内容全面，理论与实践相结合；各项目都设置了章节导学和课后习题，能够引导读者有目的、有针对性地学习。

本书可作为全国大中专院校供电类专业的教材，也可作为从事轨道交通供电系统工作的施工人员和技术人员的普及读本。

图书在版编目（CIP）数据

城市轨道交通供电施工/薛博文主编 . —北京：中国电力出版社，2023.4
"十四五"职业教育系列教材
ISBN 978 - 7 - 5198 - 6602 - 0

Ⅰ. ①城… Ⅱ. ①薛… Ⅲ. ①城市铁路－轨道交通－供电系统－工程施工－职业教育－教材
Ⅳ. ①U239.5

中国版本图书馆 CIP 数据核字（2022）第 045775 号

出版发行：中国电力出版社
地　　址：北京市东城区北京站西街 19 号（邮政编码 100005）
网　　址：http://www.cepp.sgcc.com.cn
责任编辑：霍文婵　郑晓萌（010 - 63412322）
责任校对：王小鹏
装帧设计：郝晓燕
责任印制：吴　迪

印　　刷：望都天宇星书刊印刷有限公司
版　　次：2023 年 4 月第一版
印　　次：2023 年 4 月北京第一次印刷
开　　本：787 毫米×1092 毫米　16 开本
印　　张：12.25
字　　数：301 千字
定　　价：38.00 元

目　　录

项目 1　城市轨道交通牵引供电系统施工概述

在现代城市发展进程中，城市轨道交通系统（简称城轨交通系统）在公共交通系统中的地位越来越重要。而城市轨道交通供电系统（简称城轨供电系统）作为城轨交通系统的重要组成部分，是其牵引动力的来源，也是其更多机电设备正常运行的重要保障，没有可靠安全的供电系统供电，没有牵引系统足够的动力支持，就不可能有城轨交通系统的正常运行。本单元主要介绍城轨供电系统的组成与特点，施工组织措施及工艺流程。

任务 1.1　城轨供电系统的功能与要求

城轨供电系统的功能就是为城轨交通系统的正常运行提供电能。该系统与铁路或地方企业供电系统的结构和供电方式有很大区别，所以它的功能和要求也存在一定的特殊性。

1.1.1　城轨供电系统的功能

城轨供电系统是城市轨道交通运营的动力源泉，主要负责为电动列车提供牵引用电，为车站、车辆段、控制中心等建筑提供动力和照明用电，具有安全、可靠、经济、适用及调度方便等特点，同时还具备供电服务、故障自救、自我保护与防误操作等功能。

1. 供电服务功能

为城轨交通系统安全提供运营服务是城轨供电系统的最基本功能，即为城轨交通系统所有的用电设备提供安全可靠的电能，该系统中的用电设备既有风机、水泵、照明灯具等固定设备，也有运行中的电动列车。由于这些设备的电压等级和供电制式不同，它们对电源的要求也不同。因此，城轨供电系统就是为这些用电设备（负荷）提供合格的电力，使其正常运行并保证城轨交通系统的安全运营。

2. 故障自救功能

安全性、可靠性是对城轨供电系统的基本要求。城轨供电系统应设置必要的备用措施，以保证其发生任何故障时都不影响城轨交通系统的正常运行。双电源则是城轨供电系统设置的主要原则，即两路电源应互为备用，一路电源故障时另一路电源应能满足系统正常的供电要求。城轨供电系统的主变电所、牵引变电所和降压变电所均为双电源、双机组，且两路电源应来自不同的上级变电所或同一变电所的不同母线；动力照明系统的一级、二级负荷则采用双电源、双回路供电；牵引网则采用双边（故障时大双边）供电方式以实现双电源的供电要求。

3. 自我保护功能

城轨供电系统应设置完整、协调的保护措施。各级保护应相互配合和协调，即保护装置应满足可靠性、灵敏性、速动性和选择性的要求。在系统某处发生故障时，应使最近的保护装置先动作，只切除故障部分的设备，从而缩小故障的影响范围。对于牵引供电系统，为了保证乘客的安全，按照"宁可误动作，不可不动作"的保护原则，则应优先保护装置的速动性。而误动作可通过自动重合闸进行校正，保护装置的不动作则可能造成比较严重的后果。

4. 防误操作功能

防误操作是保证城轨供电系统安全、可靠运行所不可缺少的环节。城轨供电系统中任何一个环节的操作都应具有相应的联锁条件，可避免因误操作发生故障。联锁条件一般既可以是机械的，也可以是电气的，还可以是电气设备本身所具备的或在操作规程上规定的。

5. 灵活的调度功能

城轨供电系统应能在控制中心进行集中控制、监视和测量，并根据运行需要方便灵活地进行调度、变更运行方式，分配负荷潮流，实现系统在更加经济合理的模式下运行。当系统因故障造成一路或两路电源退出运行时，电力调度可以对供电分区进行调度和调整，以保证城轨电动列车的正常运行。

6. 控制、显示和计量功能

城轨供电系统应能方便地进行各种控制操作。各环节的运行状态应有明确的显示，各种电量测量和电能计量应准确无误，并具备远距离控制、调节和监视功能。即在控制中心就可根据运行条件需要，灵活方便地进行电力调度，从而提高系统运行的经济性。

7. 电磁兼容功能

城轨交通系统一般处于强电、弱电等多个系统共存的电磁环境，为使系统内各种电气及电子设备在这个环境中能正常工作，且不对该环境其他设备、装置或子系统构成无法承受的电磁干扰，它们内部及与其他系统之间的电磁兼容则显得尤为重要。由于城轨供电系统既是电磁干扰源，又是电磁敏感设备，因此应在技术上采取措施抑制干扰，提高其抗干扰能力。

1.1.2 城轨供电系统供电制式

城轨交通系统均采用电力牵引，即由接触网向电动列车供电，由于其运行线路位于地下或城市高大建筑群之间，供电半径小，牵引吨数较少，因此所需的供电电压并不高（一般在直流 550～1500V 之间），所以城轨供电系统主要采用无干扰、容易控制的直流供电方式。

目前世界城轨交通系统的直流牵引电压等级有直流 600V、750V 和 1500V 等多种；我国规定了直流 1500V 和 750V 两种电压制式。一般 1500V 采用架空接触网供电方式，750V 采用第三轨供电方式。由于牵引供电电压低，线路电流较大，为满足载流量的要求，一般刚性接触网采取增大导线截面积的措施；柔性接触网则采取双承力索、双接触线或双承力索单接触线另加双馈线悬挂形式的解决措施。

1.1.3 对城轨供电系统的要求

城轨供电系统对保证城轨交通系统可靠、安全运行具有重大的影响，应满足安全性、可靠性、适用性、经济性与先进性的基本要求。

1. 安全性

安全性是指在城市轨道交通工程运营过程中城轨供电系统的安全程度。它直接关系到乘客、运营人员、行车和设备的安全。为保证城轨供电系统的安全，应从系统和设备的安全性两方面着手。系统安全性设计一般包括电气联锁、继电保护、综合接地、应急照明电源等方面；设备安全性设计主要是选择安全、合适容量的变压器、牵引整流器、断路器、隔离开关、接地开关与电缆等设备。

2. 可靠性

可靠性是指城轨供电系统对电动列车及各种动力、照明负荷的持续供电能力。它是保证城轨交通系统的正常运营、事故处理与灾害救援等方面的前提条件。城轨供电系统的可靠性涉及了规划、设计、运行管理等各个方面，涵盖了供电、变电、配电等各个环节，一般由供电系统电气原理的可靠性和电气设备的可靠性作为支撑。

为提高城轨供电系统的可靠性，在系统设计时应从各个环节着手，分析系统的故障现象和原因，研究定性或定量的评定指标，提出具体可行的保证措施。因此其电源供电方式应根据城市轨道交通可靠性的要求，采用双电源供电。当电源点（主变电所或电源开闭所）一个电源退出时，另一个电源应能保证系统的正常供电；当一个电源点的两个电源都退出时，应能从相邻电源点引入两路应急电源，保证重要负荷的电力供应，维持城轨交通系统持续运行。

3. 适用性

适用性是指城轨供电系统的建设应满足城市交通运输的建设目的和对性能的要求，主要通过系统设计来实现。供电系统设计时应根据城市交通运输需求确定系统的建设标准、技术水平、设备档次、施工工期、建设费用等项目，并与城市特点、功能定位及特殊要求相适应。

4. 经济性

经济性是指在满足城轨供电系统的安全性、可靠性与适用性的前提下，实现项目全生命周期内系统费用的最低化。供电系统设计时可通过优化电源网络结构实现外部电源资源共享，从而降低工程的施工投资，并选用成熟设备和新型材料降低系统的设备投资和运行费用。

5. 先进性

先进性体现在设计理念、系统方案、设备技术、管理手段等多个方面，并兼顾系统的基本功能、投资规模、运营成本、环保要求、操作灵活性及技术发展等因素。先进的设计理念应充分认识到环境保护与节约能源的重要性，还要解决好电磁辐射、噪声、温室气体、不易分解废料等问题。

任务 1.2 城轨供电系统的组成

城轨供电系统作为城市电网的一个重要用户，主要由变电所、接触网（接触轨）、走行轨（钢轨）和回流线等部分构成。变电所通过接触网（接触轨），向电动车组输送电能。其组成如图 1-1 所示，归纳起来主要由外部供电系统、中压供电网络、牵引供电系统和动力照明系统四大部分组成。

1.2.1 组成结构

1. 按系统功能划分

城轨供电系统组成结构按系统功能可分为外部电源、主变电所或电源开闭所、牵引供电系统、动力照明系统、杂散电流防护系统与电力综合监控系统几部分。

（1）外部电源。一般作为城轨供电系统中主变电所或电源开闭所提供电力的外部城市电网电源，供电方式主要有集中式供电、分散式供电和混合式供电三种。外部电源设计时应考虑城轨交通系统的

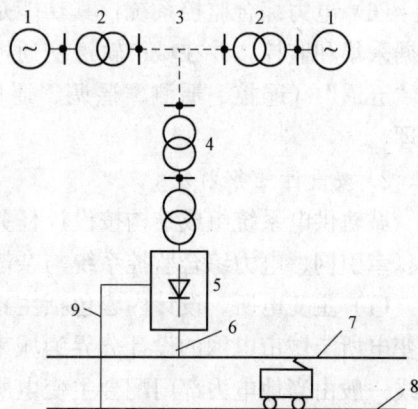

图 1-1 城市轨道交通供电系统
1—发电厂（站）；2—升压变压器；3—电力网；4—主变电所；5—直流牵引变电所；6—馈电线；7—接触网；8—走行轨；9—回流线

电力负荷、城市现有供电网络及发展规划、主变电所或电源开闭所的布置等情况，因此设计城轨供电系统时首先应确定外部电源的供电方式和电源引入位置。

(2) 主变电所或电源开闭所。主变电所适用于外部电源集中供电方式，其功能是接受城市电网高压电源（交流 110kV 或 220kV）经降压向牵引变电所、降压变电所提供中压电源（交流 35kV 或 10kV）。电源开闭所适用于外部电源分散供电方式，一般与车站牵引（或降压）变电所合建，其功能是接受城市高压电源并为牵引变电所与降压变电所提供中压电源。

(3) 牵引供电系统。包括牵引变电所与牵引网，其功能是将交流中压降压整流变成直流 1500V 或 750V 电压，为电动列车提供牵引电能。牵引变电所可分为正线、车辆段或停车场三种。正线牵引变电所又分为车站和区间牵引变电所，一般采用建筑物内变电所的形式，也有少量的箱式牵引变电所。牵引网包括馈电线、接触网、走行轨（钢轨）与回流网；接触网作为电动列车的供电装置，通过受电弓与其滑动接触将电能供给电动列车，分为架空接触网和接触轨两种悬挂方式；馈电线是牵引变电所与接触网之间的连接线，由牵引变电所整流机组母线引出，在分相装置两侧连接接触网；走行轨（轨道回路）作为牵引电流回路；回流网的作用是使轨道回路内牵引电流流回牵引变电所，一般利用走行轨，少数工程单独设置回流轨。

(4) 动力照明系统。该系统包括降压变电所及动力照明配电系统，其功能是将中压网络 35kV（10kV）交流高压降为 380V/220V 动力与照明用电，为轨道交通系统运营需要的照明、通风、空调、电梯、闸机、防灾报警、通信、信号等运营服务设施与机电设备提供低压电源。

动力照明系统根据降压变电所设置位置可分为车站、车辆段、停车场与控制中心降压变电所，还可与牵引变电所合建成牵引、降压混合变电所（牵混所）。此外，地面轨道交通线路还可采用箱式降压变电所。

(5) 杂散电流防护系统。其功能是减少直流牵引供电系统产生的杂散电流并防止其扩散，尽量避免杂散电流对城轨交通系统本体及其附近结构钢筋、金属管线的电腐蚀，并对杂散电流及其腐蚀防护情况进行监测。

(6) 电力综合监控系统：其功能是实时对城市轨道交通各变电所、接触网设备进行远程数据采集和监控，并在城市轨道交通控制中心通过变电所综合自动化系统对主要电气设备进行"五遥"（遥控、遥测、遥调、遥信与遥视），实现对整个城轨供电系统的运营调度和管理。

2. 按设计任务划分

城轨供电系统组成结构按设计任务可分为主变电所、全线系统、牵引变电所、降压变电所、牵引网、电力综合监控系统与杂散电流防护系统几部分。

(1) 主变电所。设计内容包括主接线、二次接线、设备选择、设备布置、土建设计等。主变电所与城市电网的设计分界为城市电网变电所 110kV（或 66kV）高压出线间隔。电源外线一般由当地电力部门配合主变电所设计单位设计。主变电所与全线系统的设计分界为主变电所中压馈线开关的电缆接线端，中压馈出线设计归全线系统。

(2) 全线系统。设计内容包括供电系统方案、中压网络、牵引/降压变电所布点、系统运行方式、潮流分析、谐波计算、综合接地系统、再生能量吸收装置及 UPS（不间断电源）整合等。全线系统与牵引/降压变电所的设计分界为中压进线开关引入端。

（3）牵引变电所。设计内容包括主接线、二次接线自用电、设备平面布置、电缆敷设等。牵引变电所与接触网的设计分界为接触网隔离开关的电源端、回流箱的电源端。上网电缆（牵引变电所到接触网的配电电缆）及回流电缆设计由牵引变电所单位负责。

（4）降压变电所。设计内容包括主接线、二次接线、自用电低压无功补偿、设备平面布置与电缆敷设等。降压变电所与动力照明的设计分界为降压变电所低压开关柜的馈出端子，而低压馈出电缆及配电系统设计由动力照明系统单位负责。

（5）牵引网。设计内容包括接触悬挂、支持结构与基础、附加导线、防雷与接地、平面布置等。接触网隔离开关、回流箱及尾线设计由牵引网单位负责。

（6）电力综合监控系统。变电所综合自动化系统由变电所设计单位负责，综合自动化屏的通信端口属电力监控系统，所需要的通信信道由通信单位设计。如果城轨交通系统采用综合监控系统，则电力综合监控系统将被集成到综合监控系统中并作为其中一部分统一设计。

（7）杂散电流防护系统。该系统涉及多个专业，设计内容包括排流柜、排流钢筋与监测系统等。

1.2.2　外部供电系统

现代电力工业已经构建了覆盖辽阔地域的电力系统，生产电能的发电厂（站）因所利用的能源不同可分为火力发电厂（用煤、油为燃料）、水力发电厂、核能发电厂及风力、地热、太阳能和潮汐能等发电厂。由于电能具有大容量传输特点，这些发电厂一般与其负荷中心（用户）相距甚远。因此，为增大传输容量和减少线路的电压损失与能量损耗，通常在发电厂的输出端接升压变压器，把发电机发出的电能提高到较高的电压等级，然后再以 110kV 或 220kV 的高压通过输电网输送到各地的区域变电站。

在区域变电站中，电能先经过降压变压器将 110kV 或 220kV 的高压降低电压等级（10kV 或 35kV），再输送给本区域内的各用电中心。城轨交通系统对电能的需求相对较大，要求供电可靠性高，强大的城市电网为城轨交通系统提供了必要的电能保证。因此城轨供电系统既可从区域变电站高压侧母线取电，也可从下一级电压的城市地方电网取电，这取决于城市地方电网、城市轨道交通线路的具体情况及牵引负荷容量。

对于直接从区域变电站高压侧获得电能的城轨供电系统，需建设主降压变电站（也称为主变电所），即将外部系统输电电压 110kV/220kV 降低到 35kV/10kV 以适应牵引电动列车与动力照明系统的供电需求。主降压变电站一般沿地铁线路靠近车站的位置建设，以便引入电缆线路。

通常，国家供电系统总是把在同一个区域的若干发电厂通过高压输电线和变电站联系结合起来组成统一的供电系统，向该区域负荷供电。这样通过各级电压输电线将发电厂、变电站和电力用户联结起来的一个发电、输电、变电、配电和用户的统一体被称为电力系统。

随着电力建设事业的不断发展，我国基本形成以 500kV 线路为骨架、省城际间 220kV 为主干通道的输变电网络，110kV 网络逐渐向高压配电网转化。近几年来，我国大力发展交流 1000kV、直流 ±800kV 特高压输电技术，使我国电力工业走在世界前列。组成统一的电力系统有如下优越性：

（1）充分利用动力资源。火力发电厂发出多少电能就需要相应地消耗多少燃料，而其他类型的发电厂，能发出多少电能取决于当时该发电厂的动力资源情况。例如，水电站的水位高低，随自然环境条件的变化而变化，因此，组成统一的电力系统后，在任何时候，都可以动态地调整各种动力资源，以求发挥其最大效益。

（2）减少燃料运输，降低发电成本。大容量火力发电厂所消耗的燃料庞大，若不采用远距离输电，则发电厂必然要建在负荷中心附近而不能建在燃料资源生产地，这样就需大量运输燃料，使发电成本升高。采用高压输电电力系统以后就可以解决以上问题，即将发电厂建在动力资源丰富的地方，降低发电成本。

（3）提高供电的可靠性。由于供电区域内的负荷是由多个发电厂组成的电力系统共同供电的，这样与单个发电厂独立向自己负荷供电比较起来，对负荷供电的可靠性就可以提高，因为系统内发电厂之间可起到互为备用的作用。与此同时，整个系统的发电设备容量也可减少很多，降低了设备的投资费用。

（4）提高发电效率。组成电力系统之前，每个发电厂的容量都是按照它的供电负荷大小设计选择的，如果该地区负荷小，则发电设备单机容量必小。通常，单机容量小的发电设备总比大容量的发电设备运行效率低一些，因此组成电力系统后，不但各发电厂的单机容量尽可能可以选得大一些，以提高单机的运行效率，而且总机组数目也可以减少，还不受各地区负荷大小的限制。因为它们是由统一电力系统供电，这样就达到了提高发电效率的目的。

如图1-2所示，虚线2以上，即从发电厂（站）经升压、高压输电网、区域变电站至主变电站（城轨供电系统的"主变电所"）的部分通常被称为城轨供电系统的"外部（一次）供电系统"。

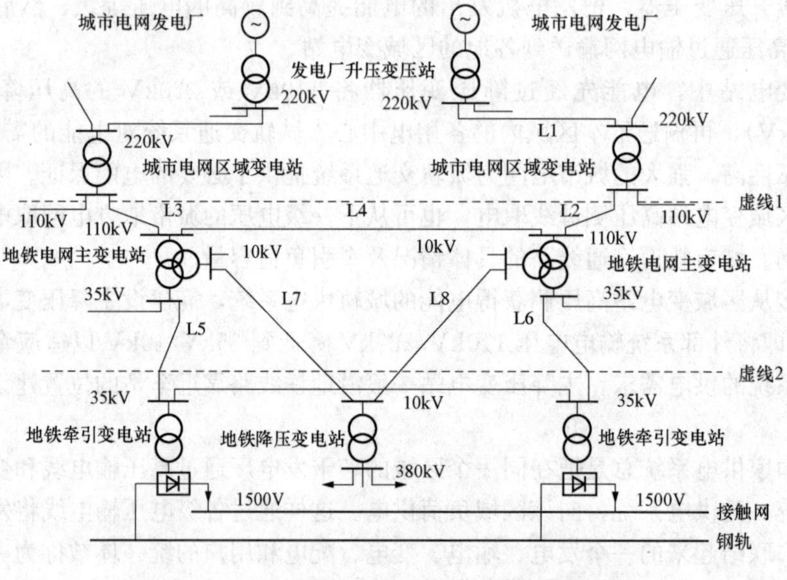

图1-2　城市电网外部供电系统和牵引供电系统

1.2.3　牵引供电系统

如图1-3所示，城轨牵引供电系统包括主变电所（当它不属于电力部门时）、牵引变电所（牵引变压器与整流机组）、馈电线、接触网、钢轨及回流线等。在城轨牵引供电系统中，电能从牵引变电所经馈电线、接触网输送给电动列车，再从电动列车经钢轨（也称轨道回路）、回流线流回牵引变电所。其中由馈电线、接触网、钢轨、回流线组成的供电网络称为牵引网。因此，城轨牵引供电系统主要由牵引变电所和牵引网组成。

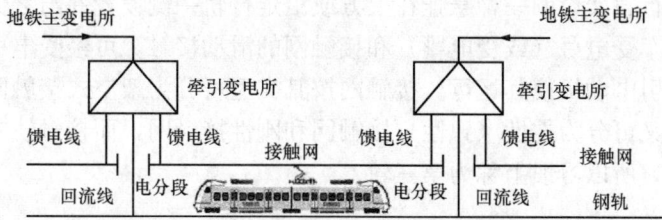

图 1-3　城轨牵引供电系统

1. 牵引变电所

供给城轨交通系统一定区域内牵引电能的变电所，是牵引供电系统的核心。一般由进出线单元、变压变流单元及馈出单元构成。其主要功能是将中压环网的 35kV 或 10kV 三相高压交流电经变压变流单元后转换为城轨列车所需的直流电（1500V 或 750V），并分配到左右线供电分区供列车牵引之用。牵引变电所主要设备是变压器和整流器，具体任务是将从区域变电所或主变电所获得的电能，经牵引变压器降压，然后经整流器将交流电整流成直流电后输送到接触网上，再由接触网供给电动车组的直流电动机使用。一般牵引变电所的间距比较小，仅为 2~4km，这样能够缩短供电距离、减小线路电压损失与电能损耗并保证供电分区末端电压的等级不变。

牵引变电所向接触网供电一般采用双边供电，在事故情况下可越区供电（大双边供电），保证了供电的可靠性及灵活性。供电方式如图 1-4 所示。

（1）正常供电方式。由各牵引变电所整流后提供的直流电通过其馈线隔离开关 K1、K2 向 1、2、3 和 4 供电分区的接触网供电。每个供电分区由相邻的两个牵引所分别向其供电，这种供电方式称为双边供电。为确保其供电安全性，各牵引变电所纵向隔离开关 K3 为常开状态。

（2）越区供电方式（大双边供电）。如图 1-4 所示，各牵引变电所整流后的直流电通过馈线隔离开关 K1、K2 向接触网供电时，当其中的一个牵引变电所发生故障时，该系统可实现越区供电（即大双边供电），从而确保该供电分区的接触网连续受电。例如，当牵引变电所 2 发生故障时，通过闭合牵引变电所 2 的 K3 断路器，断开其 K1、K2 断路器，即能够确保供电分区 2 和供电分区 3 的接触网连续受电。

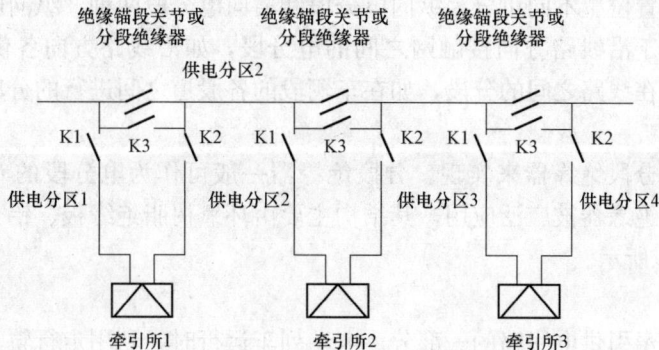

图 1-4　城轨牵引供电系统的供电方式

2. 接触网

接触网是沿走行轨架设的一种悬挂在上方或沿走行轨一侧设置并与之保持一定位置的输电网,通过电动列车受电弓(或受电靴)和接触网的滑动接触,可经受电弓向电动列车供给电能,驱动直流牵引电动机使其运行。接触网按其类型可分为架空式接触网和接触轨式接触网,按其悬挂形式又可分为柔性(弹性)接触网和刚性接触网,而接触轨是沿线路敷设的与轨道平行的附加轨,所以习惯上称为第三轨。

3. 馈电线

从牵引变电所向接触网输送牵引电能的导线称为馈电线,即连接牵引变电所和接触网的导线,它负责把牵引变电所的输出电能馈送给接触网。

4. 回流线

用以供牵引电流返回牵引变电所的导线称为回流线,即连接轨道和牵引变电所的导线,通过回流线使做功后的电流返回牵引变电所。

5. 电分段

电分段是在纵向和横向上将接触网从电气连接上互相分开的装置。为了使接触网的供电安全、可靠和灵活,通常在接触网的区间和车站之间、车辆段和区间之间及一些特殊线路的始端,如电动车组上部设备检查线、试车段等线路加设电分段,如图1-5所示。

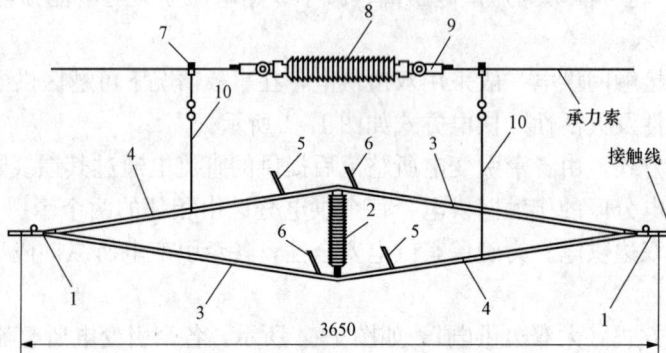

图1-5 电分段设备结构

1—接头线夹;2—桥绝缘子;3—绝缘滑道;4—导流滑板;5—A型引弧棒;6—B型引弧棒;
7—承力索吊弦线夹;8—承力索绝缘子;9—承力索楔形线夹;10—微调式整体吊弦

电分段根据设置位置不同可分为纵向电分段和横向电分段两种。纵向电分段是指沿线路方向进行分段,用于沿线路方向接触网之间的电分段,如沿线路方向各供电臂之间的电分段。横向电分段是在线路之间的分段,如在车辆段的各股道之间进行的分段或用于复线上下行股道之间。

电分段通常用分段绝缘器来实现。分段绝缘器一般可作为电分段的专用绝缘装置。目前,环氧树脂分段绝缘器被广泛应用,其结构主要由环氧树脂绝缘板、铝合金导流滑板等部件组成,如图1-6所示。

6. 走行轨

走行轨构成了牵引供电回路的一部分。电动列车运行时,利用走行轨(钢轨)作为牵引电流回流的电路。在采用跨坐式单轨电动车组时,需沿线路专门敷设单独的回流线。走行轨

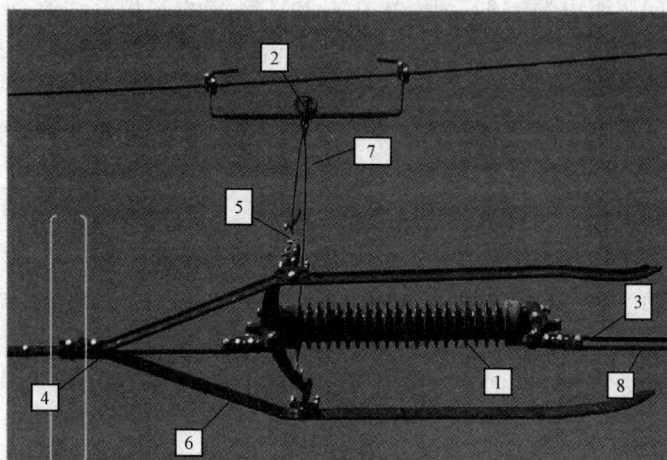

图1-6 分段绝缘器

1—主绝缘器；2—滑轮、辅助滑道；3—开口侧接触线、并沟线夹；4—闭口侧接触线、
并沟线夹；5—调节螺栓；6—滑轨；7—辅助索；8—滑轨开口侧端部距接触线连接

在非电力牵引区段起导向作用，在电力牵引区段不仅具有导轨作用，而且还是供电回路的组成部分。因此，走行轨具有常态导电性。

1.2.4 动力照明系统

城轨动力照明系统如图1-7所示。各部分功能简述如下。

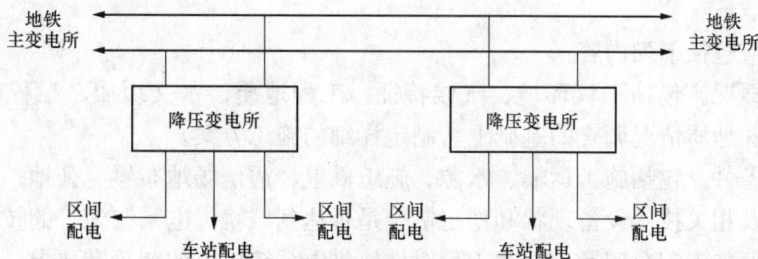

图1-7 城轨动力照明系统

1. 降压变电所

降压变电所将三相电源进线电压降压为三相380V交流电，其主要用电设备是风机、水泵、照明、通信、信号与防火报警设备等。

2. 配电所（室）

配电所（室）仅起到电能分配的作用。降压变电所通过配电所（室）将三相380V和单相220V交流电分别供给动力、照明设备，各配电所（室）为本车站及其两侧区间动力和照明等用电设备配电。

3. 配电线路

配电所（室）与用电设备之间的导线称为配电线路。在动力照明系统中，降压变电所一般每个车站设置一个，有时也可几个车站合设一个，也可将降压（动力）变压器附设在某个牵引变电所中构成牵引与动力混合变电所。

地铁车站及区间照明电源一般采用 380V/220V 系统的三相五线制配电系统。正常时，工作照明、事故照明均由交流电源供电，当失去交流电源时，事故照明自动切换为蓄电池供电，应确保事故期间必要的紧急照明。车站设备负荷按供电的重要性可分为以下三级：

（1）一级负荷：包括事故风机、消防泵、主排水站、售检票机、防灾报警、通信信号、事故照明。

（2）二级负荷：包括自动扶梯、普通风机、排污泵、工作照明。

（3）三级负荷：包括空调、冷冻机、广告照明、维修电源。

对于一级负荷和二级负荷，要求有两路电源供电，当一台变压器故障解列时，另一台变压器可承担全部一级和二级负荷。三级负荷由一路电源供电，当一台变压器故障解列时，可根据运营需要自动切除。

任务 1.3　城轨供电系统施工概述

城轨供电系统施工主要包含城轨各种变电所施工、环网电缆施工、动力照明系统配线安装施工、城轨接触网施工、杂散电流防护系统与接地网施工、电力综合监控系统施工等，其施工准备情况流程基本一致，但施工环节均不相同。本节对其施工准备流程与组织设计进行介绍，施工环节将在后续章节中分别介绍。

1. 施工调查

施工调查前应根据已掌握设计文件和资料，制定调查提纲，调查结束后应编写调查报告。

施工调查应包括下列内容：

（1）工程概况。包括工程环境、气候特征、工程地质、水文地质、工程规模数量和特点，并应在特殊地质情况调查的基础上，制定详细的施工方案。

（2）施工条件。包括施工运输、水源、施工供电、通信场地布置、征地、拆迁情况等。

（3）线路及相关技术设备现状和稳定情况是否达到城轨供电系统施工的技术要求，先期工程进度情况及施工配合问题。相关工程对城轨供电系统施工的制约和要求。

（4）牵引变电所的土建和相关工程进度情况及施工配合问题。

（5）当地原材料及半成品的品种、质量、价格及供应能力，设备、器材到达情况及沿线存放地点。

（6）当地地方生活供应、医疗、卫生、防疫和民族风俗。

（7）对当地生态、环境保护的一般规定和特殊要求，工程对环境可能造成的近期、远期影响。

（8）其他尚待解决的问题。

2. 设计文件的核对

对设计文件的核对应包括下列内容：

（1）国家和行业相关工程建设标准和产品标准，设计文件组成与内容。

（2）工程施工图与实际情况、有关专业图纸的一致性。

（3）城轨供电系统外部电源供电方案。

（4）影响城轨供电系统施工的迁改工程协议落实。

（5）主要设备的图纸及相关技术资料，各专业接口及相互衔接的相关文件。

（6）施工方案、方法和技术措施，对设计响应性的优化。

施工单位应全面熟悉设计文件，并进行现场核对，当与实际情况不符时，应及时提出修改意见。在设计文件核对后，应将结果及存在的问题，呈报监理与设计单位。

3．实施性施工组织设计

（1）编制实施性施工组织设计方案应通过全面的调查研究，按照建设项目的工期要求和投资计划，有计划地合理组织和安排好工期、施工方案、施工方法、施工顺序，并提出劳动力、材料、机具设备等生产资源的合理配置。

（2）编制实施性施工组织设计方案，应遵循下列原则：

1）满足指导性和综合性施工组织设计。

2）进行技术经济方案的比选，择优确定方案。

3）应完善施工工艺，积极采用新技术、新工艺、新材料和新设备。

4）因地制宜，就地取材，应符合环境保护、安全生产及职业健康等法律、法规要求。

5）根据工程特点和工期要求，安排好施工顺序及工序的衔接。

6）提高施工机械化作业水平，提高劳动生产率，减轻劳动强度，加快施工进度，确保工程质量。

7）应根据实际工程数量、工程特点、工期要求，合理组织施工队伍，统筹安排工程进度。

（3）编制实施性施工组织设计应以下列因素为依据：

1）建设项目的合同文件、设计文件、相关标准、施工技术指南和施工工艺。

2）调查资料，如气象、交通运输情况、当地建筑材料分布临时辅助设施的修建条件，以及水、电、通信等情况。

3）施工人员及机具现状，现行施工定额和本单位实际施工水平。

（4）实施性施工组织设计应包括下列内容：

1）工程概况、地区特征、气候气象、工程地质、工程设计概况、工期要求、质量要求、主要工程数量等。

2）工程特点、施工条件、施工方案、交通运输，任务分工，各工程的衔接与配合，施工队伍部署，运输与施工的配合。

3）临时场地布置，水、电、燃料供应方法。临时工程修建规模、地点、标准及工程量。

4）安全、质量控制目标，施工进度安排、施工形象进度。

5）施工测量及工程检测等。对通信、信号、电力工程的配合技术要求及措施。拆迁、干扰处理工作量及措施。

6）机械设备配备、劳动力配备、主要材料供应计划，主要器材、机具的筹备及配备，当地材料供给等。

7）施工管理、工程质量和施工安全保证措施，施工过程中对环境的影响因素所采取的保护措施，自然灾害等紧急情况的应急预案。

8）主要技术经济指标及相应的技术组织措施等。

（5）实施性施工组织设计应在开工前作为开工报告的一部分经报批后实施；在实施过程中应根据客观条件、生产资源配置的变化情况及时调整施工组织设计，并实行动态管理。施工单位应根据承包方合同或上级下达的施工组织计划，做好施工组织工作与施工组织计划。

（6）单位工程施工组织计划应贯彻全线（段）工程施工组织计划的精神和要求，应简明、具体并切合实际，主要有下列内容：

1）概述。包括线路概况、工程概况与编制依据。

2）施工地区特征。包括地区特征，气象资料，交通运输情况，沿线水、电、燃料、砂、石等可资利用的情况，地区卫生防疫情况与沿线劳动力等资源情况。

3）主要工程数量及经济技术指标，施工队伍的部署，施工任务的划分、工期及主要工程进度分季度计划。

4）控制工期的工程项目施工方案、实施措施、月份计划、季度施工计划与主要物资供应计划。

5）对通信、信号、电力工程的配合技术要求及措施。

6）主要工程项目的施工方法，以及保证安全、质量的具体措施与办法，施工经济责任制的具体办法，拆迁、干扰处理工作量及措施，临时工程修建规模、地点、标准及工程量。

7）图表资料。包括主要工程数量表，主要劳动力数量表，材料、设备数量表，施工机具数量表，干扰、拆迁数量表；有关施工调查资料，施工图纸目录，主要经济技术指标，有关协议、纪要及公文，施工进度示意图，施工点部署与任务划分平面布置示意图。

施工单位应根据设计文件提供的设备和主要材料数量，评估材料与设备申请计划提报上级物资部门。施工单位应根据批准的技术设计（或扩大初步设计）、施工图及施工调查资料提出详细的材料、设备申请计划。施工订货时，产品的技术条件应符合设计文件，若订货确有困难需改代用产品，应事先征得设计单位和建设单位的同意。

4. 施工机械准备

（1）施工机械应根据实施性施工组织设计要求，应配备污染少、能耗小、效率高的机械。

（2）施工机械应机况良好，零配件、附件及履历书齐全。施工机械应分期完成准备并适应施工进度的要求，确保正常施工。

（3）施工机械的安装应选择适宜地点，机械运转时的废气、噪声、废液、振动等应尽量减少对周围环境造成的污染和影响。

（4）近民用区时，各项排放指标均应达到现行《建筑施工场界环境噪声排放标准》（GB 12523）、《污水综合排放标准》（GB 8978）、《环境空气质量标准》（GB 3095）等有关标准的规定。

（5）施工机械配套应针对城轨供电系统的特点，以实现机械化均衡生产为目标，配套的生产能力应与施工能力相匹配。此外，还应配备工程必需的施工、试验及检测设备。

5. 施工场地与临时工程

（1）施工场地布置应符合下列要求：有利于生产文明施工、节约用地和保护环境；事先应统筹规划、分期安排，便于各项施工活动有序进行，避免相互干扰。

（2）施工场地布置应包括下列内容：运输道路的引入和其他运输设施的布置，水、电设施的位置，大型机具设备的组装和检修场地，各种生产、生活等房屋的位置以及场内临时排水系统的布置。

（3）临时工程施工应符合下列要求：运输道路应满足运量和行车安全要求，各类建筑及房屋应符合相关的安全消防规定，爆破器材库、油库位置应符合规定，房区内应有通畅的给排水系统并避开高压电线。

（4）严禁将住房等临时工程布置在易受洪水、雨雪等自然灾害威胁的地点。

（5）临时工程及场地布置应采取措施保护自然环境。工程竣工后，修整并恢复受到施工影响的植被与自然资源等。

6. 作业人员

（1）施工单位应在施工前和施工过程中，对管理人员和作业人员进行技术安全培训。

（2）施工作业人员资质应符合相关法规规定。对从事特殊作业的人员，按规定持证上岗。

7. 开工报告

（1）城轨供电系统施工准备工作完成后应按规定提交开工报告。开工报告应包括建设项目名称、单项工程名称、工程地点、施工单位、申请开工日期、实际开工日期、开工项目的主要内容、准备工作情况以及存在的问题。

（2）工程开工应具备下列条件：

1）设计文件、施工图纸经会审通过，已满足施工要求。

2）实施性施工组织设计和施工图预算已经批准。

3）各专业工程的分段承包方合同已全部签订。施工队伍、施工机械设备与施工材料等已满足开工需要。

4）施工复测、定测工作已满足开工要求，达到连续作业的条件。

5）施工现场的安全技术措施符合规定要求。

8. 施工管理要求

（1）对施工、监理单位的管理到位。根据不同施工阶段有侧重地抓施工过程中的管理环节，有效利用业主和监理的每周工地例会、地铁公司协调会与调度会平台及时协调和解决施工安装调试过程中的问题，有效地推动工程进度。

（2）轨行区管理权的顺利移交。在轨道长轨铺通后，轨行区的管理权由铺轨单位移交给供电系统施工单位，供电系统施工单位可使用轨道车辆作业，便于大型设备吊装、大量电缆支架安装、电缆的敷设，大大加快了施工进度，同时也保证了机械作业规范施工工艺。

（3）合理制定设备房移交的标准和时间。城轨供电系统设备房由装修单位装修完毕后应移交给施工单位。根据工期计划安排，装修单位对各车站变电所现场情况调查摸底后，明确设备房装修时间及交房标准，装修过程中应按照进度进行，以确保施工单位在设备安装施工前房间环境整洁，保证在设备安装就位后不会因设备房继续装修而受到污染。

（4）供电设备质量优质、供货及时及供货商售后服务体系完善。根据设备房进度，结合安装进度要求，合理地安排甲方（城轨供电设备生产供货方，下同）供应设备，应使设备到货与安装时间基本匹配。例如，西安地铁1、2号线供电系统中变电所设备均为甲方供应，可选择国内业绩好、设备性能质量可靠、厂商信誉高的供货商。这些高质量的优质供电设备是城轨供电系统的核心设备，也是可靠、安全送电的基本保障。

9. 施工管理注意事项

（1）甲方与乙方（地铁运营公司）设计联络过程中甲方应及时提交准确的设备资料，如设备外形尺寸（设计需依此提资考虑设备运输通道）。若到货设备实际尺寸与提交资料不一致，或设备到货后发现预留门洞过小无法通过，需破墙而入，将使施工协调难度加大，给设备运输和就位带来麻烦。

（2）轨行区和各变电所电缆夹层的积水和垃圾是城轨供电系统施工中的顽疾，在城轨每条线路供电系统施工时都会出现此类问题，可根据管理部门制定并执行详细的移交标准。

（3）孔洞预留问题。很多孔洞是在土建结构施工阶段预留的，但部分施工单位不重视，未按设计图纸预留，造成孔洞或者预留尺寸存在很大误差，则可能导致供电设备无法安装。因此，管理与监理部门应监督供电系统土建施工单位严格按图施工，一旦发现图纸有问题应及时与设计单位联系确认，特别是在附属工程移交前应认真细致地检查。

（4）供电设备安装后的成品保护问题。供电设备安装后，由于施工单位的交叉作业，对设备的污染问题十分突出，尤其是装修单位在室内粉刷各种管道的油漆时对供电设备的污染可能带来损失。施工时应注意：尽量在土建装修工程完成后进行设备安装，因工期问题，必须进行设备安装时，应对设备采取有效的保护措施。各施工单位沟通应及时，相互了解各施工单位的进度及内容，对影响设备污染的问题应提前采取措施。

（5）建立对施工单位、监理单位的长效考核管理机制与施工过程中督促各单位的管理机制，需要主管处室内固定考核人员，每月由施工负责人严格检查和考核，形成固定的考核机制。

10. 施工技术注意事项

（1）供电设备房地面。城轨线路中很多直流开关柜设备基础平面与房间地面高度差不能达到0～3mm的要求，其结果导致直流开关柜手推车在拉出后再推回柜内难度较大，部分导轨已被撞弯，影响使用。为避免类似问题再次出现，应确保施工单位在运营前将不符合要求的地面按设计要求处理到位。

（2）1500V开关柜安装绝缘不符合设计要求。主要原因是前期安装环境过于潮湿或者施工单位没有按照规范施工。应对措施是安装前根据需要对设备房进行除湿，对施工人员的施工工艺交底要清楚、细致并严格执行工艺标准，还应在制造厂技术人员的督导下进行安装。

（3）杂散电流连接端子丢失现象严重。在城轨供电系统施工过程中，原本已施工完毕的杂散电流连接端子大面积丢失，有些地段几乎完全丢失。为避免此类问题再次出现，应针对走行轨旁杂散电流连接端子设计优化方案，要求连接端子不裸露在外，而是埋在地平面下孔洞内。由于在建设阶段车辆未运行前，杂散电流很小，因此要求在隧道内其他专业基本施工完毕后并在电动列车试运行前安装。

（4）环网电缆穿越人防门。设计要求土建单位在预埋门框筋网时提前将钢管预埋在内以便环网电缆穿过，并要求在预埋前将钢管切通缝3mm，以防电缆带电后在钢管中产生涡流而烧断，所以凡在电缆需穿越穿管地段，可采用玻璃钢管或增大钢管径将三相电缆同穿一根管，使得三相涡流互相抵消。

（5）部分电缆夹层内电缆敷设问题。变电所下夹层内电缆敷设时交叉严重，某些专业施工时不按设计要求分层敷设，电缆绑扎不规范，电缆标示不明或缺失。所以一方面应加强对施工单位的管理，对施工人员进行技术交底，统一施工标准、工艺，及时理顺敷设电缆；另一方面对于不同专业共用支架，施工单位应加强沟通，相互核对图纸，避免交叉敷设。

（6）城轨供电设备的运输通道大多采用砌砖封堵，且墙上装设有其他系统设施，如果设备大修更换时需砸墙、拆卸其他设备势必影响地铁运营安全，建议后续地铁设备运输通道设计成卷帘门或其他宜开启的方式。

结语：城轨供电系统在施工过程中，本身工程量较大，加之工期紧，与其他各专业接口众多，经常出现多个专业交叉施工。因此，应加强对施工单位的管理和不同专业之间的协调与沟通。

习 题

1. 城轨供电系统由哪些部分组成？各组成部分有什么作用？
2. 城轨供电系统采用何种制式？原因是什么？
3. 城市电网向城轨供电系统的供电形式有哪些？
4. 编制实施性施工组织设计方案应遵循什么原则？
5. 城轨供电系统工程开工应具备哪些条件？
6. 城轨供电系统施工时的管理和技术上的注意事项有哪些？

项目 2　城市轨道交通变电所施工

城轨供电系统变电所主要负责将高压 35kV（10kV）变电给牵引电动车组用电直流 1500V 和照明动力系统用电交流 220V/380V，一方面应能保证城轨电动车组能够正常取流运行，另一方面能够使城轨动力照明系统可靠工作。其施工标准应按照《城市轨道交通技术规范》（GB 50490—2009）与《35kV～110kV 变电站设计规范》（GB 50059—2011）执行。

任务 2.1　变电所施工工艺

2.1.1　牵引变电所施工工艺流程

牵引变电所施工工艺流程如图 2-1 所示。

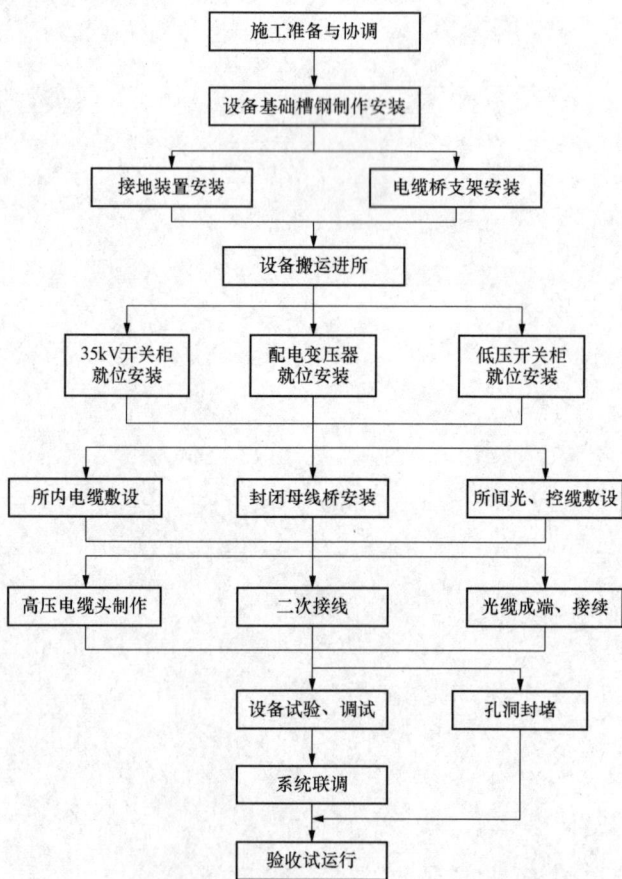

图 2-1　牵引变电所施工工艺流程

2.1.2 降压变电所施工流程

降压变电所施工工艺流程如图2-2所示。

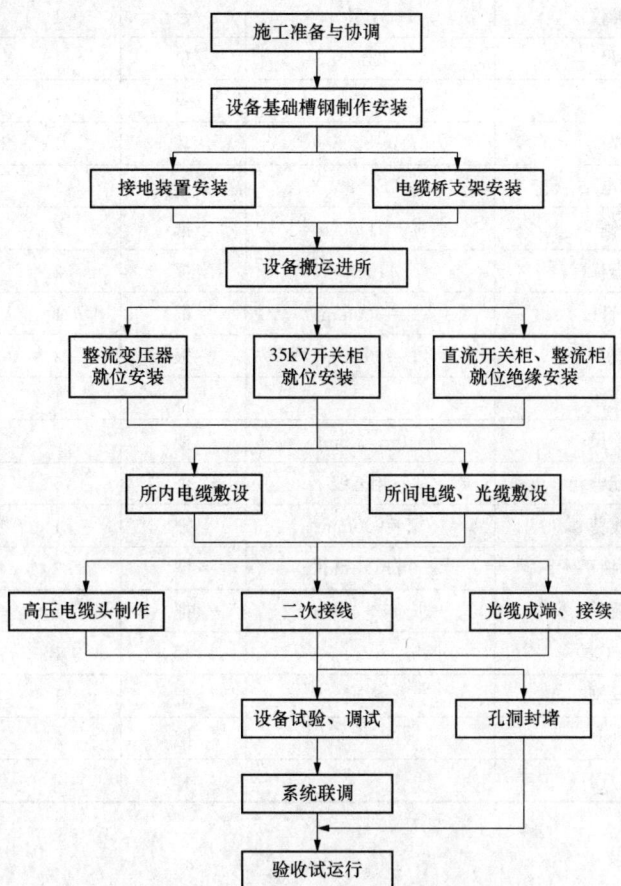

```
┌─────────────────┐
│  施工准备与协调  │
└────────┬────────┘
┌─────────────────┐
│设备基础槽钢制作安装│
└────────┬────────┘
┌──────────┐      ┌──────────────┐
│ 接地装置安装│      │ 电缆桥支架安装 │
└──────────┘      └──────────────┘
┌─────────────────┐
│   设备搬运进所   │
└────────┬────────┘
┌──────────┐ ┌──────────┐ ┌──────────────┐
│整流变压器 │ │35kV开关柜│ │直流开关柜、整流柜│
│就位安装   │ │就位安装   │ │就位绝缘安装   │
└──────────┘ └──────────┘ └──────────────┘
┌──────────┐      ┌──────────────┐
│所内电缆敷设│      │所间电缆、光缆敷设│
└──────────┘      └──────────────┘
┌────────────┐ ┌────────┐ ┌──────────────┐
│高压电缆头制作│ │ 二次接线 │ │光缆成端、接续  │
└────────────┘ └────────┘ └──────────────┘
┌────────────┐      ┌────────┐
│设备试验、调试 │      │ 孔洞封堵 │
└────────────┘      └────────┘
┌────────────┐
│  系统联调   │
└────────────┘
┌────────────┐
│  验收试运行  │
└────────────┘
```

图2-2 降压变电所施工工艺流程

2.1.3 牵引降压混合变电所施工工艺

1. 设备基础预埋件安装

（1）施工准备。

1）人员组织，见表2-1。

表2-1　　　　　　　　　　设备基础预埋件安装人员组织

序号	人员组织	单位	数量	备注
1	施工负责人	人	1	施工组织
2	测量、划线	人	2	测量、划线、找平
3	变电安装工	人	2	钻孔、安装
4	电焊工	人	1	焊接

2）工机具准备，见表2-2。

表 2‑2　　　　　　　　　　　　　　设备基础预埋件安装所需工机具

序号	名称	规格	单位	数量	备注
1	水准仪	S3 型	台	1	
2	塔尺	3m	只	1	
3	水平尺	$L=1000mm$	只	1	
4	电焊机	Bx—205	套	1	
5	冲击电钻	TE—22	台	1	
6	手锤	1kg	把	2	
7	锤击棒	$\phi10cm$	根	2	
8	钢钎	$L=450mm$	根	1	
9	撬棍	$L=600mm$	根	2	
10	墨斗线		只	1	
11	钢卷尺	30m 与 5m	把	2	
12	电源配电箱	三相五线	个	1	带漏电保护装置
13	断线剪	$L=900mm$	把	1	
14	活口扳手	250mm×30mm	把	2	
15	呆扳手	长 17~19cm	把	3	
16	电工工具		套	1	
17	钢丝刷		把	1	
18	毛刷		把	2	
19	照明灯具		套	2	

（2）施工程序。

1）施工工艺流程，如图 2‑3 所示。

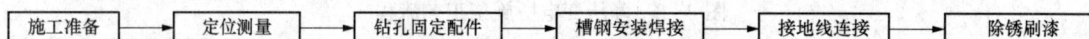

施工准备　→　定位测量　→　钻孔固定配件　→　槽钢安装焊接　→　接地线连接　→　除锈刷漆

图 2‑3　牵引降压混合变电所施工工艺流程

2）施工要点。

a. 施工准备。首先依据施工图纸将基础型钢安装所需的预埋配件加工备齐；接着按图纸尺寸将槽钢调平、调直，并加工成框架形状，以便现场安装。当槽钢长度超过 5m 时，应每间隔 2m 左右加一角钢支撑，点焊固定，除去焊渣及铁锈并刷两次防锈漆。加工完成的槽钢框架偏斜度应小于 1mm/m，每根槽钢全长的偏斜度小于 5mm，槽钢间距误差不应大于 2mm；最后备好施工用工具，检修好机具。

b. 测量与定位。首先清理施工场地建筑杂物、清扫结构地板及预留孔洞；接着用钢卷尺测量和校核土建施工预留孔洞的位置是否符合设计图纸要求；然后根据施工图纸用钢卷尺、墨线在地板上画出型钢安装基准线，将槽钢摆放到位，根据土建装饰层标高，用水准仪测量槽钢面是否符合标高要求；最后将预埋配件按图纸摆放到位，与槽钢稍微分开少许，以便焊接，并按配件的固定孔，画出"十"字线。

c. 钻孔与固定配件。首先用冲击电钻对准固定配件的"十"字线，垂直地板钻孔并清除孔内粉尘，接着将膨胀螺栓装入孔内，最后将焊接基础型钢的配件固定拧紧。

d. 基础型钢安装与焊接。首先依照位置基准线安放好基础槽钢，用水准仪测量基础槽钢顶面水平是否符合室内地坪标高，要求基础型钢水平误差小于1mm/m，每件全长的水平误差小于2mm；接着用钢卷尺测量基础槽钢间的距离是否符合设计图纸要求；然后测量槽钢顶面水平、位置与间距无误后，用点焊的方法将型钢与预埋配件焊接；最后将整条槽钢各点用点焊方法固定、复测无误后再将所有固定点逐点按全断面焊接，不应有虚焊。槽钢安装焊接如图2-4所示。

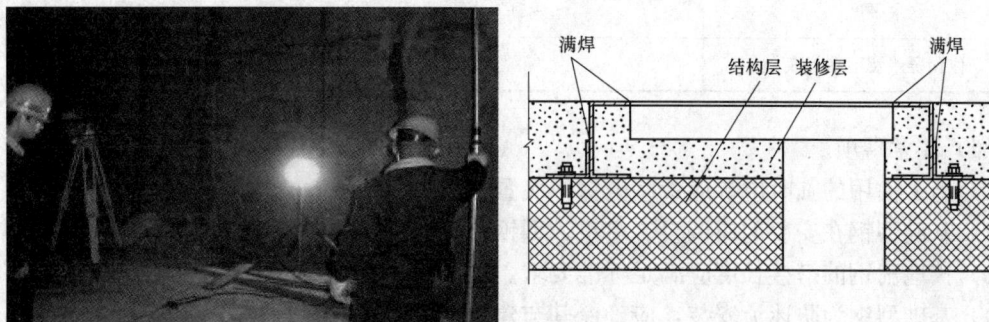

图2-4　槽钢安装焊接图

e. 接地线连接。首先依设计图要求，基础型钢间用镀锌扁钢焊接接地线（设计未注明时一般采用40mm×4mm镀锌扁钢）；接着将每个设备基础型钢两端用扁钢作接地焊接；然后将各基础型钢间用扁钢连接并按设计要求引出与主接地线连接；最后将过门及穿墙扁钢用膨胀螺栓固定后引出与主接地线连接。接地线连接过程如图2-5所示。

图2-5　接地线连接过程

f. 除锈刷漆。基础型钢及接地扁钢全部焊接后，敲掉焊缝焊渣，刷两遍防锈漆。

（3）施工标准。

1）按照《电气装置安装工程盘、柜及二次回路接线施工及验收规范》（GB 50171—2012）,《电气装置安装工程接地装置施工及验收规范》（GB 50169—2016）及设备标准的要求施工。

2）基础型钢、轨道用的槽钢应平直无扭曲、变形，槽钢的倾斜度应小于1mm/m，全长倾斜度应小于5mm。

3）基础型钢顶面水平与开关室地坪水平面一致，水平度误差应小于1mm/m，全长水平度误差小于 2mm。

4）基础型钢位置误差及不平行度全长应小于 5mm，见表 2-3。

表 2-3　　　　　　　　　　　　　基础型钢安装的允许偏差

项目	允许偏差	
	mm/m	mm/全长
倾斜度	<1	<5
水平度	<1	<2
位置误差及不平行度	—	<5

（4）注意事项。

1）施工使用的临时电源应带漏电保护装置。

2）基础型钢在安装前应调直、整正，型钢及接地线焊接应满焊，不许有虚焊与假焊。

3）接地扁钢的搭接长度应满足标准要求。

4）基础型钢为防迷流安装，应确保其与建筑结构钢筋绝缘。

5）槽钢安装完毕应与土建专业浇筑地坪时密切配合，保证槽钢与地坪的水平度。

6）施工时电焊周围不得有易燃物品，施工完毕做到工完、料净、场地清。

2. 电缆桥（支）架安装

（1）施工准备。

1）主要材料。包括立柱、托臂、桥架、连接件、紧固件、膨胀螺栓、裸铜绞线、线鼻子、螺栓等。

2）主要工机具。包括冲击电钻、锤子、水平尺、钢卷尺、记号笔、墨斗、扳手、钢锯、压线钳、尼龙绳、人字梯等。

（2）施工程序。

1）测量定位。依据施工设计图，用卷尺量出桥架外边缘距侧墙尺寸，在同一直线段分别取两点，经两点用墨斗在地面弹出一条直线，作为桥架外边缘的定位线；按照设计要求及现场实际情况，测出立柱安装位置，要求同侧立柱间距保持为 0.8~1.2m；将地面定位线作为立柱靠桥架侧边缘，把立柱放在所测定的位置上并临时调正，借助立柱底板安装孔，画出安装眼孔。测量定位及安装立柱如图 2-6 所示。

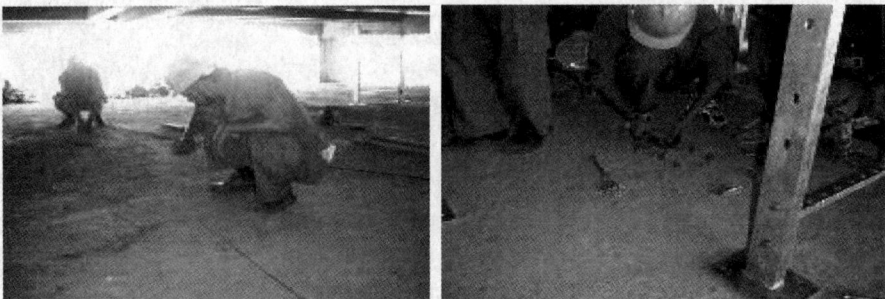

图 2-6　测量定位及安装立柱

2）钻孔及安装立柱。用冲击电钻在画出的眼孔位置上钻孔，清除孔内粉末；把膨胀螺栓敲入眼孔，并使其胀紧；先安装直线段两端的立柱，调直、整正、安装牢固后；再用尼龙绳绷紧在两立柱靠桥架侧，并以此线为依据安装其他立柱，经仔细调整后，使各直线段的立柱成一直线。

3）托臂安装。先装好直线段靠两端头的第一层托臂，再用尼龙绳绷紧在两托臂上，依据尼龙线，逐一装上该段第一层托臂。按照此法，安装好其他层的托臂，如图 2 - 7 所示。

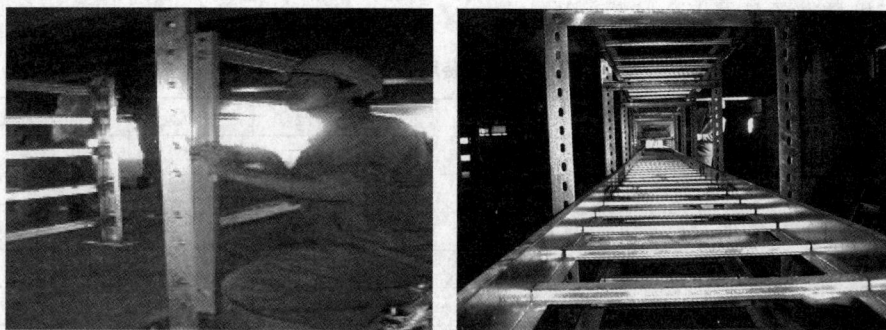

图 2 - 7　托臂及桥架安装

4）桥架安装。先安装桥架的弯通、三通与四通等特殊部位，再安装直通桥架。每层中的最后一段，可能用标准件（每节 2m）不太合适，则需根据实际需要加工桥架或量好尺寸后，由桥架生产厂家定制加工。桥架全部安装到位后，再用压板将其固定；若设计为单面立柱，可将数节直通桥架在地面上进行预装配，调直连好后，几人一起抬放到托臂上；若为双面立柱，一般情况下只能一节节地放在托臂上，再进行整体组装。

5）接地线安装。电缆桥架每节之间用裸铜绞线连接，主接地扁钢一般安装在桥架的第二层，并就近引至变电所接地干线上。

（3）施工标准。

1）桥架整体布置符合设计和使用要求。

2）同一层托臂处于同一水平面。

3）立柱布置合理，排列整齐。

4）接地线齐全、美观、安装牢固。

5）梯级桥架节间的连接螺栓与接地螺栓均由内向外穿，以防刮伤电缆。

6）桥架安装位置正确，连接可靠，同一层托臂要安装在同一平面。

（4）注意事项。

1）使用电气设备、电动工具要有可靠的保护接地（接零）措施。

2）使用人字梯必须牢固，距梯脚 40～60cm 处要设拉绳；使用单梯时上端要绑牢，下端应有人扶持。

3. 接地装置安装

（1）施工准备。

1）人员组织，见表 2 - 4。

表 2-4　　　　　　　　　　　　　接地装置安装人员组织

序号	人员组织	单位	数量	备注
1	施工负责人	人	1	施工组织
2	测量、画线	人	2	测量、画线、操平
3	电力工	人	2	钻孔、安装
4	电焊工	人	1	焊接

2）工机具准备，见表 2-5。

表 2-5　　　　　　　　　　　接地装置安装所需工机具

序号	项目	型号	单位	数量	备注
1	水准仪	DSZ2	台	1	
2	塔尺	3m	只	1	
3	电焊机	BX6—250	台	1	
4	冲击电钻	TE—22	台	1	
5	手电钻	J12—6B	台	1	
6	切割机	J3G2—400	台	1	
7	弯排机	液压式	台	1	
8	压线钳	16～240mm²	台	1	
9	角磨机	220V、250W	台	1	

（2）施工程序。

1）施工工艺流程，如图 2-8 所示。

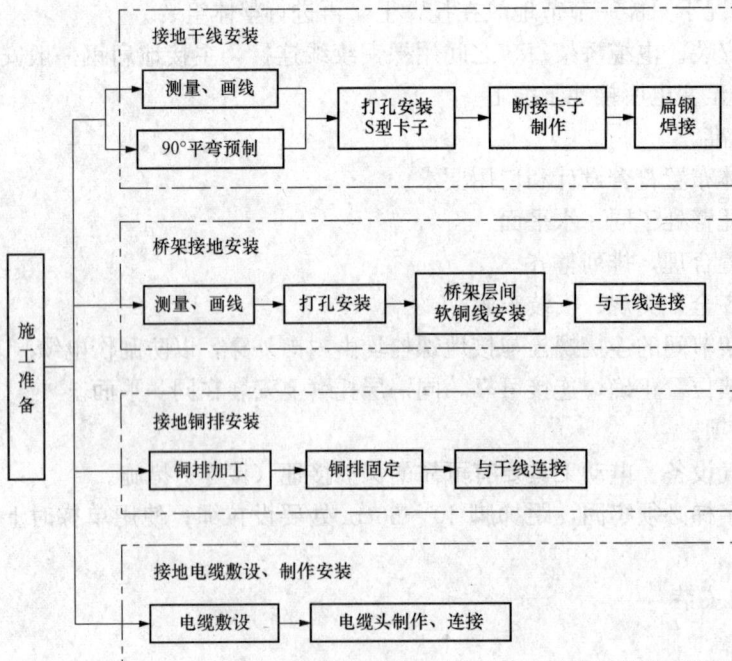

图 2-8　接地装置安装施工工艺流程

2）施工要点。

a. 施工准备。首先根据设计图纸测量、复核自然接地网电阻，或从接地网施工单位确认接地网电阻值，一般自然接地网电阻值小于或等于 1Ω；其次根据施工图纸备齐施工用料及工机具；最后将有弯曲的扁钢应用木槌敲直，以防损伤镀锌层。

b. 接地干线安装。首先应测量、画线，即用水准仪在变电所每面内墙上找两个距地面 $H+d/2$ 的点（其中 H 为扁钢距地面的设计高度，d 为扁钢宽度，单位均为 mm）。因城轨建设工程中多采用宽为 40mm，距地面 300mm 高处安装接地干线，故在墙上的点距离地面一般为 320mm；然后根据两点用墨斗弹一条直线，并在每间隔 1m，拐角处间隔 300mm 的位置做一个"十"字标记，此标记即为接地干线的打孔固定位置，要求将接地干线按 90°平弯预制，并用 40mm×5mm 的扁钢预加工成等边的 90°平弯，边长为 290mm；接着进行打孔安装，即在做有打孔标记的位置，根据嵌入式膨胀螺母型号，确定孔深及孔径。接地干线安装尺寸见表 2-6。

表 2-6　　　　　　　　　　　　　接地干线安装尺寸

序号	型号规格	孔深（mm）	孔径（mm）	螺纹长度（mm）
1	XHKT-M6	26	8	11
2	XHKT-M8	30	10	13
3	XHKT-M10	40	12	15
4	XHKT-M12	50	16	18
5	XHKT-M16	60	20	23

用手锤将嵌入式膨胀螺母芯安装好，并使其膨胀；接着用 M8×16 六角螺栓将 S 型卡子固定在墙上，如图 2-9 所示；最后将待安装扁钢放在 S 型卡子上，量出拐弯处尺寸并做好标记。制作时可先用适当的模子进行弯排，然后将扁钢钻 M6 孔，并用 M8 麻花钻头扩孔，再用沉头螺栓 M6×15 将扁钢固定在 S 型卡子上，要求扁钢与扁钢搭焊长度为宽度的 2 倍。

然后断接卡子制作。断接卡子是用作主接地干线为自然接地体和人工接地体连接用的一个扁钢接头。用 4 个 M12 螺栓固定，若搭接长度符合要求，能方便地断开与主干线的连接；最后焊接扁钢。主干线扁钢除搭接卡子外，都采用搭接焊。搭接长度为宽度的 2 倍，必须三个棱边满焊，焊缝饱满，无虚焊、假焊。焊接后应用角磨机打磨光滑，并涂两道防锈漆后，再刷银粉漆。接地干线全部完成后，均匀刷一道银粉漆，在明显的地方按设计要求每隔一段涂相等的黄绿色条纹，在

图 2-9　完成敷设的扁钢接地干线

开关柜后面的接地干线上按设计要求每间隔一段安装一个蝶形螺栓，并刷白色底漆并标以黑色记号，其代号为"⊥"。

3）桥架接地安装。

a. 测量及划线。在一排桥架立柱两端的立柱上分别找一个点，作为扁钢安装位置，一般定在从上至下第二层至第三层桥架之间，这样既方便安装，又可避免扁钢占用人行通道，

还便于电缆的敷设；接着应将两点找水平，受环境限制水准仪此时不能用，可用透明软管，充满水后，作为连通器来找水平两点。

b. 打孔安装。首先用冲击电钻在立柱的打孔位置冲一小坑，手电钻打孔时，应加一两滴机油，以降低钻头温度，使之润滑，并使钻孔变得松软一些；接着将扁钢在立柱上安装，应加一个拉力安装螺栓，这样扁钢安装完成后更笔直、美观；最后将扁钢与扁钢焊接连接，焊接要求与主干线相同。

c. 桥架层间软铜线安装。热镀锌梯级桥架之间用不少于 2 个防松螺栓连接时，不需连跨接线，但各层间应用软铜线连接，全长不少于 2 处。软铜线截面积根据设计要求确定，在无要求时，城轨建设工程中一般用 35mm² 软铜线或铜编织带；接着将各层之间连接后，再与桥架接地扁钢连接。

d. 与干线连接。将桥架扁钢与接地干线连接，并采用扁钢焊接。焊接时，为保证电缆夹层的通道畅通，连接扁钢应从夹层的天花板走，然后顺墙面向下与干线扁钢连接，要求采用搭接焊连接。

4）接地铜排安装。

a. 铜排加工。根据设计图纸选用铜材，按设计加工好后，打磨毛边，加热铜排搪锡，搪锡应均匀，无锡斑及起壳现象。搪锡前应用砂纸将铜排表面氧化物打磨掉。

b. 铜排固定。若设计无要求，根据接地电缆在桥架上的敷设高度，来确定铜排固定高度，固定时要考虑电缆接到铜排后，电缆的弯曲半径、受力情况。若电缆到铜排的距离过长，应加非标准支架来支撑电缆。要求铜排为绝缘安装，用 M10×80 膨胀螺栓，打入墙体，拧紧螺母使其胀紧，螺栓外露丝不少于 10mm，不大于支撑绝缘子的内螺栓深度，将支撑绝缘子拧紧在膨胀螺栓上。固定点按铜排长度确定，一般为 2～3 个。然后用 M10×30 螺杆将铜排固定在支撑绝缘子上。

c. 与干线连接。按《建筑电气工程施工质量验收规范》（GB 50303—2015）中母线螺栓搭接尺寸的要求，接地干线扁钢与铜排连接应用 2 个 M10 的螺栓进行固定，螺栓力矩值为 17.7～22.6N·m，接触间隙应涂一层导电脂。

5）接地电缆头制作及连接。首先按线鼻子套管长度加 5mm，开剥电缆，然后套上线鼻子，根据线鼻子大小，一般压接 2～3 次；接着缠上黑色绝缘胶带，完成电缆头制作；最后将电缆绑扎固定好后，涂一层导电脂，根据电缆截面选用固定螺栓（用 M12，力矩值为 31.4～39.2N·m）。

（3）施工标准。

1）按照《电气装置安装工程　接地装置施工及验收规范》（GB 50169—2016）、《建筑电气工程施工质量验收规范》（GB 50303—2015）的要求施工。

2）接地干线距墙面约 11mm，距地面 300mm。扁钢之间的连接采用搭接焊，焊缝长度为宽度的 2 倍，三个棱边必须满焊，焊缝不能有虚焊、假焊。变电所内和电缆夹层的接地干线间，不应少于 2 处连接。

3）桥架接地干线与主干线、桥架各层之间不应少于 2 处连接。

4）断接卡子应方便拆卸，连接长度应为宽度的 2 倍，固定螺栓不少于 2 个。

5）铜排与干线扁钢、电缆的连接应涂导电脂。

6）变电所内螺栓的拧紧力矩应符合表 2-7 的要求。

表 2-7 螺栓拧紧力矩值

序号	螺栓规格	力矩值（N·m）	序号	螺栓规格	力矩值（N·m）
1	M8	8.8～10.8	3	M12	31.4～39.2
2	M10	17.7～22.6	4	M14	51.0～60.8

（4）注意事项。

1）施工电源应带漏电保护装置。

2）使用电焊，应办动火证，并做好防火措施。

3）焊接接地干线时，应加白铁皮、湿棉布保护墙面和地脚瓷砖，防止烧坏。

4）连接自然接地体时，一定要确认自然接地体的电阻值是否符合设计要求。若不符合要求，应及时通知施工单位整改。

任务 2.2 变压器就位安装

2.2.1 整流变压器就位安装

整流变压器进变电所多采用滚杠搬运的方法，变压器由于加装了运输附件，故进变电所时不能一次性到位，还需要进行就位调整安装。由于变电所内场地空间的限制，就位调整要充分利用现场条件和现有工机具。

1. 施工准备

（1）人员组织，见表 2-8。

表 2-8 整流变压器就位安装人员组织

序号	人员组织	单位	数量	备注
1	施工负责人	人	1	
2	起重工	人	1	
3	电力工	人	6	

（2）工机具准备，见表 2-9。

表 2-9 整流变压器就位安装所需工机具

序号	名称	规格	单位	数量	备注
1	千斤顶	15t	台	4	
2	钢管	$\phi 60mm$，管壁厚 14mm	根	12	
3	链条葫芦	3t	台	2	
4	圆钢	$\phi 18mm$	根	2	
5	手电钻	220V、250W	台	1	
6	呆扳手	24～32 号	把	2	
7	方木	100mm×100mm	M3	3	
8	扒钉	$L=100mm$	根	20	
9	撬棍	$L=1600mm$	根	2	

2. 施工程序

（1）施工工艺流程，如图 2-10 所示。

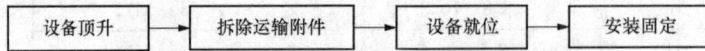

```
设备顶升 → 拆除运输附件 → 设备就位 → 安装固定
```

图 2-10　整流变压器就位安装施工工艺流程

（2）设备顶升。根据变压器本体标明的起重点，先在其下部建立支撑平台，并用液压千斤顶升起变压器，最后在变压器底座下用方木垫实。

（3）拆除运输附件。拆除运输中的附件（H 型钢），在变压器底座下铺设短钢管或圆钢。

（4）设备就位。先用链条葫芦牵拉变压器（或用千斤顶推），使变压器中心线与基础型钢中心对齐，接着用电焊点焊或螺栓固定的方法固定变压器。链条葫芦牵引变压器过程如图 2-11 所示。

图 2-11　链条葫芦牵引变压器过程

2.2.2　动力变压器就位安装

1. 施工准备

（1）人员组织，见表 2-10。

表 2-10　　　　　　　　　　动力变压器就位安装人员组织

序号	人员组织	单位	数量	备注
1	施工负责人	人	1	
2	测量、画线	人	1	
3	电力工	人	4	

（2）工机具准备，见表 2-11。

表 2-11　　　　　　　　　　动力变压器就位安装所需工机具

序号	名称	规格	单位	数量	备注
1	组合运输车	20t	套	1	
2	手摇起道器	1.5t	台	4	
3	链条葫芦	3t	台	1	

序号	名称	规格	单位	数量	备注
4	尼龙吊带	3t、3m	根	2	
5	手电钻	220V、250W	台	1	
6	攻丝器	M14	副	1	
7	呆扳手	17～21 号	把	2	
8	斧头	$L=200mm$	把	2	
9	液压小车	3t	台	2	
10	方木	100mm×100mm $L=400mm$	根	20	
11	扒钉	$L=100mm$	根	20	

2. 施工程序

(1) 施工工艺流程，如图 2-12 所示。

施工准备 → 定位测量、画线 → 就位及微调 → 攻丝固定 → 接地安装

图 2-12 动力变压器就位安装施工工艺流程

(2) 施工要点。

1) 施工准备。首先检查工机具是否良好，尤其是起重工具、尼龙吊带等，确认变压器原边和次边位置，进一步确认变压器位移方向，并备齐材料。

2) 定位测量与画线。首先根据图纸要求在变压器柜底板上画出变压器就位轮廓线，并在变压器本体槽钢上做出位置参照标记；接着在变压器四面各找一个点并做出标记，然后根据图纸要求的固定位置，在变压器底板上做出变压器四面各点的对齐点，以便微调时目测；最后若设计无具体要求，则按变压器中心线与底板中心线确定。注意要看变压器的承重槽钢是否落在变压器柜的承重部件（一般为槽钢）上，并考虑将来变压器的母线排连接是否方便。

3) 就位及微调。城轨降压变电所内的动力变压器通常是放置在变压器柜内，而变压器底板高出地坪 100mm 左右，因此应首先用方木搭建 2 个平台，要求 2 个平台的高度与柜底棱高平齐（即高出底板 20mm 左右），变压器滚轮正好可放置在 2 个平台中间；接着在变压器底板上用方木劈一个高 20mm、长 200mm 的斜坡。动力变压器就位及微调如图 2-13 所示。然后用 4 台手摇起道器将变压器升起（将 2 台液压小车插入后运至平台附近，升起液压小车将变压器放在方木平台上）；接着在变压器上套上尼龙吊带，吊带上挂链条葫芦，使链条葫芦拉紧，在链条葫芦缓缓松动的同时，2 人把变压器向变压器柜方向推动。当变压器移动到斜坡时，缓缓

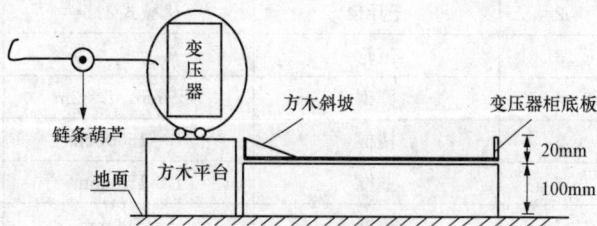

图 2-13 动力变压器就位及微调

拉动链条葫芦，使变压器溜放到变压器柜底板上；再用手摇起道器升起变压器拆掉滚轮并放至运输车上，进行前后、左右微调；最后当变压器达到固定位置时，再用手摇起道器升起变压器，脱离运输车，使变压器落在柜底板上。

4）攻丝固定。在变压器底板上钻 M12 的孔，其位置根据变压器固定卡子确定；然后用 M14 的丝锥加攻丝器攻丝，要求变压器卡子与变压器连接利用滚轮固定孔位。

5）接地安装。按设计要求，做好中性点接地与本体接地。

3．施工标准

（1）按照《建筑电气工程施工质量验收规范》（GB 50303—2015）的要求施工，变压器低压侧中性点应直接与接地干线连接。

（2）变压器支架或外壳应接地，所有连接应可靠、紧固及防松零件齐全。

4．注意事项

（1）施工前备齐工具，确认运输方案的可行性。

（2）认真检查起重工具的可靠性，起重吨位是否符合施工要求。平台搭建后，一定要用扒钉固定牢固。

任务 2.3　开关柜就位安装

2.3.1　35kV 开关柜就位安装

1．施工准备

（1）人员组织，见表 2 - 12。

表 2 - 12　　　　　　　　　　35kV 开关柜就位安装人员组织

序号	人员组织	单位	数量	备注
1	施工负责人	人	1	
2	安装作业	人	6～8	

（2）工机具准备，见表 2 - 13。

表 2 - 13　　　　　　　　　　35kV 开关柜就位安装所需工机具

序号	名称	规格	单位	数量	备注
1	龙门架		套	1	
2	千斤顶	机械式 1.5t	个	4	
3	滚轮		个	4	
4	圆钢	$\phi25\text{mm}$，$L=2\text{m}$	根	2	
5	撬棍	$L=1500\text{mm}$	根	2	带滚轮
6	撬棍	$L=1500\text{mm}$	根	2	偏头
7	撬棍	$L=500\text{mm}$	根	2	偏头
8	套筒扳手	组合式	套	1	
9	力矩扳手		套	1	
10	充气装置	抽、充两用	套	1	

序号	名称	规格	单位	数量	备注
11	木工锯		把	1	
12	斧子		把	1	
13	手锤		把	1	
14	梯子	人字，3m	架	1	
15	手电钻		台	1	
16	水平尺	$L=800mm$	把	1	

2. 施工程序

（1）施工工艺流程，如图 2-14 所示。

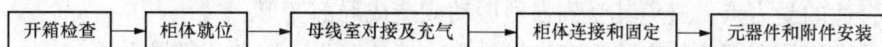

开箱检查 → 柜体就位 → 母线室对接及充气 → 柜体连接和固定 → 元器件和附件安装

图 2-14 35kV 开关柜就位安装施工工艺流程

（2）施工要点。

1）开箱检查。拆除开关柜四周及顶部的包装；开关柜外观应无损伤及变形，油漆应均匀完整，柜门开闭应灵活可靠；柜内电气装置及元件应无脱落、锈蚀、损伤、裂纹等缺陷。下列工器具应配备齐全：零配件（螺栓，密封垫、圈等），附件（气压表、气体导管、电缆支架等），钥匙（柜门钥匙、按钮钥匙、开关闭锁板钥匙、气压表调整钥匙等），操作工具（隔离开关操作杆、接地开关操作杆、电动机手动储能摇柄等）。

2）柜体就位。将两组开关柜用龙门架平稳地搬运到基础型钢上，拆除包装底座，如图 2-15 所示。将一组开关柜先平移到安装位置，并使柜底螺栓孔与基础型钢螺栓孔对正，另一组暂时与之保持 200mm 以上的距离，以方便操作。

3）母线室对接及充气。首先打开母线室对接面的临时密封件和顶部的操作手孔封盖，检查母线室内三位置隔离开关的触头动作是否准确到位，母线固定件有无松动等，如有异常应及时处理；接着将母线室对接法兰盘面和母线室内手接触过的部位擦拭干净，密封圈涂抹凡士林后放置妥当，移动调整另一组开关柜与已就位的一组对正后，安装并拧紧对接法兰盘的全部螺栓；然后通过母线室排孔将两组母线连接成整体，清洁连接部位后装好所有打开的排孔盖板；最后将 3 个母线室分别抽真空后，充入 SF_6 气体达到规定值。

图 2-15 35kV 开关柜柜体就位

4）柜体连接和固定。先安装并拧紧柜间连接螺栓，连通柜间接地铜母线，再安装并拧紧基础螺栓。

5）元器件和附件安装。先按设计图安装元器件并进行二次配线，配线型式应与柜内原有配线一致，再安装电缆固定架等其他附件。

3. 施工标准

（1）柜体安装稳固，柜顶平直度要求相邻柜间不大于 2mm，整列柜间不大于 5mm；柜面平直度要求相邻柜间不大于 1mm，整列柜间不大于 5mm；柜间接缝间隙要求不大于 2mm。

（2）附件安装齐全，传动机构联动正常，分合闸指示正确，机械闭锁装置正确可靠。SF₆ 气体无泄漏，气压表指示正确。

4. 注意事项

（1）开关柜开箱检查，必须报经业主同意并组织有关方面共同参加。

（2）拆除开关柜包装时，必须采取相应的安全措施，防止梯子倾倒或包装板砸伤人员或设备。

（3）在拆卸开关柜包装底座和移动开关柜过程中，工作人员要注意力集中，听从统一指挥，选择合适的受力点，避免其受到强烈振动或造成局部变形。

（4）凡进行导电部位的安装，工作人员必须清洁双手，以免污染导电体。

（5）母线室对接时，必须均衡对称地紧固螺栓，逐步达到紧度要求，防止因受力不匀导致对接法兰盘损坏或密封不严。

2.3.2　直流柜与整流柜就位安装

1500V 直流开关柜和整流器柜要求绝缘安装，采用在开关柜柜体和基础槽钢及地面间加绝缘板的方法保证柜体的对地绝缘。根据开关柜的框架结构、设备基础槽钢的具体形式、柜体框架与槽钢相对位置的不同，可采用不同方法固定直流开关柜和整流器柜。其安装方法有槽钢攻丝、固定角钢焊接和安装绝缘膨胀螺栓三种中的一种或多种方法固定开关柜。

1. 施工工艺流程

直流开关柜与整流柜就位安装施工工艺流程如图 2-16 所示。

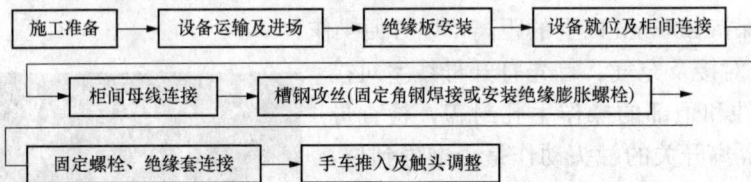

图 2-16　直流开关柜与整流柜就位安装施工工艺流程

2. 施工步骤

（1）施工准备。清除直流开关柜和整流器柜基础槽钢上的各种杂物，保持清洁。

（2）设备运输及进场。直流开关柜、整流器柜和其他盘、柜同时进场。

（3）绝缘板安装。绝缘板安装在基础槽钢和柜体之间，用专用擦拭纸对绝缘板和槽钢的表面进行擦拭，然后用双面胶带将绝缘板固定在基础槽钢上，如图 2-17 所示。

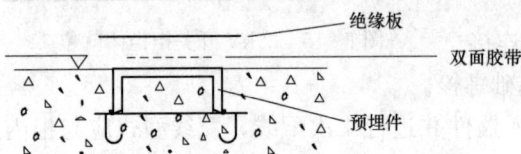

图 2-17　绝缘板固定示意图

绝缘板接口处的间隙用中性绝缘胶填充，待绝缘胶凝固后用砂纸打平，然后用电吹风机驱除绝缘板下的潮气。为防止设备长时间运行后，灰尘和其他杂质进入间隙，受潮后造成对地绝缘的降低，一般可

采用测量对角线长度的方法，配合角尺保证绝缘板的正确安装位置。

（4）设备就位及柜间连接。将1500V直流开关柜和整流器柜放在绝缘板上，保证绝缘板露出设备框架内外沿各5mm，检查设备应无明显接地点。1500V直流开关柜连接的关键在于直流母线的连接，即在直流母线接触面上涂抹电力复合脂，将各段母线对齐，然后连接起来，用力矩扳手对每一个连接螺栓进行紧固。

（5）槽钢攻丝、固定角钢焊接或安装膨胀螺栓。

1）在1500V直流开关柜和整流器柜框架上用自攻螺钉安装固定脚，如2-18所示。

2）当柜体固定脚正对着下方基础槽钢时，根据柜体固定脚上孔的位置在下方的槽钢上钻孔攻丝，如图2-18所示。

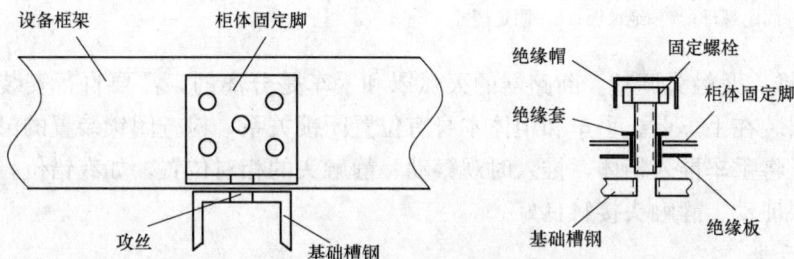

图2-18 直流开关柜地脚螺栓固定脚位置示意图（一）

3）当固定脚不能正对着下方的基础槽钢时，在附近相应的基础槽钢上焊接固定角钢，角钢伸到固定脚的下方位置，然后在角钢上打孔，孔的位置与固定脚上的孔对应，如图2-19所示。

4）当设备四个角下方为混凝土地面，同时又计划采用膨胀螺栓固定开关柜时，首先用冲击电钻通过开关柜地脚螺栓安装孔，向地坪内钻孔（孔径与孔深根据膨胀螺栓的规格而定）；然后用吸尘器吸除孔中粉末，将膨胀螺栓放入孔内并使其胀紧；接着将直流开关柜逐个抬起1～2cm，在柜子四周垫上小薄木片，用吸尘器、毛巾等清除地面、柜底下与孔四周的灰尘杂质，最后落下柜体板。

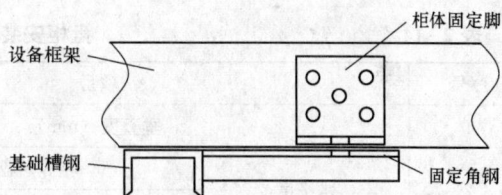

图2-19 直流开关柜地脚螺栓固定脚位置示意图（二）

（6）固定螺栓、绝缘套连接。

1）采用在槽钢上焊接柜体固定脚方式固定开关柜时，在固定角钢与柜体固定脚间垫上绝缘板，将连接螺栓穿上绝缘套、绝缘垫片，由上向下穿入，连接牢固，如图2-20所示。

2）采用在槽钢上攻丝方式固定开关柜时，柜体固定脚下正对基础槽钢，将连接螺栓穿上绝缘套、绝缘垫片后向下旋紧即可，最后在螺栓上套上绝缘帽。

3）用膨胀螺栓固定开关柜时，在膨胀螺栓外套上绝缘套，拧紧膨胀螺栓，然后在螺栓上套上绝缘帽，如图2-21所示。

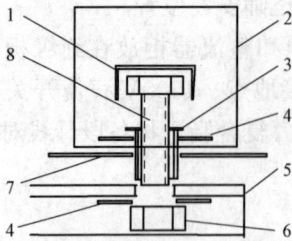

图 2-20　直流开关柜绝缘安装示意图
1—绝缘帽；2—柜体固定脚；3—绝缘套；
4—绝缘垫片；5—焊在槽钢上的角钢（或槽钢）；
6—固定螺母；7—绝缘板；8—固定螺栓

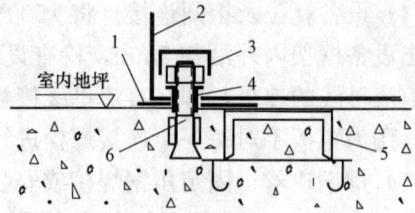

图 2-21　膨胀螺栓固定示意图
1—绝缘板；2—柜体框架；3—绝缘帽；
4—绝缘套；5—基础槽钢；6—绝缘膨胀螺栓

4）手车推入及触头调整。断路器的灭弧罩和手车是分离的，需要自行安装。小车推入前，将灭弧罩装在手车上。手车和柜体本身有位置闭锁关系，检查闭锁装置的灵活性并进行适当的调整；将手车推入柜体，推入时观察动、静触头的相对位置，如有错位，调整动触头或静触头，保证动、静触头接触良好。

3. 施工标准

（1）1500V 直流开关柜和整流器柜安装完毕后，柜体的整体框架对地绝缘电阻不得小于 1MΩ（用 1000V 绝缘电阻表测量）。

（2）1500V 直流开关柜和整流器柜安装完毕后，绝缘板露出框架应不小于 5mm，绝缘板布置平直。

（3）1500V 直流开关柜和整流器柜安装的允许偏差应符合表 2-14 的规定。

表 2-14　　　　　　　　　盘柜安装的允许偏差

序号	项目		允许偏差（mm）
1	垂直度（mm）		<1.5
2	水平度	相邻两盘、柜顶部	<2
		成列盘、柜顶部	<5
3	水平度	相邻两盘、柜面	<1
		成列盘、柜面	<5
4	盘、柜间接缝		<2

（4）母线连接螺栓的紧固力矩值应符合表 2-15 的规定。

表 2-15　　　　　　　　母线连接螺栓的紧固力矩值

序号	螺栓规格（mm）	力矩值（N·m）	序号	螺栓规格（mm）	力矩值（N·m）
1	M8	8.8～10.8	5	M16	78.5～98.1
2	M10	17.7～22.6	6	M18	98.0～127.4
3	M12	31.4～39.2	7	M20	156.9～196.2
4	M14	51.0～60.8			

4. 注意事项

（1）绝缘板安装时必须保证槽钢和绝缘板接触面的清洁，窄长的绝缘板必须盖住基础槽钢，且绝缘板的位置必须在柜体的框架位置上。

（2）在基础槽钢上焊接固定角钢时，必须保证固定角钢平直。固定角钢上的孔与柜体固定角上的孔必须正对。为防止紧固连接螺栓时挤压绝缘套，造成绝缘套损坏而降低柜体绝缘，要求固定角钢与槽钢的焊接必须牢固、无虚焊。

（3）在基础槽钢上焊接固定角钢时应对柜体、绝缘板加以防护，防止烫伤或污染柜体、绝缘板。

（4）安装现场必须保证清洁，安装过程的间隙和安装完毕后，应用塑料布将开关柜严密封盖，防止灰尘进入。

任务 2.4　电缆及桥架敷设

2.4.1　变电所内电缆敷设

1. 施工准备

（1）人员组织，见表 2-16。

表 2-16　　　　　　　　　变电所内电缆敷设人员组织

序号	人员组织	单位	数量	备注
1	施工负责人	人	1	施工组织，负责敷设全过程
2	测量、计算	人	2	测量并计算出电缆敷设长度
3	电缆裁剪	人	2	根据测量长度裁剪电缆
4	现场敷设	人	4	负责运送、敷设电缆

（2）工机具准备，见表 2-17。

表 2-17　　　　　　　　　所内电缆敷设所需工机具

序号	名称	规格	单位	数量	备注
1	升降式电缆放线架		副	1	
2	电缆断线钳		把	1	
3	钢锯		把	2	
4	卷尺	5m	把	5	
5	卷尺	30m	把	1	
6	水平尺	1m	把	1	
7	绝缘电阻表	1000、2000V	台	各1	

2. 施工程序

（1）施工工艺流程，如图 2-22 所示。

图 2-22　变电所内电缆敷设施工工艺流程

（2）施工要点。

1）测量计算电缆长度。由技术员到实地进行现场勘查，确定电缆敷设走向，以节约电缆为原则，采取最佳或最短路径敷设电缆。

2）电缆裁剪。根据测量计算出的电缆长度，考虑电缆的预留长度进行裁剪，并贴上标签纸（标签上注明电缆的长度、规格型号、起始点），将电缆两头用绝缘胶布包好。

3）电缆敷设。将裁剪好的电缆运送到变电所进行人工敷设。电缆敷设时应避免与地面或其他硬物摩擦。按照电缆布置图，将交直流、高低压、控制与电力电缆等分别整齐地摆放在桥架的不同层面上。

一般原则：在牵引变电所电缆夹层电缆敷设时，电力电缆和控制电缆不应敷设在同一层桥架上；但 1kV 以下的电力电缆和控制电缆可并列敷设在同一层桥架上。高低压电力电缆与强电、弱电控制电缆应按顺序由上而下敷设，控制电缆在支架上敷设不宜超过一层。电缆排列具体方法为：电缆桥架一般有 4～5 层，最上一层敷设 35kV 高压电缆；中间几层敷设直流 1500V 电缆；最下一层敷设控制电缆，一般按照电缆清单顺序敷设电缆时，应尽量避免电缆在桥架上相互交叉。

a. 直流 1500V 电缆敷设。在地面上将裁剪的电缆顺直，以防敷设后电缆扭曲、不平直。敷设时，电缆在桥架拐弯处的弯曲半径应符合规定；每敷设几根电缆就整理固定一次，并挂上电缆标示牌；电缆之间要紧贴（应充分利用桥架有限的空间）。设备电缆入孔至桥架处，电缆弯曲应尽量缓和，抵到墙柱或桥架的地方应尽量不受力，并加以护套保护电缆。在桥架至设备电缆连接处距离较大的地方，应加支架横挡固定电缆。

b. 控制电缆净空绑扎排列。控制电缆由桥架最下层至设备电缆入孔距离较大，而控制电缆半径较小，如果只经吊架横挡固定，在中央信号屏等电缆密集处，则很难达到整齐美观的效果。根据控制电缆集中、半径较小的特点，可用尼龙绑带编排控制电缆，即把所有的控制电缆绑成一排，再进设备，如图 2-23 所示。

图 2-23　控制电缆净空绑扎实物排列图

一般要求：所有控制电缆在电缆桥架上整理固定好；在中央信号屏电缆集中处，依次按电缆在桥架上的路径排列，不要形成交叉，从桥架两个方向来的电缆，弯度对称向上再合在一起；绑扎时，电缆夹层和设备层各一人，相互配合，按照电缆顺序排列，如图 2-23 所示。尼龙绑带绑扎电缆时，先不要拉紧，等所有电缆合在一起调整后再拉紧。最后将电缆排列绑紧后，再固定到吊架横挡上。

c. 整流器柜、变压器电缆安装。在牵引变电所中，经整流变压器降压输出至整流器柜的电缆共有 12 根，如图 2-24 所示。电缆安装都有一个较大的跨度，应保证 12 根电缆外观和弧度一致，并且应按一定程序进行施工操作。

图2-24 整流器与变压器柜电缆安装示意图

施工程序：依图纸排列电缆，确保变压器和整流器柜的电缆连接正确，先固定好夹层电缆桥架上电缆，如图2-24所示；接着将电缆穿过电缆支架最上面的横挡后跨在整流器柜上面，同时把电缆固定在电缆支架横挡上，并调整所有电缆的弯度一致，理顺每根电缆，比好长度并剪断多余电缆，中央裁剪时每根电缆应保持一致；最后做电缆头。

变压器的电缆安装也类似于整流器柜，由于电缆的半径较大，安装比较麻烦，该工序的关键是电缆弧度的调整。

d. 整理、绑扎、挂牌。待电缆敷设全部完成后，进行一次统一整理，电缆之间应避免交叉，同时电缆弯曲半径应符合规定。在电缆整理完毕后，对电缆应进行绑扎、挂牌。

一般要求：电缆标识牌挂在电缆两端易于观察处（如盘柜下部），相隔5m左右用尼龙绑扎带交叉绑扎一次，若设计有具体要求，则按照设计要求实施。

3. 施工标准

(1) 电缆最小弯曲半径，见表2-18。

表 2-18　　　　　　　　　　　　电缆最小弯曲半径

电缆型式		多芯	单芯
控制电缆		10D	
橡皮绝缘 电力电缆	无铅包、钢铠护套	10D	
	裸铅包护套	15D	
	钢铠护套	20D	
聚氯乙烯绝缘电力电缆		10D	
交联聚氯乙烯绝缘电力电缆		15D	20D

注　D为电缆外径。

(2) 电缆之间平行交叉时最小净距，见表2-19。

表 2-19　　　　　　　　　　电缆之间平行交叉时最小净距

项目		最小净距（m）	
		平行	交叉
电力电缆间及其 与控制电缆间	10kV及以上	0.10	0.50
	10kV以下	0.25	0.50
控制电缆间		—	0.50

（3）电缆敷设检验质量标准，见表 2 - 20。

表 2 - 20　　　　　　　　　　　电缆敷设检验质量标准

检验指标	质量标准
电缆型号、电压及规格	符合设计
电缆长度	符合设计，并联运行的电力电缆长度相等
外观检查	无机械损伤
敷设路径	符合设计
敷设温度	塑料绝缘电缆不低于 0℃
电缆弯曲半径	塑料绝缘电缆应大于 10 倍电缆外径
电缆并列敷设的净距	符合设计
电缆排列	符合设计，排列整齐，弯度一致，少交叉
电缆备用长度	可做 1～2 个电缆头或接头的长度
标示牌装设	在电缆头、接头处，隧道及竖井两端，入孔内装设；编号清晰，不易脱落，挂装牢固
电缆固定点位置	水平敷设电缆首末两端及转弯、接头两端，垂直敷设电缆每个支持点
穿管敷设后电缆管口封闭	沥青石棉绳或腻子封口严密

4. 注意事项

（1）施工人员进入施工现场，特别是进入电缆夹层内，必须戴安全帽。

（2）电缆无绞拧、铠装压扁、护层断裂、表面严重划伤等缺陷。

（3）人工牵拉过程中，注意电缆与桥架的摩擦。

（4）电缆敷设时，防止人手被电缆砸伤或挤伤，严禁电缆砸伤设备；如设备需开孔时，应用钢锉去掉孔口周围毛刺，以免电缆擦伤。

2.4.2　封闭母线桥安装

1. 施工程序

（1）施工工艺流程。封闭母线桥安装施工工艺流程如图 2 - 25 所示。

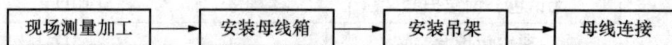

现场测量加工 → 安装母线箱 → 安装吊架 → 母线连接

图 2 - 25　封闭母线桥安装施工工艺流程

（2）施工要点

1）现场测量加工。变电所开关柜就位安装完毕后，即可让生产厂家前来测量。由于封闭母线槽安装精度要求高，因此测量必须准确，加工应需精密。

2）安装母线箱。母线箱安装于开关柜的顶部，采用自攻螺钉固定。母线箱前面可以打开，方便维修。

3）安装吊架。根据封闭母线槽的走向确定吊架的安装位置，基本位置如图 2 - 26 所示。

图 2 - 26　母线桥吊架安装位置

4）母线连接。先连接与开关柜的封闭母线

槽，注意接头部位要连接紧密并固定牢靠。

2. 注意事项

（1）该项工作需在高处作业，作业时注意安全。

（2）母线槽、母线箱搬运时注意设备及人身安全。

3. 高压电缆头制作

供电系统用35kV的GIS高压开关柜，开关柜侧电缆终端头由设备供货商提供，电缆头制作安装时将严格按照制作安装要求进行。

2.4.3 所间控制电缆敷设

1. 施工准备

（1）人员组织，见表2-21。

表2-21 所间控制电缆敷设人员组织

序号	人员组织	单位	数量	备注
1	施工负责人	人	1	负责施工组织、技术及质量
2	牵引车司机	人	1	
3	电缆敷设人员	人	25	

（2）工机具准备，见表2-22。

表2-22 所间控制电缆敷设所需工机具

序号	名称	规格	单位	数量	备注
1	吊车	16t	台	1	
2	平板车		辆	1	
3	牵引车		辆	1	
4	液压式放线架		副	2	与所放电缆相符
5	千斤顶	10t	副	2	
6	钢锯		把	2	
7	克丝钳		把	2	
8	竹梯	$L=2m$	个	2	
9	铁榔头		把	2	
10	绝缘电阻表	1000V	个	1	
11	电源线		m	50	
12	手电筒		个	6	
13	紧线器		只	4	
14	地滑轮		只	10	
15	转角滑轮		个	4	

2. 施工程序

（1）施工工艺流程，如图2-27所示。

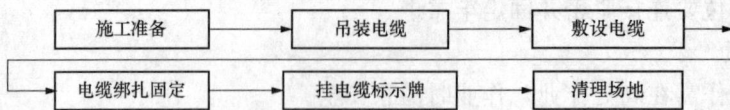

图 2-27　变电所间控制电缆敷设施工工艺流程

（2）施工要点。

1）施工准备。检查电缆的规格型号是否符合设计要求，外观检查有无损伤。用 1000V 绝缘电阻表测试该电缆的绝缘电阻值，是否已达到有关的技术标准，把液压式放线架固定在平板车上，两支架的外边间距不得超越行车限界，中间间距根据钢棒及电缆盘确定并加工 2 副固定电缆盘的圆钢板和卡子。

2）吊装电缆。首先用吊车把电缆吊到液压式放线架上，用紧线器将电缆盘固定牢靠；接着进入施工现场，将电缆盘拆开，清除盘上的铁器及杂物，以免敷设时伤及电缆；再用千斤顶把电缆盘升到离平板 4cm 的位置（电缆盘两边应基本水平）；最后在支架与钢棒、钢棒与电缆盘连接处涂上黄油。

3）电缆敷设。电缆敷设时应由专人指挥，首先将电缆从电缆盘的上端引出时，在电缆与平板车接触部分加转角滑轮，并将其固定；接着根据实际需要，将电缆以人工方式敷设至变电所内（若该路径不长，则可组织人工扛起电缆走动敷设；若路径较长，则施放时应将电缆放在滚轮上，用人力拉拽电缆，引导电缆向前移动）；最后人工转动电缆盘，牵引机车带动平板车向前以 5km/h 的速度移动，车后跟人，将电缆翻上支架。按照此方法，可满足在工期短的情况下，进行双电缆敷设。

4）电缆绑扎固定。先将电缆放在电缆支架上，使电缆稍有波纹状，有利于防止热胀冷缩；接着根据电缆使用技术条件及设计要求绑扎固定，要求单芯电缆固定符合设计要求。

5）挂电缆标示牌。在电缆终端头、电缆接头、拐弯处、夹层内及竖井等地方应装设电缆标示牌，标示牌上应注明电缆线路编号（当无编号时，应写明电缆型号、规格及起始点），并联使用的电缆应有顺序号，标示牌的字迹应清晰，且不易脱落。

6）清理场地。施工完毕，应注意清理场地，人员、工具、材料清，保证设备的正常运行，不影响行车安全。

3. 施工标准

（1）电缆的规格型号应符合设计要求，其各项测试应有记录，且符合相关技术指标。

（2）电缆严禁出现绞拧、压扁、表面严重划伤等缺陷，允许弯曲程度不应小于其最小弯曲半径。

4. 注意事项

（1）电缆盘上的杂物随时清理，以避免人员和设备受到伤害。

（2）敷设电缆时，人员应站在电缆弯曲的外侧，电缆盘前方禁止站人。

2.4.4　光缆敷设、成端与接续

1. 光缆敷设

（1）施工内容。光缆敷设包括光缆的敷设、预留、绑扎、引入、标示。

（2）施工工艺流程，如图 2-28 所示。

（3）施工要点。

| 施工准备 | → | 光缆展放 | → | 光缆整理固定 | → | 光缆引入 | → | 光缆标示 |

图 2-28 光缆敷设施工工艺流程

1）施工准备。首先应熟悉施工图，了解光缆分布方式，结合现场调查情况，确定施工作业区域；其次应对车站引入路径调查，测量区间及车站长度并做出光电缆配盘计划，将单盘长度及配盘序号报生产厂商，要求生产厂商按配盘计划进行生产，并检查区间槽道、光缆托架、钢槽是否通畅、清洁、牢固；接着进行设备到货清点、检验库存、运输与光缆单盘测试，并配备施工所需的人员、材料、机械、工具及仪表。

a. 光缆开盘检验。光缆开盘前对照运单检查包装标识、端别、盘号、盘长，包装有无破损，缆线外观有无损坏、压扁现象并做好详细记录。光缆开盘后收集好出厂记录与合格证，并根据光缆出厂合格证和测试记录，审查光缆程式、光纤几何形状、光学特性、传输特性与机械物理性能等是否符合设计要求。

b. 光缆单盘测试。主要检测光缆规格、光纤损耗是否符合订货合同要求。用光时域反射仪（简称 OTDR）测试单盘光缆光纤的衰减及长度，并与出厂数据进行比较。如出现异常，应查找原因后分析并予以解决；如发现缺陷或断纤现象，需通知生产厂家处理，做好光缆测试记录，以供配盘、敷设时参考；光缆测试完毕，应在光缆盘上标出端别及盘号。

c. 光缆运输。使用吊车将光缆转入平板车，在光缆盘就位时应将光缆外头置于正确方向。平板车上用紧线器将光缆盘在四个方向上固定牢固，并在光缆盘下两侧塞上木头块防止光缆盘滚动。用于光缆盘敷设的平板车应挂靠在牵引轨道车的后方，并有专人瞭望。

2）光缆展放。首先将光缆盘放在平板车上，敷设采用人工抬放方式，每人抬放距离不得超过 15m。抬放时，要求速度均匀，避免出现打"背扣"（即小圈）和"浪涌"现象，同时应注意弯曲半径，拐弯处尽量使弯曲弧度大些，要求光缆不得在地上拖拉，确保其外护套完好。光缆端头应用热缩帽做好密封处理，注意在曲线段应放置滑轮，做好特殊部位的防护措施。既有线光缆敷设应在夜间停运时间利用轨道车牵引方式进行敷设，应提前办理好相关施工清点手续（要求在敷设开始时和完成后均应在光缆的两头做好编号及标识）。

3）光缆整理固定。首先按照顺序依次将光缆放到电缆支架上，在拐弯处用尼龙扎带将光缆扎住（防止光缆受力被拉动后拐弯处光缆弧度不够）；然后将支架上的光缆依次顺直，但不要强行将其扭动，按照设计文件在需要接头处预留光缆 10m 并用尼龙扎带绑扎好；接着在各站引入（车辆段信号楼引入孔内），除引入长度外还应预留 15～20m，要求预留光缆在地下车站引入口处应牢固绑扎在电缆支架上，防止脱落影响行车；在光缆敷设完毕后应立即进行绑扎（使用尼龙扎带绑扎时应将每个电缆支架上都绑扎），随后剪去尼龙扎带头带回，保证工完、料净、场地清。

4）光缆引入。要求光缆引入时应申请停电作业并做好接地等防护措施后方可施工。首先将原先盘好的光缆展开后，将引入孔封堵的材料撬开，光缆穿进引入孔；接着在原电缆支架上将光缆绑扎好，光缆在引入孔处应做好防护，穿完后应将引入孔的封堵恢复；最后将光缆穿入到配线架处绑扎好。

5）光缆标示。在区间内直线段应每间隔 100m，拐弯处或引入口处的配线架内悬挂光缆标示牌。要求光缆标示牌包含光缆的规格型号、长度、起始点（包括业主确定的格式）等文字信息。

（4）注意事项。

1）光缆吊装、运输时应严格按照操作规范进行，在单盘测试完成后质量确认合格的光缆才能敷设。

2）光缆单盘测试时应使用专用工具开剥，测试和敷设完成后切断光缆时不得使用钢锯，而应使用专用工具。切断后的光缆应立即用热可缩套管密封。

3）区间施工必须有作业计划，严禁无计划施工和超出作业计划范围施工。

4）光缆展放时应统一指挥，在轨道车司机、光缆盘、光缆前端应各有1人指挥，相互间用对讲机联系；轨道车以速度小于5km/h匀速行驶，敷设完成后剩余的光缆应立即带回；敷设预留的光缆应立即绑扎在电缆支架上，严禁超出限界或堆放材料在区间内；敷设完成后的光缆应立即绑扎。

5）引入光缆时必须申请停电作业计划。

2. 光缆接续

（1）施工内容。光缆接续包括光缆的预留、开剥、束管清洗、剥除束管、端面制作、熔接、光纤盘留与接头盒组装等工序。

（2）施工工艺流程，如图2-29所示。

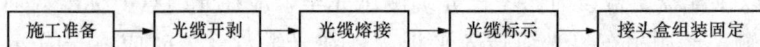

图2-29　光缆接续施工工艺流程

（3）施工要点。

1）施工准备。应准备光纤熔接机及其附件、专用开剥工具及切割刀，要求熟悉光缆接头盒的组装步骤并准备好接头材料、清洁材料，到施工现场后清理现场，摆放好工具。

2）光缆开剥。应按照光缆接头盒的要求开剥光缆长度，并按照接头盒的操作说明书做好电气连通处理，待接续完成后可连接。

a. 按照接头盒说明书上的尺寸对光缆进行密封处理。

b. 使用专用光缆外护套开剥刀，对着光缆头调节好刀口深度后进行开剥，不得伤及光缆内部，开剥长度可参考接头盒说明书。

c. 剪去多余的填充束管，固定好加强芯，用专用光缆清洁纸蘸酒精对束管进行清洁并用束管环切工具剥除束管，剩余长度考虑可再盘绕一圈。

d. 用脱脂棉或医用纱布蘸上专用清洁剂清洁、擦拭光纤上的充油膏，要求清洁后的光纤悬空放置。

e. 光纤清洁完毕后，将束管绑扎在收容盘的引入点位置，绑扎适当不可太紧，以免损坏光纤，并在收容盘内绕一圈。其余光纤用作接续，穿入增强保护管。

3）光纤熔接。光纤熔接前应将所有的光缆开剥工具收入工具箱，摆放出专用接续工具。

a. 用涂覆层剥除器剥出40mm裸光纤，用蘸酒精的纱布清洁裸光纤部位5～10次。

b. 将裸光纤按照切割刀上的指示刻度放入V形槽中，盖上光纤压板，将切割刀片沿光纤的垂直方向轻推到底，按下光纤折断柄折断光纤；然后从V形槽中取出光纤，此时已完成了光纤端面的制作；裸光纤长度大约为15mm，重复上述步骤制作另一根光纤的端面。

c. 开始熔接。将制作好端面的光纤按照其上指示的刻度放入熔接机的 V 形槽中，盖上 V 形槽压板和防尘罩，按下启动按钮，开始接续熔接，熔接过程要求自动一次完成。

d. 接续点增强保护。打开防尘罩及 V 形槽压板，等待熔接机自动复位后，取出光纤（熔接机的自动复位过程是对光纤接续点进行张力试验的过程，如果光纤未被拉断，则表明接续点的抗张力强度是合格的，否则须重新熔接）。将事先穿上的增强保护管移动到裸光纤部位（接续点置于增强保护管的中间位置），打开加热器的上盖，将增强保护管放到加热器的中间，盖上上盖，按下加热启动键，开始加热（加热器对增强保护管内的热熔胶从中间部位开始向两边融化，达到排出管内空气，使光纤与热溶胶充分密合以起到保护的作用）。

e. 光纤盘留。从加热器中取出 1 根光纤，放在一边散去热量后，即可进行收容。首先将光纤余长逐一沿收容盘的收容槽盘绕，直至盘完所有余长光纤；然后将增强保护管轻轻压入收容盘中的保护管卡槽内，并将保护管固定在卡槽内；用棉签沿收容槽轻拨光纤，使光纤分布均匀，完成单根光纤的盘留工作；待 1 束管光纤逐一盘留完成后应将收容盘的保护盖安装好，再盘留下条束管光纤。

4) 接头盒组装固定。应按照接头盒操作说明书，完成接头盒内各种电气连接（由于不同接头盒组装方式不同，详细情况请参见其操作说明书）。接头盒组装完成后应固定在电缆支架上。

(4) 注意事项。

1) 光纤开剥必须使用专用开剥刀，不得使用电工刀等普通刀具，以免由于力度、深浅掌握不好造成光纤束管或人为损伤。

2) 接续用的设备、工具必须严格按规程进行操作。操作人员必须持证上岗，以免由于对设备、工具性能不了解而造成损害，影响施工。接续过程中须做好防尘措施，以保证接续质量。

3) 光纤端面制作是光纤接续过程中最重要的环节，制作工艺将直接影响到光纤的接续质量；因此，操作人员必须严格把关，对于端面质量差的，必须重新制作后才能进行熔接。

4) 光纤余长收容应符合光纤曲率半径的技术要求，不能小于外径的 20 倍；收容盘内不能有硬物，以免因光纤产生的静态疲劳而增大光纤的损耗，影响传输质量。

5) 电气连通及终端接地应良好，以免在高压区段因感应产生的纵向电压传到机房，对人身及设备造成伤害。

6) 应保证接续设备、工具的良好性能，定期维护，以保证施工的连续性。

3. 光缆成端

(1) 施工内容。光缆成端包括光缆机房预留，ODF（光缆配线架）的固定，光缆开剥、束管开剥、尾纤熔接和光纤盘留等工序。

(2) 施工工艺流程，如图 2-30 所示。

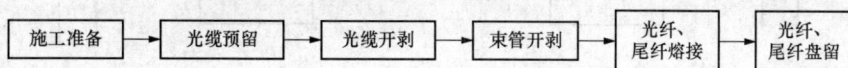

| 施工准备 | → | 光缆预留 | → | 光缆开剥 | → | 束管开剥 | → | 光纤、尾纤熔接 | → | 光纤、尾纤盘留 |

图 2-30 光缆成端施工工艺流程

(3) 施工要点。

1) 施工准备。准备好光缆开剥专用工具，光纤熔接机及附件，接续材料和尾纤，并仔细阅读光纤配线架技术说明书，了解其安装、进线与走线方式。

2）光缆预留。光缆在通信机房地板下可预留 10～20m，以防止各种意外情况发生。光缆预留弯曲半径不得小于其外径的 15 倍。光缆堆叠应整齐，从下部穿入到 ODF 后，应牢固地绑扎在配线架内，绑扎应整齐美观。

3）光缆开剥。光缆开剥可参见光缆接续中相关内容，但光缆开剥后其铠装护套应用接地线可靠地连接到 ODF 的接地端子上，其加强芯应牢固地固定在机架内的相应位置。

4）束管开剥。束管开剥也可参见光缆接续中相关内容，应注意在束管开剥前穿入束管号码管，对束管进行编号。

5）光纤、尾纤熔接。光纤、尾纤熔接可参见光缆接续中相关内容，应注意在尾纤熔接开剥前穿入号码管，并在尾纤穿入光纤配线箱并固定在熔接盘上才可开剥、熔接。

6）光纤、尾纤盘留。光纤、尾纤盘留也参见光缆接续中的相关内容，但注意光纤、尾纤在收容盘内盘留长度应为 1～1.5m。

（4）注意事项。

1）光缆开剥、束管开剥必须使用专用工具。

2）光缆的铠装或护套等必须牢固地固定在其 ODF 内的接地端子上。

3）束管编号、尾纤编号应清楚，不得遗漏；在束管进入光纤配线箱时，某些易受损伤部位应采用保护管保护。

4）光缆进入 ODF 配线架后需绑扎整齐，标示清楚、正确。

4. 光缆测试

（1）施工内容。光缆成端完成后，应进行中继段指标测试，测试内容有：光纤全程损耗，反射曲线，光纤长度等。光缆主要传输指标测试，包括中继段衰减测试、光纤平均衰耗及金属护套对地绝缘电阻等指标。

（2）施工要点。

1）用 OTDR（光时域反射仪）可测量光纤长度、反射曲线、全程损耗等指标，其测试原理如图 2-31 所示。

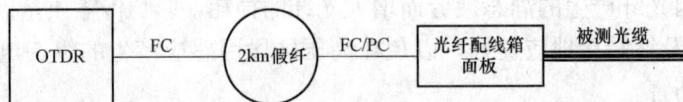

图 2-31　OTDR（光时域反射仪）测试原理

2）用光源和光功率计测试中继段全程损耗，其测试原理如图 2-32 所示。

图 2-32　光源和光功率计测试原理

（3）注意事项。

1）使用上述仪表时，应仔细阅读其说明书。

2）禁止用肉眼正视仪表光发送口。

3）每次测试前，尾纤活动连接头或配线箱面板上的适配器应用酒精清洁。

任务 2.5　二次接线及附件安装

2.5.1　二次接线

1. 施工准备

主要工机具有弯刀、剥线钳、压线钳、尖嘴钳、斜嘴钳、螺丝刀与校线器等。

2. 施工程序

（1）剥线。用弯刀剥去电缆保护层（注意不要损伤电缆芯线），留少许钢铠及铜屏蔽层与接地线连接（注意每根电缆只取一端接地），然后用绝缘胶布包好。同一柜体内的电缆最好取同一高度进行开剥，摆放整齐，以保持整齐美观。

（2）校线、接线。先理顺每根二次芯线，用校线器校好线芯号，套上标识号码管，将多余芯线和未到接线端子位置的芯线一起捆扎好整齐放入柜体线槽内，待接的芯线按图对号接到相应端子上。

（3）施工标准。校线准确无误，接线正确可靠、固定牢固；接线整齐美观，横平竖直，无交叉。

（4）注意事项。开剥电缆时，注意不要损伤芯线，正确使用弯刀，小心被划伤；从开剥到接线必须连续作业，一次性完成，防止受潮。

2.5.2　孔洞封堵

1. 施工准备

（1）人员组织，见表 2-23。

表 2-23　　　　　　　　　　孔洞封堵人员组织

序号	人员组织	单位	数量	备注
1	施工负责人	人	1	施工组织
2	安装工	人	4	钻孔、安装

（2）工机具准备，见表 2-24。

表 2-24　　　　　　　　　　孔洞封堵所需工机具

序号	名称	规格	单位	数量	备注
1	冲击电钻	TE-22	台	1	
2	切割机		台	1	
3	铁锹		把	1	
4	抹子		把	1	
5	手锤	1kg	把	1	
6	钢卷尺	5m	个	1	
7	电源配电箱		个	1	带漏电保护装置
8	呆扳手		套	1	
9	钢锯		把	1	
10	照明灯具		套	1	

2. 施工程序

（1）施工工艺流程，如图 2-33 所示。

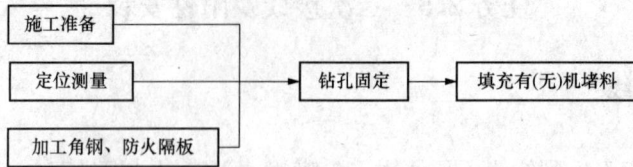

图 2-33　孔洞封堵施工工艺流程

（2）施工要点。

1）施工准备、定位测量与加工。首先应依据施工图纸将所有材料及工机具备齐；接着根据图纸和施工规范进行现场定位测量；最后根据测量尺寸加工角钢、防火隔板，并将角钢刷漆。

2）钻孔固定。首先将角钢、防火隔板对齐孔洞，标出固定孔位；接着用冲击电钻对准固定孔位，垂直地板钻孔并清除孔内的粉尘；最后将膨胀螺栓装入孔内，将角钢、防火隔板固定拧紧。

3）填充有（无）机堵料。首先根据孔洞大小调制好无机堵料；接着距离电缆一定尺寸用无机堵料封堵孔洞；最后将电缆四周用有机堵料封堵（有特殊要求时用防火包封堵）。

4）将角钢用黄绿线接地。

3. 施工标准

（1）按照防火封堵标准要求施工。

（2）凡穿越楼板的电缆孔洞都应采用有（无）机堵料、防火隔板进行封堵，其封堵厚度不应小于 150mm，宜与楼板厚度平齐。

（3）大型竖井（指人能通行的竖井）一定要用角钢或槽钢支撑。

（4）沟内电缆纵横交叉而又密集的场所，可采用防火包构筑防火墙。

（5）电缆沟防火分隔宜采用防火墙，防火墙厚度宜大于 240mm。

（6）电缆进入柜、屏、台、箱等的孔洞应作适当预留。

2.5.3　网栅安装

1. 施工准备

（1）人员组织，见表 2-25。

表 2-25　　　　　　　　　　　　网栅安装人员组织

序号	人员组织	单位	数量	备注
1	施工负责人	人	1	施工组织
2	安装工	人	4	钻孔、安装、焊接

（2）工机具准备，见表 2-26。

表 2-26　　　　　　　　　　　　　网栅安装所需工机具

序号	名称	规格	单位	数量	备注
1	冲击电钻	TE-22	台	1	
2	水平尺、角尺		套	1	
3	记号笔				
4	钢卷尺	5m	个	1	
5	电焊机		台	1	含焊条
6	组合工具		套	1	
7	线坠、锤子、墨斗		套	1	
8	照明灯具		套	1	
9	电源配电箱		个	1	带漏电保护装置

2. 施工程序

(1) 施工工艺流程，如图 2-34 所示。

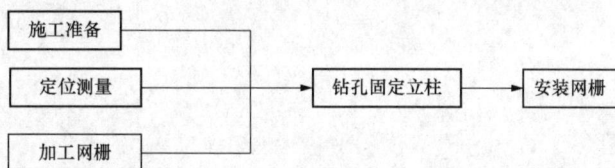

图 2-34　网栅安装施工工艺流程

(2) 施工要点。

1) 铰链与锁孔应焊接在立柱上，铰链与锁孔在立柱上的安装位置视门而定。

2) 网栅便门的安装采用合叶与立柱连接，合叶安装应能使网栅便门旋转 180°，每扇网栅便门在适当位置应安装 2 个合叶。

3) 网栅与立柱间采用铜绞线连接，靠近墙的立柱则通过铜绞线与干线接地扁钢连接，网栅便门与Ⅰ型立柱采用铜编织带连接，铜绞线采用 12mm×30mm 连接螺栓与立柱连接。

4) Ⅱ型立柱应对称，网栅所有的焊接要采用封闭满焊。

5) 网栅安装的垂直偏差应不大于 2mm，其安装位置可根据一次图纸确定与边墙的距离，但是具体位置要根据现场实际情况确定。

6) 网栅边栅安装应根据现场实际情况进行调整，网栅与墙的距离最大不能超过 150mm，网栅便门的安装应保证进出方便。网栅安装效果如图 2-35 所示。

图 2-35　网栅安装效果

习　　题

1. 牵引变电所与降压变电所施工工艺流程是什么？
2. 牵引降压混合变电所施工工艺是什么？
3. 接地装置安装的施工程序是什么？
4. 整流变压器就位安装施工程序是什么？
5. 35kV 开关柜就位安装施工程序是什么？
6. 电缆及桥架敷设施工程序是什么？
7. 封闭母线桥安装施工工艺流程是什么？
8. 二次接线的施工程序是什么？

项目 3 环网电缆施工

城轨交通环网电缆纵向把上级主变电所和下级牵引及降压变电所连接起来，横向把全线各个牵引和降压变电所连接起来，形成中压网络，在城轨供电系统中起到了"输电线路"的作用。其施工质量及安装工艺应能保证外部电源的供电质量及变电所的可靠运行。

任务 3.1 环网电缆施工工艺及安装工艺

3.1.1 环网电缆施工流程

环网电缆施工工艺流程如图 3-1 所示。

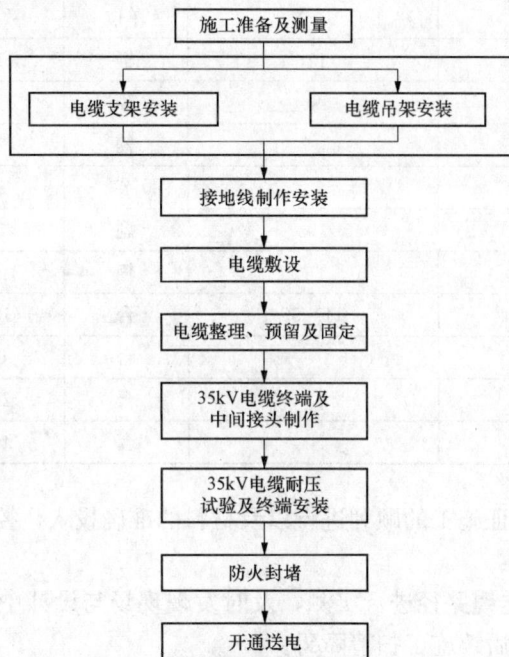

施工准备及测量

电缆支架安装　　　　电缆吊架安装

接地线制作安装

电缆敷设

电缆整理、预留及固定

35kV电缆终端及中间接头制作

35kV电缆耐压试验及终端安装

防火封堵

开通送电

图 3-1 环网电缆施工工艺流程

3.1.2 环网电缆安装工艺

1. 施工准备及测量

(1) 人员组织，见表 3-1。

表 3-1　　　　　　　　　　　环网电缆施工测量人员组织

序号	人员组织	单位	数量	备注
1	施工负责人	人	1	
2	技术人员	人	2	技术负责、质量负责

序号	人员组织	单位	数量	备注
3	电缆支架安装	人	54	
4	支架接地安装	人	20	含支架运输、撒放
5	桥架安装	人	12	
6	电缆敷设	人	100	2个作业组
7	电缆中间头、终端头制作安装	人	20	4个作业组，专业制作人员持证上岗
8	电缆试验	人	12	2个作业组
9	孔洞封堵、遮阳板安装	人	20	
10	安全人员	人	2	作业时，负责安全瞭望、安全检查

（2）工机具准备，见表 3-2。

表 3-2　　　　　　　　　　环网电缆施工测量所需工机具

序号	名称	规格	单位	数量	备注
1	汽车吊车	12t	辆	1	
2	载重汽车	8t	辆	1	
3	轨道车		辆	2	
4	轨道平板车		节	2	
5	电缆放线架	10t	副	2	
6	划线工具车		辆	2	
7	冲击钻	TE-55	台	10	
8	台钻		台	6	
9	配电箱		台	20	满足安全规范要求
10	常用工具		套	40	满足施工需要

（3）施工测量。为保证施工的顺利进行以及材料的准确投入，控制工程成本，施工前应对以下内容进行现场实测：

1）审核施工图，对电缆路径进行实测，及时发现现场与设计中间的差异，如限界、预留等，提出解决办法，为后续施工扫清障碍。

2）实测电缆通道长度，并根据电缆通道情况和区间限界情况，向生产厂家提供切合现场的生产配盘计划和供货计划。

3）现场了解并掌握施工单位在电缆通道上的施工进度，并以此安排该系统切合实际的施工计划。

2. 电缆支架和吊架安装

环网电缆在地面或隧道内均采用电缆支架明敷设（车辆段及电缆进出站处有少量电缆需穿管敷设），电缆支架采用膨胀螺栓固定在城市轨道交通线（地铁线）两侧或隧道两侧壁上。

（1）电缆支架及接地扁钢质量要求。

1）表面防护层应无剥离、凸起与起皮现象，厚度应大于或等于 $65\mu m$；涂层不应漏出金属基体，表面均匀，无过烧、挂灰、伤痕等缺陷。

2）其他桥架、吊架及特殊支架为整体焊接式，制作好后进行整体热浸镀锌防腐处理，防腐效果应满足《电控配电用电缆桥架》（JB/T 10216—2013）的要求。

3）各种类型电缆支架、吊架，电缆桥架加工制作质量必须严格按照设计要求，应对支架的形式、层数、尺寸进行控制，电缆支架防腐应满足《电控配电用电缆桥架》（JB/T 10216—2013）的要求。

4）接地扁钢采用热浸镀锌防腐，镀锌后表面应光滑，锌层厚度不小于 $86\mu m$，镀锌质量不小于 $610g/m^2$，均匀性应满足《输电线路铁塔制造技术条件》（GB/T 2694—2018）的规定。

（2）电缆支架安装。隧道内电缆支架安装如图 3-2 所示。

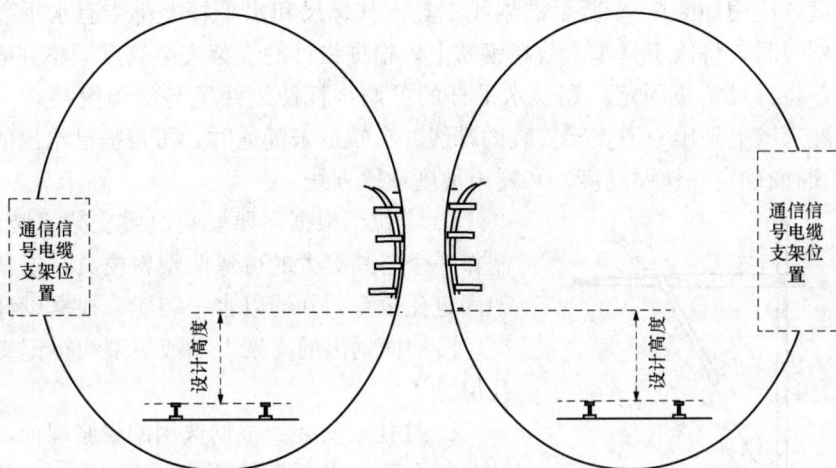

图 3-2　隧道内电缆支架安装图

（3）电缆桥架安装。环网电缆在安装过程中，以下几种情况下应使用电缆桥架：

1）电缆经电缆竖井进、出变电所，采用绝缘膨胀螺栓固定，安装形式如图 3-3 所示。

2）区间电缆中间头设置处，为保证电缆中间头在电缆支架上的均匀受力，应将中间头放置在电缆桥架上，安装时采用压板将电缆桥架与支架连接固定。

（4）电缆吊架安装。电缆吊架一般安装在电缆需要穿越轨道的上方，安装高度及吊架本身高度应保证与接触网的安全距离。电缆在吊架上敷设时，下层敷设电力电缆，上层敷设控制保护电缆，如图 3-4 所示。

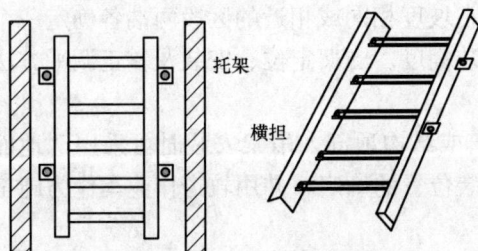

图 3-3　电缆桥架安装形式

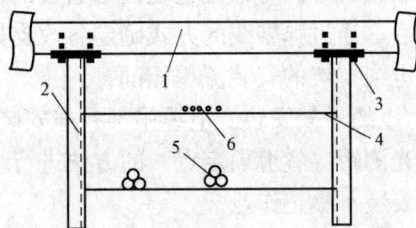

图 3-4　吊架安装示意图
1—隧道顶结构；2—吊架立柱；3—膨胀螺栓；
4—托臂；5—电力电缆；6—控制保护电缆

（5）接地扁钢的安装。接地扁钢由车站变电所的接地系统引出至区间，安装在电缆支架的第二层，与支架采用螺栓连接，作为区间及车站电缆支架的保护接地。在电缆支架的转弯处、电缆竖井的出口处等，接地扁钢采用弯排机做弧状过渡，尽可能减少扁钢交叉搭接。接地扁钢在通过隧道结构伸缩缝处，根据隧道设计的最大伸缩值一般都留有备用长度（制作成预留弯），以防止由于气温的变化引起隧道伸缩缝变形而造成接地扁钢断裂。

（6）电缆支架安装施工方法。

1）盾构、矩形隧道内电缆支架安装。

a. 划线。根据设计的支架安装高度，在隧道壁上划出电缆支架下端或上端位置线。为保证安装精度，应用如图 3-5 所示的划线工具，其标尺和水平杆上都带有水平装置，可整正和调平；划线时，将该工具车卡放在钢轨上，根据设计的支架安装高度调整并固定好水平杆和支撑杆，将标尺整正固定，调整水平杆的可调小杆使划线笔与隧道壁接触，推动工具车，便可在隧道壁上划出一道支架安装的端线。在轨道未铺通时，可根据已给出的轨面标高（或根据铺轨断面确定一轨面高度）和隧道坡度逐段划线。

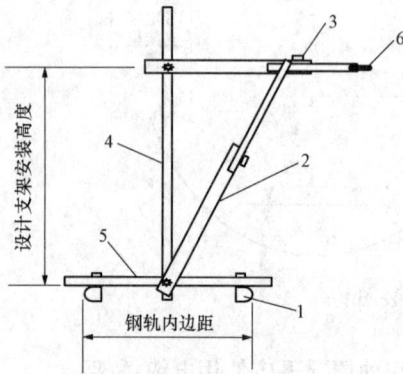

图 3-5　隧道壁定位划线工具示意图
1—万向轮；2—可调支撑杆；3—可调水平杆；
4—标尺；5—支撑底座；6—画线笔

b. 定位。根据需要安装电缆支架安装面的形状，制作一个与其等大的可弯曲塑料模具，模具上标出支架固定孔位置，并辅以水平装置，根据设计的安装距离，沿前面划出的支架上端或下端线标记支架的安装孔位。

c. 打孔、安装。根据选用的膨胀螺栓，用冲击电钻在前面确定的支架固定孔位处打孔。打孔时，注意孔洞的深度和孔与安装壁是否垂直并保证打孔位置的精度，以便于支架整正。打孔完成后，用钢丝刷清除孔内灰土，将膨胀螺栓敲入孔内，便可进行电缆支架安装。

d. 支架整正调平。支架安装上隧道壁后，根据线路坡度情况，在坡度相同或相近的区段两端先分别整正调平两个支架，以这两个支架为准，在底层托臂上绷拉一尼龙线；以此尼龙线为基准，对该段支架逐个整正调平。

2）电缆沟、电缆通道内的电缆支架安装。电缆沟或电缆通道内空间较小，已不能使用前述划线工具车。可根据电缆沟与通道的坡度，在坡度相同或相近的区段两端各确定一个安装高度后，通过弹墨线的方式确定各段支架的安装高度。支架定位、安装及整正调平方法与隧道内电缆支架的安装流程相同。

3）电缆吊架安装。电缆吊架一般安装于隧道或结构顶部，吊架安装时可采用"地面划线，激光测距仪隧道顶定点"的方法进行吊架安装位置的确定，并用轨道作业车作为施工平台进行安装、整正作业。

3. 电缆敷设

环网电缆敷设拟采取机械方式进行，必要时可采用人机结合方式敷设。

（1）电缆配盘及包装运输。根据运营经验，电缆中间接头处故障率较高，为了提高供电质量，降低故障率，环网电缆敷设的一大原则就是尽量减少中间接头数量。为此，在电缆敷设施工前，应对每条环网电缆长度进行实际测量，并根据线路及电缆敷设路径情况，确定中间接头的设定点，根据实际测量和中间接头设置情况提报电缆订货计划及配盘计划，要求生产厂家严格按配盘计划进行生产、配盘，尽量减少或取消中间接头。这种采用电缆线路施工定长的方法，可保证供电质量。

电缆的生产应严格响应招标文件用户需求书的相关要求，在到货运输和安装运输过程中应确保电缆盘在运输车辆上的安全，防止电缆盘之间滚动撞击而损伤电缆，充分保证其电气性能；同时保证电缆盘的完好、牢固，不应有扭曲变形，确保敷设过程的顺利进行。

（2）电缆敷设施工。

1）人员设置。在以轨道车辅助人工敷设电缆的方式下，可按以下要求进行人员设置。

a. 轨道车司机 1 人、瞭望员 1 人。在电缆运输过程中保证安全的行车速度及进行安全瞭望。

b. 施工指挥人员 1 人。在轨道平板车上指挥转动电缆盘的速度，与地面施工人员速度相配合，保证电缆无张力敷设。

c. 车上作业组 5 人。在平板车上转动电缆盘，电缆盘转动速度与地面施工人员速度相配合，保证电缆无张力敷设。

d. 地面作业组。将电缆盘上回出的电缆拖放至电缆路径侧道床上，保证电缆无划伤、绞拧、铠装折断等现象。

e. 电缆排列、绑扎组。将已放至道床上的电缆抬放到电缆支架的设计层上，以每回三根成品字形排列，并按设计要求进行逐个支架绑扎固定或刚性固定。

2）施工前交底及检查。

a. 技术交底。施工前应组织所有参与电缆敷设的施工人员进行技术交底，技术交底内容应包括施工图对电缆敷设的要求（如电缆敷设位置、排列方式、绑扎与固定方法等），相关施工规范的要求等。

b. 电缆盘在地面滚动时必须控制在小范围内进行，滚动方向必须按照电缆盘侧面上所示箭头方向（顺电缆的缠紧方向）。杜绝反方向滚动造成电缆退绕而松散、脱落。

c. 安全交底。电缆敷设施工前针对该工序进行专门的安全交底。

——防护衣、安全帽、防护鞋袜及其他防护用品使用；

——吊车重物吊装过程中的安全注意事项；

——汽车、轨道作业车上保证人身的安全注意事项；

——区间防护信号和告警标示；

——电缆竖井等高空作业安全防护的注意事项；

——施工中保证设备、材料安全的注意事项。

d. 施工前检查。

——电缆检查。主要检查电缆的绝缘性能（35kV 电缆线芯对地绝缘电阻要大于 400MΩ）及电缆外观（电缆上不应有铠装压扁、电缆绞拧、护套折裂等未消除的机械损伤）。

——通道检查。主要检查电缆通道畅通、无积水，支架安装齐全、牢固，防腐层完整，支架拐弯半径满足电缆弯曲半径的要求，接地贯通。

3）区间环网电缆敷设。区间环网电缆敷设主要采用机械敷设方式，在电缆敷设区段轨道已通的情况下，将电缆盘用轨道平板车运输到敷设地点；如果敷设区段轨道未通，可将电缆盘用汽车运至敷设区段车站地面，在车站地面使用放线架，经车站出入口用人工将电缆敷设到区间里。

a. 电缆吊装及运输。根据区间限界要求和电缆盘的大小，首先应固定一副电缆放线架在轨道平板车上，放线架的选用要满足电缆盘的重量要求，放线架与轨道平板车之间采用满焊连接，并设斜支撑以保证其稳固，将绝缘和外观检测合格的电缆用吊车吊装在轨道平板车上，并通过千斤顶等辅助工具将电缆盘按电缆敷设方向安放在放线架上。

由于电缆吊装点往往离敷设区间还有一段距离，因此电缆盘在轨道平板车上还有一段运输距离。为防止轨道平板车在坡道或拐弯线路上行驶时电缆盘晃动，运输时还应用铰链或手扳葫芦对电缆盘进行拉线紧固，到达敷设地点再将紧固物拆除后进行电缆敷设，同时在放线架上电缆盘的两侧各安装一个固定卡子，防止电缆敷设时电缆盘在放线架上滑动。同样，在采取地面配合敷设方式时，电缆盘采用汽车运输，也需要进行拉线紧固。

b. 无障碍区段电缆敷设。在电缆敷设区段轨道已通的情况下，用轨道平板车运输电缆盘。轨道平板车到达敷设区段后，先停稳并拆除电缆盘上的拉线紧固装置，开始进行电缆敷设。如图 3 - 6 所示，在电缆出轨道平板车处固定一个转角导向滑轮，保证电缆出平板车处不受摩擦损伤。在轨道平板车上人工转动电缆盘，将电缆经导向滑轮回出，由地面作业组采用肩扛方式拖放至电缆路径侧轨道外道床上，随后由电缆排列、绑扎组将已放至道床上的电缆抬放到电缆支架的设计层上，按品字形排列并做好相色标识后，按设计要求进行逐个支架的绑扎或刚性固定。

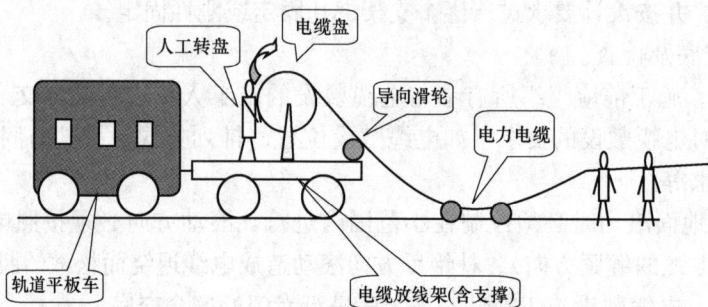

图 3 - 6　轨道平板车承载环网电缆敷设示意图

在电缆敷设区段轨道未通的情况下，可将电缆盘运输到电缆敷设区段的车站入口处，经车站入口由人工拖放至敷设地段。如图 3 - 7 所示，将电缆盘支放在地铁入口处，注意电缆敷设方向与地铁入口的选取，应保证电缆从电缆盘上部拖出。在地铁入口处设一滑轮，人工转动电缆盘，将电缆回出，接着由人工扛抬，将电缆从地面经扶梯拖放至区间。

注意事项：注意电缆盘转动速度要与地面作业组电缆拖放速度配合一致，以防电缆受张力拖伤作业人员或电缆太松而在电缆盘下垂落与轨道平板车或地面产生摩擦损伤；将电缆盘上回出的电缆拖放至电缆路径侧轨道道床上时，注意人员间距的合理设置，并应防止电缆产生划伤、绞拧、铠装折断等现象；在将电缆抬放到电缆支架上的过程中，应防止电缆被电缆支架刚伤。

c. 障碍区段电缆敷设。35kV 电力电缆由区间进入车站后，电缆路径多位于站台下夹层内，一些地方还要经过电缆竖井，将这种无法使用大型工具辅助电缆敷设作业的地方称为障

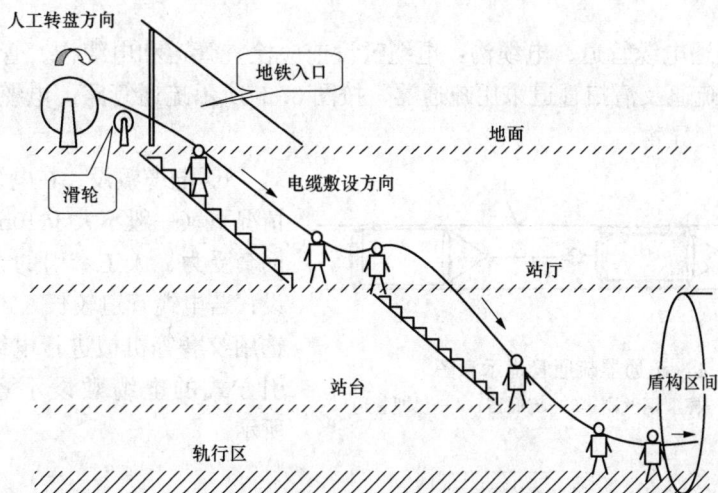

图 3-7　地面配合环网电缆敷设示意图

碍区段，障碍区段电缆敷设将全部由人工完成。

　　首先，在车站范围内利用轨道车将电缆全部回出放在道床上，在夹层内的电缆路径上每隔约 5m 放置一组（6 只）滑轮，滑轮间距 3m 左右，每间隔 5m 处设 3~4 人，整个电缆路径上滑轮及人员均匀分布，再将回出的电缆从电缆通道入口处穿进电缆夹层，由夹层内作业人员在统一指挥下拖动电缆进行敷设，如图 3-8 所示。

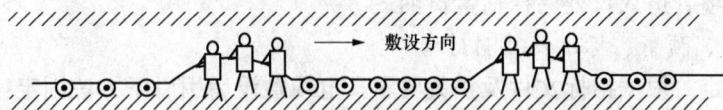

图 3-8　电缆夹层内电缆敷设方式

　　如果电缆进夹层后还需要经过电缆竖井才能到达变电所，可采用上述方法将电缆放至夹层下方并成"8"字形绕放（在场地允许的前提下）。在完成竖井下部电缆拖放后，再将电缆向上穿过电缆竖井进行敷设。如果场地有限，穿竖井敷设可与站台下夹层内电缆敷设同时进行。穿竖井时，可在竖井顶部固定一个滑轮，用绳子先将电缆末端拖过竖井，再采用人工拖放方式将电缆逐根敷设到位。在电缆路径上有吊顶过轨的情况下，采用轨道平板车辅助人工敷设至吊顶过轨处后，可将剩余电缆从电缆盘上回出成"8"字形绕放于轨道上，再将电缆人工穿过过轨吊架，过轨后则继续采用人工拖放方式逐根敷设。为保证敷设进度，在电缆长度允许情况下，宜在电缆过轨处附近设电缆中间接头，以减少敷设工作量。

　　注意事项：电缆夹层作业要有充足的照明；电缆在穿过建筑体时需穿 PVC 管进行保护；障碍区段电缆敷设应特别注意在拐弯处电缆的保护，可通过设置转角滑轮完成；低净空夹层内作业要佩戴好安全帽等防护用品，防止人身伤害；电缆穿竖井或过轨吊架敷设时，应做好井内、高处作业人员（电缆传送、绑扎固定等）的安全防护。

　　4）电缆在管道内及电缆沟内的敷设。在电缆路径过轨时采用吊顶过轨外，还可采用道床下预埋管道过轨的方法。在部分地面段，电缆路径也可能是电缆沟；在车辆段地面电缆路径部分还设有电缆预埋管道和电缆沟的混合路径。电缆在管道或电缆沟内的敷设需按以下步骤进行：

a. 检查并疏通电缆管道、电缆沟：电缆敷设前应检查管道和电缆沟。管道内壁应光滑，无尖刺、杂物。疏通及清扫管道采用疏通器，按图3-9所示疏通管路。电缆沟内应无积水、无堆积物，无坚硬异物。

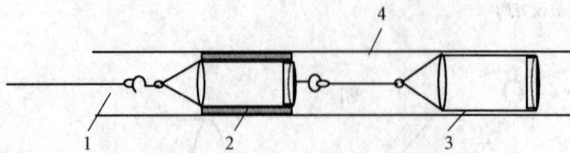

图 3-9　疏通器疏通管道示意图

1—疏通杆；2—棒型钢丝刷；3—疏通器；4—预埋管道

b. 电缆敷设。在电缆管道比较短的情况下（一般不大于10m），可采用电缆网套受力、人工牵引的方式进行电缆敷设；若电缆管道较长（10m以上），则可选用绞磨等机械进行电缆牵引。两种牵引方式的电缆敷设示意图如图3-10所示。

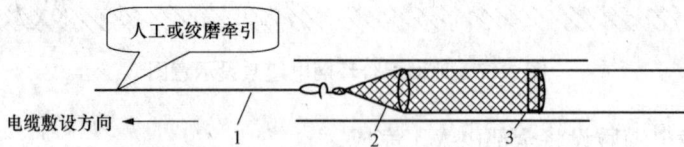

图 3-10　疏通器疏通管道示意图

1—牵引钢丝绳；2—钢丝网套；3—预埋管道

注意事项：为保证电缆安全，机械及人工牵引速度不得大于15m/min。为保证电缆不被划伤，可在电缆管道入口处涂抹适量黄油。

4. 电缆固定、预留、标示及孔洞封堵

（1）电缆固定。根据招标文件及相关要求，电缆敷设后用以下方法固定：水平敷设的电缆在首末两端、转弯、电缆接头两端处用经防腐处理的电缆卡子进行刚性固定；垂直敷设或超过45°倾斜敷设的电缆在每个支架上用经防腐处理的电缆卡子进行刚性固定。桥架上的电缆每隔2m进行固定，水平支架上用电缆绑扎带绑扎固定，间距不大于8m，且绑扎带建议采用绑扎线。

（2）电缆预留。

1）矩形隧道区间中间接头处电缆的预留。由于矩形隧道区间电力电缆支架与通信信号电缆支架位于同侧，考虑35kV电力电缆对信号传输的影响，矩形隧道区间中间接头处的电缆不可能作集中、大幅度预留。为此，应采取中间接头两侧各10m范围内的电缆成大波浪形敷设，以免由于温度变化引起电缆收缩而对中间接头造成机械拉伤。需要注意的是，由于电缆支架间距较小，而35kV电力电缆比较粗、硬，为使电缆成波浪形，可考虑跨支架敷设。

2）盾构隧道区间中间接头处电缆的预留。盾构隧道区间内，电力电缆支架与通信信号电缆支架分别位于隧道的两侧壁，故电力电缆支架上、下方都有比较大的空间可作电缆预留，可采取原支架下方增装两层小支架、电缆迂回后在小支架上做中间接头的方法进行预留，预留长度以5～10m为宜。

3）电缆进开关柜处夹层内预留。根据施工规范及设计图纸，电缆在终端头附近应作备用长度预留，预留长度不小于5m，可采用电缆在开关柜下支架上盘留的方式进行预留。在电缆进开关柜处附近用电缆支架安装成一直径约为 2m 的支架环，其接地与正常电缆路径上的支架导通。电缆敷设时经该支架环盘留 1～2 圈（6～12m）后再穿进开关柜，达到预留目的。

（3）电缆标示。电缆在整理排列、绑扎固定时，在电缆终端、中间接头、拐弯、电缆夹层及竖井的两端、电缆入井与电缆进柜等处应悬挂标示牌；标示牌内容应包含电缆编号、电缆规格型号、电缆起点终点；标示牌上的内容全部采用计算机打印，电缆编号清晰明了，字迹清晰且不易脱落。

（4）电缆路径上的孔洞封堵。

1）电缆进出车站或变电所夹层处的孔洞封堵。可先用砖在孔洞两侧砌成墙体，将电缆保护管砌入其中，再用无机堵料对剩余小孔洞进行封堵。如果要进行电缆通道预留，可在墙体砌筑时将预留通道数的电缆保护管砌入墙体中并进行临时封堵，在使用时将管道打通即可。

2）电缆竖井的上下口处封堵。可在所有电缆（包括走此通道的通信信号电缆等）敷设完毕后对出入口用无机堵料进行封堵。支设模板时应根据电缆占有的空间并留有备用位置作为预留孔，拆模后对预留孔再进行封堵。

任务 3.2 电缆中间接头制作安装

3.2.1 35kV 预制式电缆中间接头制作安装

1. 材料工具准备

材料：中间接头组件、特别接头鼻子、接地线鼻子、铜套管、硅胶、无水酒精、清洁擦拭棉纸、砂纸、自粘性绝缘胶带、相色管等；工具：电缆剥切刀、压线钳、钢锯、钢卷尺及常用电工工具。

2. 35kV 冷缩中间接头制作安装工序

（1）电缆重叠。把要连接的电缆重叠约 200mm，在重叠部分中部标出参考线，如图 3-11 所示。

（2）电缆准备。按照图 3-12 所示剥除电缆外护套、内护层、铜屏蔽层和半导电层等，并按照铜罩长度的一半切除电缆主绝缘，在主绝缘边缘上作 3×45°的倒角。注意应使主绝缘上不带任何导电物质，用铜粘带粘贴固定在铜屏蔽层末端，剥切过程中切勿损伤绝缘层。剥切要求：

1）铜屏蔽层开剥时预留从外护套口算起 180mm，如图 3-12 所示。

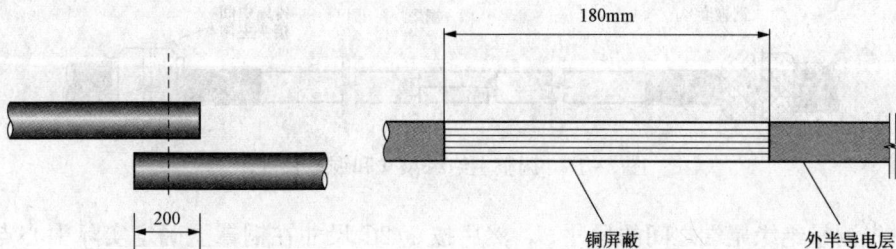

图 3-11 35kV 电缆重叠部分

图 3-12 铜带屏蔽开剥预留

2）在距离外护套口 90mm 处用细铜丝绑扎铜屏蔽层，然后把铜屏蔽层反折回来，再按照图 3-13 所示尺寸剥除外半导电层。

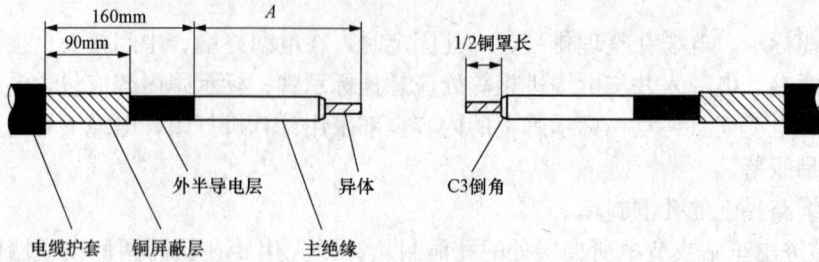

图 3-13　细铜丝绑扎屏蔽铜带

（3）半重叠绕包 Scoich13 半导电层，从铜屏蔽层上 40mm 开始，包至 10mm 的外半导电层上，将电缆铜屏蔽层端口包覆住并加以固定，绕包应十分平整，如图 3-14 所示。

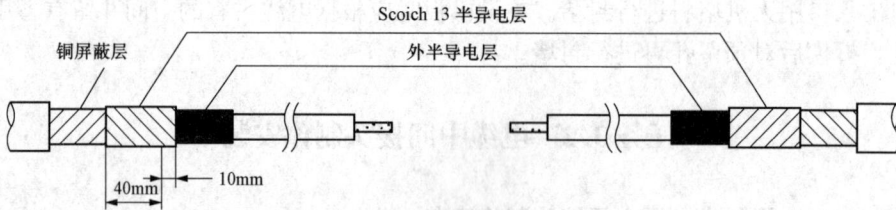

图 3-14　半重叠绕包半导电层

（4）在电缆导体连接前，分别将铜网套和冷缩中间接头主体套入两端电缆上，装上接管，同时把铜罩上的裸铜线放入接管里，然后对称压接，并且锉平打光，清洁干净，如图 3-15 所示。

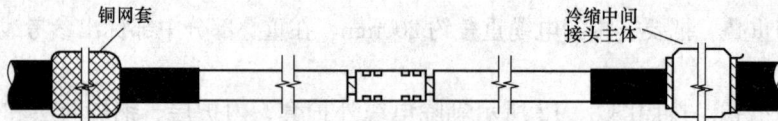

图 3-15　铜网套和冷缩中间接头主体套入电缆

（5）校验绝缘尾端之间的尺寸，调整主绝缘使其尺寸适合铜罩的长度，然后把两个半铜罩扣在绝缘尾端之间，外面和主绝缘平齐，如图 3-16 所示。

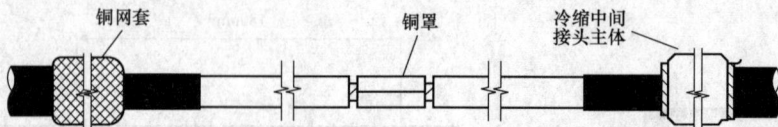

图 3-16　调整主绝缘尺寸和铜罩长度

（6）先测量绝缘尾端之间的尺寸 C，然后按 $1/2C$ 尺寸在铜罩上确定实际中心点 D。再在半导电层上距铜罩中心点 D 的 28.5mm 处用 PVC 带做一个明显的定位标识，此处为冷缩中间接头收缩的基准点，如图 3-17 所示。

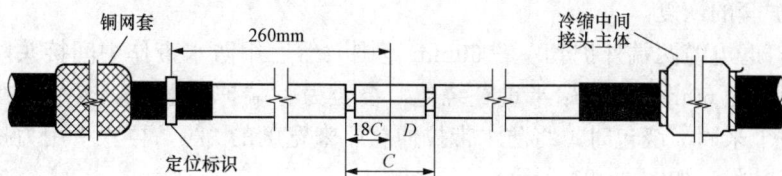

图 3 - 17 测量绝缘尾端之间尺寸

（7）清洗电缆主绝缘（用专用清洁剂）。确保切勿使溶剂碰到外半导电层，若主绝缘表面有残留半导电颗粒、刀痕，只能用不导电的绝缘砂纸打磨处理并将红色的 P55/R 绝缘混合剂涂抹在外半导电层与主绝缘的交界处，把其余的绝缘混合剂均匀涂抹在主绝缘表面（注：只能用红色的 P55/R 绝缘混合剂，不能用硅胶），如图 3 - 18 所示。

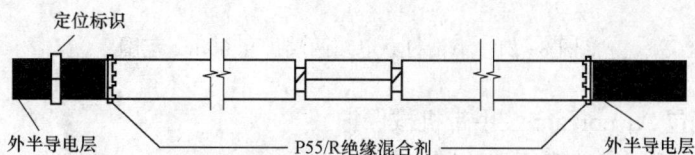

图 3 - 18 清洗电缆主绝缘

（8）安装冷缩中间接头。将冷缩中间接头对准 PVC 带的边缘，逆时针抽掉芯绳使中间接头收缩，从距离冷缩中间接头口 60mm 处开始到半导电层上 60mm，半重叠绕包 Scaich2228 防水带一个来回。注意：

1）安装时可先将冷缩中间接头稍稍覆盖住 PVC 带少许。在收缩几圈后，慢慢转动中间接头，使 PVC 带全部露出。不要将冷缩中间头向前硬推，以免冷缩中间接头向内卷边。

2）收缩后，检查中间接头两端是否与半导电层都搭接住，搭接长度不小于 13mm，如图 3 - 19 所示。

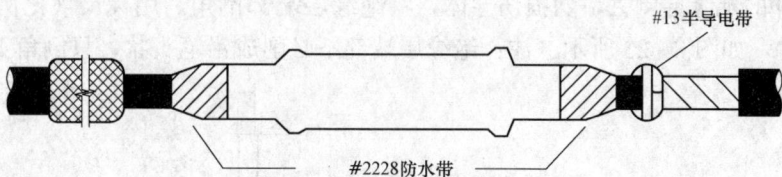

图 3 - 19 安装冷缩中间头

（9）恢复金属屏蔽。在收缩好的中间接头主体外部套上铜编织网套，从中间向两边对称展开，用 PVC 带把铜网套绑扎在中间接头主体上，并用两只恒力弹簧将铜网套固定在电缆铜屏蔽带上，以保证铜网套与之良好接触。将铜网套的两端修齐整，在恒力弹簧前保留 10mm，用 PVC 带半重叠将恒力弹簧和铜网套绕包覆住，但不要包到护套上，如图 3 - 20 所示。

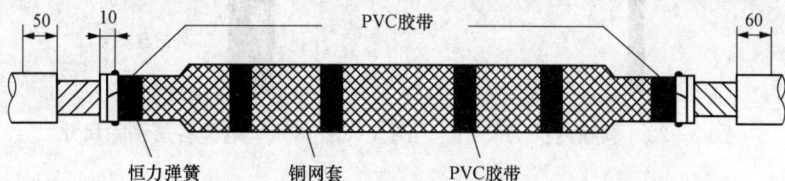

图 3 - 20 恢复金属屏蔽

（10）外护套的恢复。

1）清洁打磨电缆两端外护套左右 60mm 范围，然后用防水带作中间接头防潮密封，从一端护套上距离为 60mm 处开始半重叠绕包，绕至另一端护套上 60mm 处，在整个接头外半重叠绕包一个来回。绕包时，将防水带拉伸至原来宽度的 3/4，再双手用力挤压所包防水带，使其紧密贴附，如图 3-21 所示。

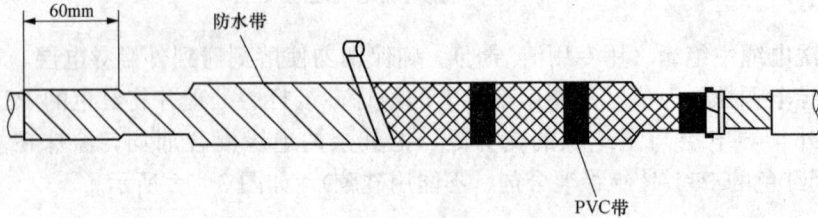

图 3-21　清洁打磨电缆两端护套 60mm 范围

2）半重叠绕包 Armorcast 装甲带机械保护。

3.2.2　35kV 预制式电缆终端头制作安装

1. 制作安装工序

（1）按安装长度需要，剥去电缆外护套，距外护套端部 20mm 铠装处绑扎几圈铜线并锉亮此段铠装，沿绑扎线除去其余铠装。

（2）根据所装终端头型号、截面，选取尺寸 A，剥去内护套，注意不要损伤铜屏蔽层，并用相色带将电缆铜屏蔽层固定好，用铜丝把接地铜编织带固定在铠装和铜屏蔽层上并焊牢，如图 3-22 所示。距电缆外护套端部以下约 40mm 处，对接地编织带渗（焊）锡。

（3）保留铜屏蔽层端头以上 20mm 的外半导电层，其余剥除，注意不得损伤绝缘层。把尺寸 B 以外的绝缘层剥去，勿损伤导体，将绝缘层端部倒角。用标尺（比例为 1∶1）校验各部分尺寸，如图 3-23 所示（注：绝缘层端部不必削成铅笔头状，只倒角 1×45°）。

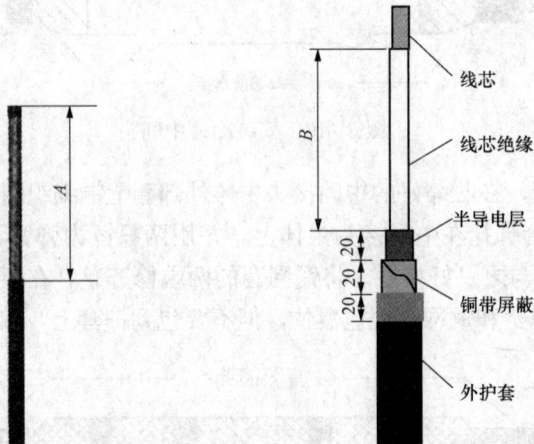

图 3-22　剥除内护层尺寸　　图 3-23　35kV 电缆各层剥除尺寸

（4）先用半导电层从铜屏蔽层端头前约 2mm 处绕一层，将铜屏蔽层与外半导电层的台阶覆盖住,再从铜屏蔽层端头开始缠绕成约宽 20mm、外径为 D 的圆柱形缠绕体,如图 3-24 所示。

(5)用浸有清洁剂的清洁纸从绝缘层向半导电层缠绕体方向一次性清洁绝缘层及外半导电层,不得反方向,以免把半导电颗粒带到绝缘层上。检查绝缘层,如有残留半导电颗粒或较深的凹槽等,可用细砂纸打磨或用玻璃铲刮干净,再用新的清洁纸(浸清洁剂)清洁,待清洁剂挥发后,即可安装终端头,如图 3-25 所示。

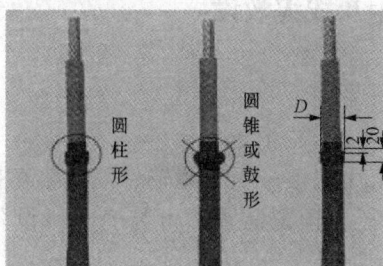

图 3-24 半导电层绕制

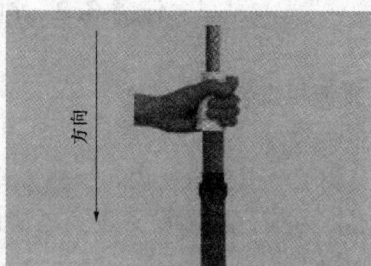

图 3-25 清洁纸清洁绝缘层

(6)用干净的塑料棒将硅脂均匀涂在电缆的绝缘层上和终端头内,把塑料护帽套在缆芯上(防止线芯刮伤终端头),用一只手抓住终端头中部,用另一只手堵住终端头顶部小孔,用力将终端头套在电缆上,使电缆导体从终端头顶部露出,再用力推终端头,直至终端头应力锥与电缆上的半导电层缠绕体接触好为止。整个推入过程不宜过长,保证安装省力,安装后抹去挤出来的硅脂,去掉塑料护帽,把接线端子套到导体上。

(7)压接接线端子及接地端子,完成后的终端头如图 3-26 所示。

(8)35kV 电缆终端头制作的质量控制点。电缆终端头均须采用电缆供货商提供的材料制作,不得用其他材料替代。电缆终端头制作时,从剥切到完成必须连续作业,一次性完成,防止受潮;制作过程中应注意清洁,严禁在雨雾中施工,防止受潮。电缆终端头应封闭严密,芯线连接紧密,绝缘带包扎严密。电缆终端头安装过程应固定牢靠,且相序正确。

(9)注意事项。施工时应保证足够的照明设施,隧道内施工必须有充足的通风设备以保证空气流通;施工现场必须配备灭火装置并由专人监护,防止火灾;施工区段两端还应设置安全防护措施,严禁施工人员串区活动;人员穿防护鞋并穿反光背心。

2.35kV 电缆试验

(1)电缆出厂前的耐压试验。

(2)电缆敷设前试验。电缆敷设前应对电缆进行绝缘测试,在电缆外观良好的前提下,用 2500M/2500V 绝缘电阻表对电缆进行线芯对地(铠装层)的绝缘测试,其绝缘电阻值应满足相关规范要求才能投入敷设。

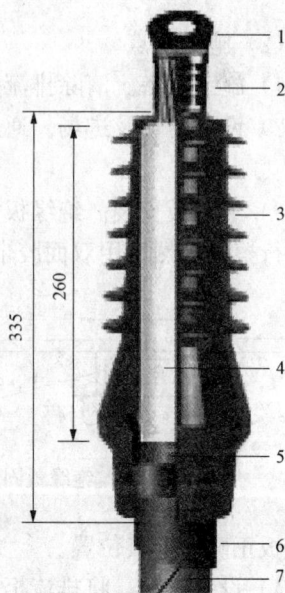

图 3-26 压接接线端子终端头
1—接线端子;2—电缆芯线;3—电缆头;
4—绝缘层;5—半导体层;6—内护套;
7—铜屏蔽层

（3）电缆中间接头、终端头完成后的试验。每个回路的高压电缆所有的中间接头及终端头制作完成后，即可对系统电缆进行直流耐压、直流泄漏和相序确认，试验数据应满足有关规定。试验由取得合格证的试验人员担任，要求试验场地的电缆终端设置围栏，无关人员禁止入内，电缆另一终端设专人防护，配备通信工具，加强联系，以确保人身及设备的安全。

任务 3.3　排流柜及线缆敷设

3.3.1　排流柜安装

1. 排流柜运输

排流柜安装于牵引变电所内，运输方式可采用轨道平板车运输、液压小车拖放和吊装孔吊装的方式。为统一协调设备进变电所的路径、预留需求，可与变电所设备运输同步进行。

2. 排流柜安装

（1）施工工艺流程。排流柜在变电所采用绝缘安装方式，施工工艺流程如图 3-27 所示。

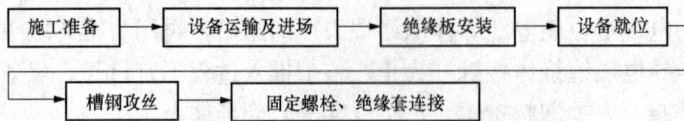

图 3-27　排流柜施工工艺流程

（2）施工要点。

1）施工准备。清除排流柜基础槽钢上的各种杂物，保持清洁。

2）设备运输及进场。通过轨道平板车或吊装孔将设备运输进变电所，注意运输路径的预留。

3）绝缘板安装。绝缘板安装在基础槽钢和柜体之间，用专用擦拭纸对绝缘板和槽钢表面进行擦拭，然后用双面胶带将绝缘板固定在基础槽钢上，如图 3-28 所示。

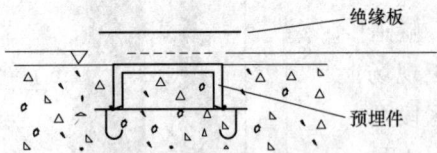

图 3-28　绝缘板固定示意图

绝缘板接口处的间隙用中性绝缘胶填充，待绝缘胶凝固后用砂纸打平，接着用电吹风机驱除绝缘板下的潮气。为防止设备经过长时间运行后，灰尘和其他杂质进入间隙，受潮后造成对地绝缘的降低，采用测量对角线长度的方法，配合角尺保证绝缘板正确的安装位置。

4）设备就位。将排流柜放在绝缘板上，保证绝缘板露出设备框架内外沿各 5mm，检查设备应无明显接地点。

5）槽钢攻丝。在排流柜框架上用自攻螺钉安装固定脚，如图 3-29 所示。采用在槽钢上攻丝方式固定开关柜时，柜体固定脚下正对基础槽钢，将连接螺栓穿上绝缘套、绝缘垫片，向下旋紧即可，最后在螺栓上套上绝缘帽。

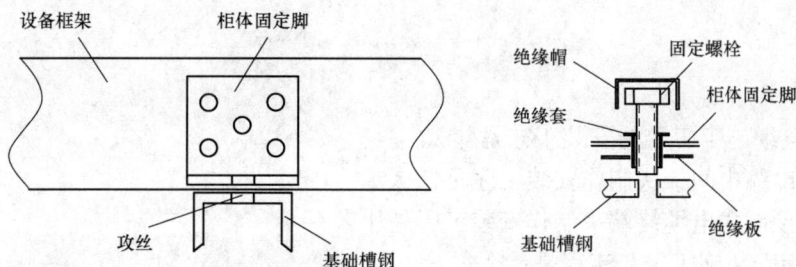

图 3-29 排流柜地脚螺栓固定位置

3.3.2 保护管敷设

1. 施工要点

（1）测量定位。按照图纸和各监测点的位置，合理布置保护管的敷设路径并用弹线粉斗弹划定位线。

（2）安装 Ω 形固定卡。依据定位线，直线段每隔 1m 左右安装 Ω 形固定卡，在转弯等地方应适当加密布置。

（3）敷设保护管。将保护管用 Ω 形固定卡固定，管与管间采用直通或三通接头连接。接头处涂以适当专用胶水，做好防水处理。在有转弯弧度的地方，对 PVC 管加热煨弯时要注意力度，不应使 PVC 管破裂。

2. 施工标准

（1）保护管敷设应横平竖直，固定牢固。

（2）管与管的连接要紧密牢固，一组保护管转弯不得超过 3 处。

3.3.3 电缆、绝缘导线敷设

地下车站内每个测量电极等电位信号用穿管线引出，区间内每个监测点传感器、转接器内引出的电位信号用电缆引出，全部信号集中送至车站两端的电位测量箱。

1. 施工要点

（1）现场调查及电缆配盘。用白油漆标记各电极及监测点的位置，并根据里程标准确计算出所需电缆或绝缘导线的长度，再合理分配电缆盘。

（2）电缆敷设。利用轨道放线车敷设电缆，并随时挂装每根电缆的标示牌。每根电缆两端敷设到位后，要加以捆绑，避免电缆侵入限界，影响轨道作业。

（3）绝缘导线敷设。把绝缘导线穿入敷设好的保护管，敷设至各监测点后，套上线号管做好标记，并预留好接线长度。

2. 施工标准

（1）电缆无绞拧、铠装压扁、护层断裂、表面严重划伤等缺陷。

（2）电缆敷设位置正确，排列整齐，固定牢固，标记位置准确，标记清楚且有防火隔离措施。

（3）电缆的转弯处走向整齐清楚，电缆的标记清晰齐全，挂装整齐、无遗漏。

（4）电缆保护管口光滑、无毛刺，固定牢靠，防腐良好，弯曲半径不小于电缆的最小允许弯曲半径，保护管口封闭严密。

习　　题

1. 环网电缆施工工艺与安装工艺是什么?
2. 35kV 冷缩中间接头制作安装工序是什么?
3. 35kV 预制式电缆终端头制作安装工序是什么?
4. 排流柜安装施工工艺流程是什么?
5. 保护管敷设的施工要点是什么?

项目4 动力照明系统配线安装施工工艺

城轨交通机电设备种类繁多，除了运载乘客的电动车辆外，还有为城市轨道交通运营提供服务的站厅照明、自动电梯、通风空调、灭火防灾、闭路电视监控与自动售检票等动力照明系统。动力照明系统采用 220V/380V 三相五线制的 TN-S 系统（三根相线、一根中性线、一根接地线）。其施工环节涉及配电箱、成套配电柜、电缆敷设、照明灯具、线槽和开关插座等组成部分的安装流程与工艺要求。

任务4.1 配电箱安装施工工艺

1. 技术要求

（1）应在开工前组织技术人员认真学习实施性施工组织设计，阅读、审核施工图纸，澄清有关技术问题，熟悉规范和技术标准，制定施工安全保证措施，提出应急预案；对施工人员进行技术交底，对参加施工人员进行岗前技术培训，考核合格后持证上岗。

（2）房间内墙面抹灰、刮白完成，具备配电箱安装条件，收集配电箱安装施工所涉及的各种外部技术数据。

2. 施工工艺流程

配电箱安装施工工艺流程如图4-1所示。

测量定位 → 墙面打孔 → 配电箱固定 → 接地连接 → 成品保护

图 4-1 配电箱安装施工工艺流程

3. 施工要求

（1）测量定位。

1）配电室内配电箱安装高度应统一，保证房间内整体安装的美观性。

2）配电箱定位应保证箱体间距和开门空间。

（2）配电箱固定。

1）配电箱应与墙面固定牢固、可靠，安装应注意调整水平度与垂直度。

2）暗装的配电箱应保证箱门与墙面平齐。

3）配电箱安装过程中应避免表面对箱体保护器造成破坏。

（3）接地连接。

1）配电箱外壳应与接地干线有效连接，箱门上附带元器件的应在箱门与箱体间做接地连接。

2）配电箱接地端子排应与房间内接地端子箱连接。配电箱内部布线如图4-2所示。

图 4 - 2 配电箱内部布线示意图

任务 4.2 成套配电柜安装施工工艺

1. 技术要求

（1）应在开工前组织技术人员认真学习实施性施工组织设计，阅读、审核施工图纸，澄清有关技术问题，熟悉规范和技术标准，制定施工安全保证措施，提出应急预案；对施工人员进行技术交底，对参加施工人员进行岗前技术培训，考核合格后持证上岗。

（2）设备房间内地面垫层施工完成，房间内场地干净。

2. 施工工艺流程

成套配电柜安装施工工艺流程如图 4 - 3 所示。

测量定位 → 基础槽钢安装 → 接地连接 → 配电柜就位 → 配电柜固定

图 4 - 3　成套配电柜安装施工工艺流程

3. 施工要求

（1）测量定位。

1）测量定位时应将房间内地面杂物清理干净。

2）用墨斗在地面上弹出安装基准线。

（2）基础槽钢安装。

1）基础槽钢制作时应首先做好防锈处理。

2）基础槽钢安装高度应高出装修完成面 1cm 并做好调平工作。

（3）接地连接。

1）基础槽钢安装完成后，应将基础槽钢用接地扁钢与接地干线连接。

2）明露的接地扁钢应用黄绿双色漆做好接地标识。

3）接地扁钢搭接长度应符合规范要求。

（4）配电柜就位、固定。

1）配电柜就位安装时应避免造成保护漆面的破坏。

2）配电柜与底座固定螺栓应连接牢固。

3）成排的配电柜应排列整齐、接缝间隙均匀一致。

任务 4.3 电缆敷设及电缆头施工工艺

1. 技术要求

（1）应在开工前组织技术人员认真学习实施性施工组织设计，阅读、审核施工图纸，澄清有关技术问题，熟悉规范和技术标准，制定施工安全保证措施，提出应急预案；对施工人员进行技术交底，对参加施工人员进行岗前技术培训，考核合格后持证上岗。

（2）收集电缆敷设及电缆头制作施工所涉及的各种外部技术数据。

2. 施工工艺流程

电缆敷设与电缆头施工工艺流程如图 4-4 所示。

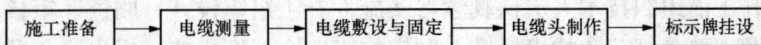

施工准备 → 电缆测量 → 电缆敷设与固定 → 电缆头制作 → 标示牌挂设

图 4-4 电缆敷设及电缆头施工工艺流程

3. 施工要求

（1）施工准备。

1）电缆及各种辅材供应到位。

2）对电缆路径进行排查，清理线槽，打通电缆路径断点，对电缆路径中可能存在的隐患，放缆过程中可能损伤电缆的危险点进行排查、处理。

（2）电缆测量。

1）电缆敷设前对每一根电缆进行实地测量，保证电缆长度足够、路径合理。

2）电缆敷设后将电缆端头进行塑封。电缆到场后，应分别在电缆敷设前、电缆敷设完毕后和送电前进行绝缘遥测，以保证电缆绝缘良好。

（3）电缆敷设与固定。

1）电缆敷设过程中，在电缆槽道转弯处、有棱角处应加防护措施，避免穿放过程中用力过猛，划伤电缆。

2）电缆敷设过程中，应将电缆排列整齐，避免出现绞拧现象，且敷设过程中应保证电缆弯曲半径不小于最小弯曲半径，避免电缆出现死弯、外皮褶皱情况。

（4）电缆头制作与标示牌挂设。

1）在剥除电缆皮的过程中要避免划伤电缆绝缘层。

2）电缆外皮剥除长度应根据箱柜尺寸进行测量，电缆头既不能过长，也不能过短。

3）电缆头在包缠、热缩与接线鼻子压接时，应注意工艺的美观性。环控电缆敷设工艺、电缆头制作与标示牌挂设如图 4-5、图 4-6 所示。

图 4-5 环控电缆敷设工艺

图 4-6 电缆头制作与标示牌挂设

任务 4.4 照明灯具安装施工工艺

1. 技术要求

（1）应在开工前组织技术人员认真学习实施性施工组织设计，阅读、审核施工图纸，澄清有关技术问题，熟悉规范和技术标准，制定施工安全保证措施，提出应急预案；对施工人员进行技术交底，对参加施工人员进行上岗前技术培训，考核合格后持证上岗。

（2）管路敷设、管内穿线与装修单位吊顶准备工作完成。

2. 施工工艺流程

照明灯具安装施工工艺流程如图 4-7 所示。

施工准备 → 灯具组装 → 灯具安装 → 通电测试

图 4-7 照明灯具安装施工工艺流程

3. 施工要求

（1）施工准备。

1）根据图纸，对灯具定位和吊杆位置进行确认。

2）检查灯具配线是否齐全，灯具有无机械损伤、变形、油漆剥落、灯罩破裂与灯箱歪斜等现象。

（2）灯具安装。

1）安装电气照明装置一般采用预埋接线盒、吊钩、螺钉、膨胀螺栓或塑料胀塞等固定方法，严禁使用木楔固定。电气照明装置的接线应牢固，电气接触应良好，灯具非带电金属部分应有明显标志的专用接地螺栓。封闭灯具中的电缆必须是耐热型的，引入灯具的电缆必须用金属软管加以保护。盒式吸顶灯安装图如图 4-8 所示。

2）灯具的具体安装方式和接线方法都应该严格按产品说明及规范进行，应先在地面上进行试亮后再进行安装；成套安装的灯具中易丢、易损元件要做好可靠保管，安装时一定要分清灯具的安装方式，安装高度要做到准确无误。电线不应贴近灯具外壳，灯线应留有余量；对称安装的灯具，其纵横中心轴线应在同一直线上。

3）管吊灯具安装。根据图纸确定灯具安装位置，测量吊管间距，标记好固定底座的安

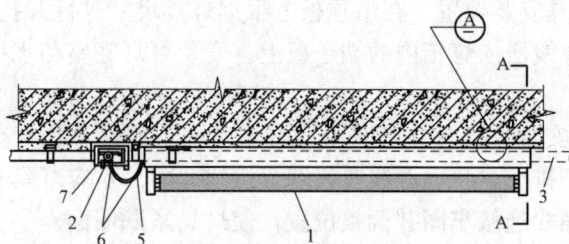

编号	名称	型号及规格
1	盒式吸顶荧光灯	设计确定
2	接线盒	86H
3	热镀锌钢管	SC20~25mm
4	膨胀螺栓、母、圈、垫	M6×50mm
5	可挠金属电线保护管	与线管配合
6	软管专用接头	与线管配合
7	导线	由工程设计确定

盒式吸顶荧光灯在现浇混凝土屋面板下安装-明装

图4-8 盒式吸顶灯安装施工图

装位置。将吊管与固定底座组装好后，将电源线穿保护管引入吊管内；在结构板上打孔，用塑料胀塞将底座固定到结构板上；对应吊管位置在灯箱上打孔，将电源线甩入灯箱并将灯箱与吊管连接牢固，在进线孔处应套上金属软管以保护导线，然后将电源线压入灯箱内的端子板上，把灯具的反光板固定在灯箱上，并将灯具调整顺直。

4）嵌入式荧光灯安装。根据图纸确定灯具安装位置，在吊顶板上根据灯具尺寸进行开孔。根据灯具安装位置确定吊杆位置并在结构板上打孔，采用胀管和圆钢吊杆引下，在灯箱上开进线孔和吊杆孔，将电源线甩入灯箱并将灯箱与吊管连接牢固，在进线孔处应套上金属软管以保护导线；用螺栓将吊杆与灯箱连接固定牢固，接着将电源线压入灯箱内的端子板上，把灯具的反光板固定在灯箱上并将灯具调整平整、顺直与吊顶板紧密贴合。嵌入式荧光灯安装如图4-9所示。

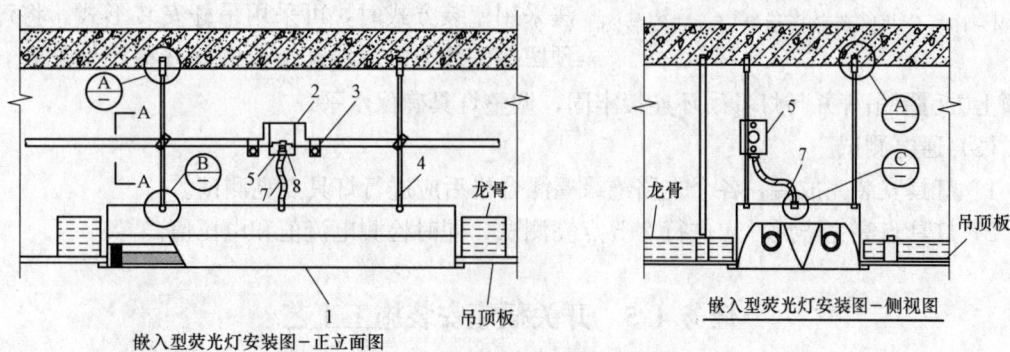

嵌入型荧光灯安装图-正立面图

嵌入型荧光灯安装图-侧视图

编号	名称	型号及规格
1	灯具	设计确定
2	跨接地线	WDZ-YJY-4mm²
3	专用接地夹	与线管配合
4	圆钢热镀锌丝杆	ϕ8mm
5	接线盒	86H
6	内部膨胀螺栓	M8×50mm
7	可挠金属电线保护管	与线管配合
8	导线	由工程设计确定

图4-9 嵌入式荧光灯安装图

5）嵌入式筒灯安装。根据图纸确定灯具安装位置，在吊顶板上根据灯具尺寸进行开孔。将电源线穿保护管引入灯具内，接着将电源线压入灯箱内的端子板上。安装灯具底座和水平调整板，将灯具调整顺直。

6）壁装灯具安装。根据图纸确定灯具安装位置，在灯具上开好安装孔，将电源线穿金属软管引入灯具内部，压接在灯具接线端子排上，将电源线盘好塞入接线盒内。对应灯具安装孔在墙上打孔安装膨胀螺栓，将灯具与螺栓连接牢固并调整位置，使灯具紧贴墙面。

7）疏散指示灯安装。根据图纸确定灯具安装位置，将电源线穿聚氯乙烯玻璃纤维软管（黄腊管）引入灯具内部，压接在灯具接线端子排上，将电源线盘好塞入接线盒内。对应灯具安装孔位置在墙上打孔安装塑料胀塞，将灯具固定到螺栓上并调整位置，使灯具紧贴墙面。

8）公共区疏散指示灯采用嵌入式安装。根据灯具尺寸，在装修石材上标注开孔位置和尺寸，待装修完开好孔后，将灯具预留接线与电源线连接包缠好并穿好保护管，将电源线盘好塞入接线盒内。在石材内安装固定背板，将灯具同螺栓固定到背板上，调整灯具位置使灯具水平、标高一致。公共区疏散指示灯嵌入式安装图如图4-10所示。

图4-10　公共区疏散指示灯嵌入式安装图

9）安全出口灯安装。根据图纸确定灯具安装位置，将灯具预留接线与电源线连接包缠好并穿好保护管，将电源线盘好塞入接线盒内。对应灯具安装孔位置在墙上打孔安装塑料胀塞，将灯具固定到螺栓上并调整位置，使灯具紧贴墙面。

灯具安装时，如门框上沿与吊顶板距离过近无法采用壁装方式时，可采用吊杆安装形式。将灯具预留接头线与电源线连接包缠好并穿好保护管。由吊顶上方引下吊杆并与灯具吊环连接牢固，调整灯具确保水平。

（3）通电测试。

1）灯具安装完成后，各个支路绝缘遥测合格后应进行灯具点亮测试。

2）灯具点亮完毕后，应进行24h点亮测试，同时检测电流值和电压值。

任务4.5　开关插座安装施工工艺

1.技术要求

（1）应在开工前组织技术人员认真学习实施性施工组织设计，阅读、审核施工图纸，澄清有关技术问题，熟悉规范和技术标准，制定施工安全保证措施，提出应急预案；对施工人员进行技术交底，对参加施工人员进行岗前技术培训，考核合格后持证上岗。

（2）房间内墙面装修完成，管内穿线完成且线缆绝缘完好，物资进场并报验完成。

2.施工工艺流程

开关插座安装施工工艺流程如图4-11所示。

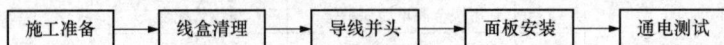

施工准备 → 线盒清理 → 导线并头 → 面板安装 → 通电测试

图4-11　开关插座安装施工工艺流程

3. 施工要求

（1）施工准备。备齐开关插座安装所需的工器具与材料。

（2）线盒清理。用錾子轻轻地将盒子内残存的灰块剔掉，同时将其他杂物一并清出盒外，再用湿布将盒内灰尘擦净。

（3）导线并头。导线并头处应注意缠绕圈数满足5~7圈，要用绝缘胶带和防水胶带双层包缠。导线并头要用与管内导线相线一致的颜色，如图4-12所示。

（4）面板安装。

1）面板安装要将接线盒孔洞盖死并紧贴墙面，不能留缝空隙，如图4-13所示。

2）开关、插座安装高度应符合设计要求，同一区域的面板应高度一致、间距均匀。

3）面板接线时，相线、中性线、接地线对应插孔位置应符合规范要求。

4）面板安装前应对管内导线绝缘进行检测。

5）送电完成后，应对插座是否带电进行检测。

6）应对各回路插座漏电动作时间进行测试，确定满足设计要求。

图4-12 导线并头

图4-13 面板安装

任务4.6 综合支吊架安装施工工艺

1. 技术要求

（1）根据设计要求的规格型号、现场勘察记录和施工方案编制材料使用计划，包括各种规格竖向槽钢、横向槽钢及附件等。综合支吊架安装所需的各种材料均需使用镀锌材料。

（2）产品包装箱内应有装箱清单、产品合格证和出厂检验报告，并按清单清点槽钢或附件的规格和数量。

（3）外观检查。测量外形尺寸与标称型号是否一致。镀锌层表面应均匀，无毛刺、过烧、挂灰、伤痕、局部未镀锌（直径2mm以上）等缺陷，螺纹镀锌层应光滑，螺栓能拧入。喷涂应平整、光滑、均匀、不起皮、无气泡。

（4）检验工作完成后，将检验记录如实存档，将收集的产品合格证和出厂检验报告整理后一并存档。

2. 施工工艺流程

综合支吊架安装施工工艺流程如图4-14所示。

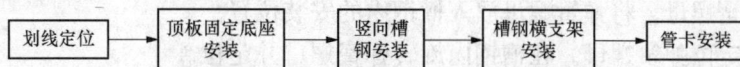

划线定位 → 顶板固定底座安装 → 竖向槽钢安装 → 槽钢横支架安装 → 管卡安装

图4-14 综合支吊架安装施工工艺流程

3. 施工要求

（1）施工准备。按设计图纸备齐材料和生产厂家提供的专用工具。

（2）施工工艺。

1）画线定位。根据设计图纸或施工方案，从电缆桥架始端至终端（先干线后支线）找好水平或垂直线（建筑物如有坡度，电缆桥架应随其放坡度），确定并标出支撑物的具体位置。

2）标线仪的使用。激光标线仪的操作方法：将高性能碱性电池三枚按极性装入电池槽，然后将激光标线仪置于地面定位点，通过旋转底座上的三只腿，调整到仪器水准泡在线内居中即可，这时仪表会自动整平；右旋打开锁紧开关，电源发光指示灯亮，此时水平线和对地点亮；根据实际情况，按机壳部"V"键来达到所需要的光线组合（垂直或水平线），如要垂线对准某一位置，可手动转动仪表，配合微调，使光线精确对准目标，如要升高或降低水平线，可配合用三脚架来移动水平线的位置；如仪表未放平，发出的激光线会闪烁，此时蜂鸣器报警，这时只需调节三个地脚支腿，只要光线不闪烁即可。标线仪及其使用功能如图 4-15 所示。

（3）顶板固定底座的安装。

1）定位。确定顶板固定底座的安装位置，并画出锚栓安装位置。

2）钻孔并清洁。在锚栓安装位置用电钻按照锚栓安装钻孔的要求进行钻孔并在钻孔完成后，将内部清洁干净。

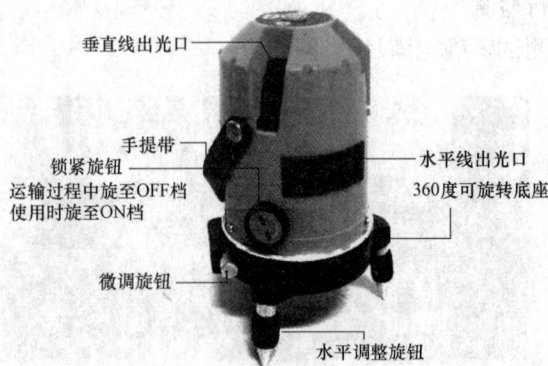

垂直线出光口

手提带
锁紧旋钮
运输过程中旋至OFF档
使用时旋至ON档

微调旋钮

水平线出光口
360度可旋转底座

水平调整旋钮

图 4-15　标线仪及其使用功能

标线仪定位方法，专用钻头及锚栓如图 4-16 与图 4-17 所示。

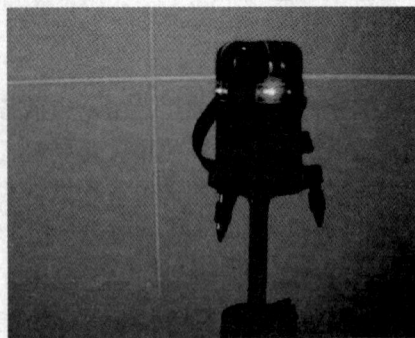

图 4-16　标线仪定位方法

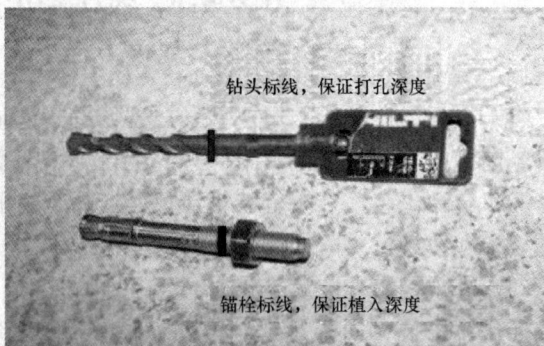

钻头标线，保证打孔深度

锚栓标线，保证植入深度

图 4-17　专用钻头及锚栓

3）植入锚栓。将锚栓按照安装要求装入安装位置。

4）固定底座。将底座固定在锚栓上并拧紧螺母。

（4）竖向槽钢安装。

1）放入弹簧螺母。将弹簧螺母放入槽钢内的安装位置。

2）旋转并定位弹簧螺母。在槽钢内旋转弹簧螺母并定位。

3）连接槽钢和顶板固定底座。将槽钢连带弹簧螺母放到顶板固定底座的对应位置，使连接件的安装孔与弹簧的螺母孔对应。

4）固定竖向槽钢和顶板固定底座。将固定螺栓和垫片拧入安装孔和螺母，并拧紧（扭紧力矩：M12 为 70N·m，M10 为 50N·m）。

（5）槽钢横支架安装。

1）定位。根据管路标高确定槽钢横梁位置，并在竖向槽钢上画线。

2）槽钢横支架和连接件的安装。将弹簧螺母放入槽钢内安装位置；在槽钢内旋转弹簧螺母并定位；将连接件连接在槽钢和弹簧螺母的对应位置，使连接件的安装孔与弹簧螺母的孔对应；将固定螺栓和垫片拧入安装孔和螺母并拧紧。

3）连接槽钢横支架与竖向槽钢。根据画线将弹簧螺母放入竖向槽钢内安装位置并旋转定位；将连接件连接在竖向槽钢和弹簧螺母的对应位置上，使连接件的安装孔与弹簧螺母的孔对应；将固定螺栓和垫片拧入安装孔和螺母并拧紧，如图 4-18 所示。

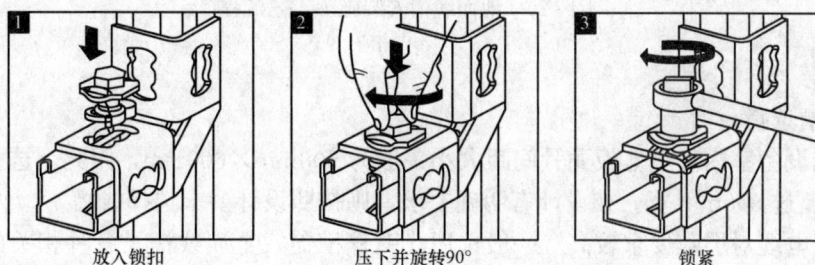

放入锁扣　　　　　　压下并旋转90°　　　　　　锁紧

图 4-18 连接槽钢横支架与竖向槽钢步骤

（6）管卡安装。

1）在槽钢横支架上确定管卡位置。根据管线位置，将弹簧螺母放入槽钢内并旋转定位。

2）安装固定螺杆。将固定螺杆拧入弹簧螺母，套入固定螺母、固定垫片并固定住螺杆。

3）安装管卡。将管卡按照管径大小选择好后，拧入螺杆并安装到位，根据图纸要求调整螺杆的高度，使管道的标高符合要求，同时拧紧固定螺母。

4）固定管道。将管道固定在管卡和橡胶垫上并拧紧管卡上的固定螺栓。综合支吊架及各类管线安装效果如图 4-19 所示。

图 4-19 综合支吊架及各类管线安装效果

任务 4.7　线槽安装施工工艺

4.7.1　地面线槽安装施工工艺

1. 技术要求

（1）线槽的规格、型号、安装位置、安装高度应符合设计要求；线槽安装稳固，不摇晃，线槽连接处螺栓拧紧。

（2）线槽转弯处应采用成品弯通，且在转弯处增加支架进行固定；线槽支架应与地面连接牢固，且与线槽应有连接孔。

（3）设备室地面平整已完成，设备底座已安装，静电地板未安装；水平基准线（1m线）已定位画线，配合土建施工；预留孔洞位置及尺寸符合设计图纸要求。

（4）主材。金属线槽（含盖板）应有产品合格证，经现场检验合格后报监理检验后方可使用；金属线槽要求壁厚均匀，壁厚偏差符合规范要求；槽内无毛刺，不允许有褶皱、折扁、裂缝、砂眼、塌陷等缺陷；外表层完整、无剥落。

（5）辅材。各种弯通、支架材质应和线槽一致，连接片和连接螺栓必须为热镀锌材质。

2. 施工工艺流程

地面线槽安装施工工艺流程如图 4-20 所示。

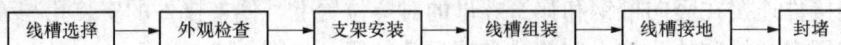

线槽选择 → 外观检查 → 支架安装 → 线槽组装 → 线槽接地 → 封堵

图 4-20　地面线槽安装施工工艺流程

3. 施工要求

（1）线槽选择。

1）由于设备室内静电地板龙骨间距大小一般为 600mm×600mm，因此，选择的金属线槽一般不宜超过 500mm 宽。如设计有明确要求，则按照设计要求选择线槽。

2）由于电缆对屏蔽要求较高，一般选用热镀锌槽盖式金属线槽及各种相关的弯通等连接附件。

（2）外观检查。

1）金属线槽应有合格证，线槽的最小板材厚度应符合下列规定：宽度小于 400mm 时，板材允许最小厚度为 1.5mm；宽度为 400~600mm 时，板材允许最小厚度为 2.0mm。

2）热镀锌表面应均匀、无毛刺、无挂灰、伤痕等缺陷；线槽焊缝表面应均匀，不得有裂纹、夹渣、烧穿、弧坑等缺陷。

3）连接附件的镀锌应均匀、光滑，能够正确装配，并能满足设计的调节范围，一般工程中使用的连接附件安装在线槽内外两侧，螺栓螺杆朝向外侧，螺母戴在线槽外侧。

（3）画线定位。按设计图纸确定进出盘、柜、箱等电气设备固定点的位置，从始端至终端（先干线后支线）找好水平或垂直线，用标线仪在线路中心弹线，均分支架间距，用记号笔画出支架安装位置后，在固定点位置钻孔，植入膨胀螺栓。

（4）支架安装。

1）地面线槽一般采用扁钢加工成 π 形支架支撑固定，支架与线槽连接面的宽度应比线槽宽出 50mm，支架高度为 30~50mm。

2）支架与地面采用膨胀螺栓连接，连接方式如图 4-21 所示。

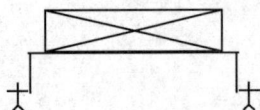

图 4-21　支架与地面连接方式

3）一般情况下支架间距为 2000mm，在转弯处、线槽进入设备底座处应适当增加支架数量。

4）线槽与支架间应采用圆头螺栓进行连接。圆头螺栓在线槽内，固定螺母在线槽下方。

（5）线槽组装。

1）金属线槽与线槽之间，线槽与弯通之间应采用连接板连接，用平垫、弹垫、半圆头螺栓固定，半圆头螺栓的螺母在线槽外，线槽的连接板应安装在线槽内外两侧，线槽接缝处间隙应严密平整。

2）线槽进行分支、转弯时应采用专用弯头，连接完成后连接螺栓必须固定牢固。金属线槽的连接应按照现场情况进行下料组装。

3）设备房内静电地板下线槽应采用液压开孔器进行开孔，开孔大小需根据所穿线缆数量和外径尺寸确定，接着使用防护胶条对开孔处进行保护，防止穿线时刮伤电缆护套。静电地板下线槽开孔如图 4-22 所示。

（6）由于城轨交通工程一般采用热镀锌金属线槽，表面喷漆（强电为黄色、弱电为蓝色），因此线槽之间连接板的两端需设置跨接地线，采用 $4mm^2$ 的铜编织带或单芯铜线；但连接板两端应有不少于 2 个防松螺母或防松垫圈连接固定。线槽伸缩处应采用编制铜线连接，线槽末端应采用 $16mm^2$ 接地线连接至接地排。线槽接地线连接方式如图 4-23 所示。

图 4-22 静电地板下线槽开孔　　　　图 4-23 线槽接地线连接方式

（7）封堵。线槽穿过隔墙时应使用防火泥对孔洞进行防火封堵。

4.7.2 架空线槽安装施工工艺

1. 技术要求

（1）线槽的规格、型号、安装位置与安装高度应符合设计要求。

（2）线槽安装稳固，不摇晃。线槽连接处螺栓应拧紧，转弯处应采用成品弯通，且在转弯处增加吊架进行固定。

（3）线槽吊架应与顶面或墙面连接牢固，与线槽应有连接孔固定，且土建建筑结构已完成。

（4）水平基准线（1m 线）已画线定位。配合土建施工，预留孔洞位置及尺寸应符合设计图纸要求。综合吊架安装完毕后风管、水管、电力桥架等上部管线也应逐步完成安装。

（5）主材。金属线槽（含盖板）应有产品合格证，经现场检验合格后报监理检验后方可使用；金属线槽要求壁厚均匀，壁厚偏差符合规范要求，槽内无毛刺，不允许有褶皱、折扁、裂缝、砂眼、塌陷等缺陷；外表层完整、无剥落现象。

（6）辅材。各种弯通、支吊架材质必须和线槽一致，连接片和连接螺栓必须为热镀锌材质，穿墙后的封堵必须采用防火材料。

2. 施工工艺流程

架空线槽安装施工工艺流程如图 4-24 所示。

| 线槽选择 | → | 外观检查 | → | 支吊架安装 | → | 线槽组装 | → | 线槽接地 | → | 封堵 |

图 4-24 架空线槽安装施工工艺流程

3. 施工要求

（1）线槽选择。由于电缆对屏蔽要求较高，以及与其他专业管线距离较近等特点，应选用热镀锌槽盖式金属线槽及相关的各种弯通等连接附件。

（2）外观检查。

1）金属线槽应有合格证，线槽的最小板材厚度符合下列规定：宽度小于 400mm 时，板材允许最小厚度为 1.5mm；宽度为 400～600mm 时，板材允许最小厚度为 2.0mm；宽度大于 600mm 时，板材允许最小厚度为 2.5mm。

2）热浸镀锌表面应均匀、无毛刺，无挂灰、伤痕等缺陷；线槽焊缝表面应均匀，不得有裂纹、夹渣、烧穿、弧坑等缺陷。

3）连接附件镀锌应均匀、光滑，能够正确装配并能满足设计调节范围，一般工程使用的连接附件安装在线槽内外两侧，螺栓螺杆朝向外侧，螺母戴于线槽外侧。架空线槽连接附件如图 4 - 25 所示。

（3）支吊架安装。水平安装时，支架吊架的水平跨距为 1.5m；垂直安装时，固定点间距不大于 2m，同时所有支吊架需在同一直线上并分布均匀。非直线段支吊架的安装，线槽弯通弯曲半径不大于 300mm 时，应在距弯曲段与直线段接合处 500mm（300～600mm）的直线段侧设置一个支架。当弯曲半径大于 300mm 时，还应在弯通中部增设一个支架。支吊架线槽安装如图 4 - 26 所示。

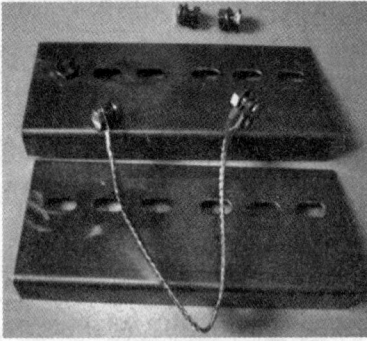

图 4 - 25 架空线槽连接附件

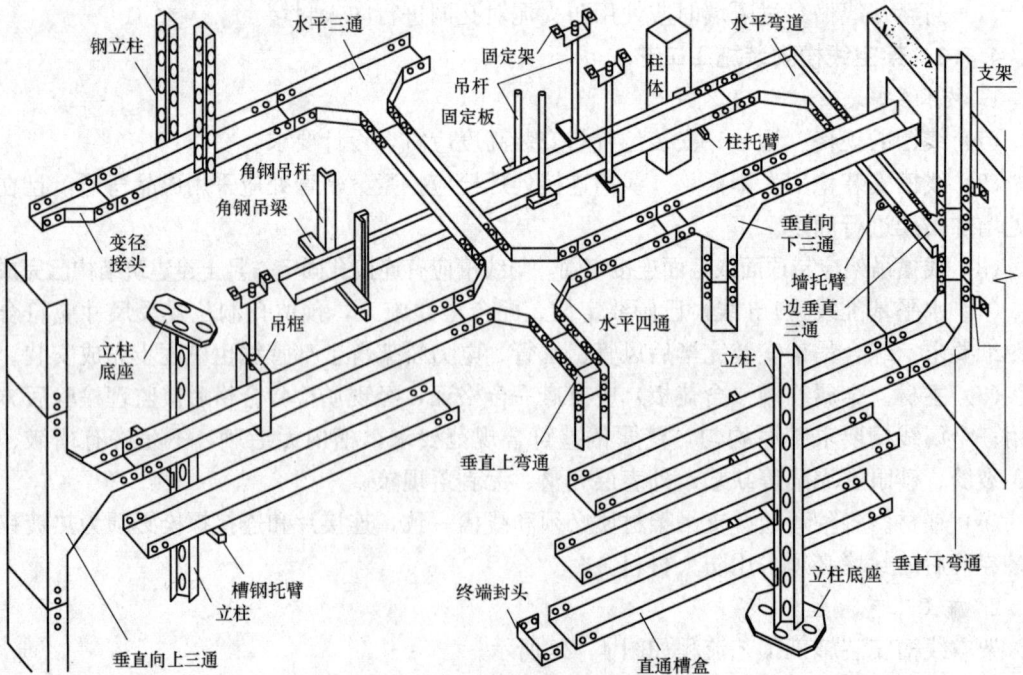

图 4 - 26 支吊架线槽安装示意图

（4）线槽组装。

1）金属线槽与线槽间、线槽与弯通间应采用连接板连接，用平垫、弹垫、半圆头螺栓固定，半圆头螺栓的螺母在线槽外侧，线槽连接板应安装在线槽内外两侧，线槽接缝处间隙应严密平整。线槽进行分支、转弯等应采用专用弯头，连接完成后连接螺栓必须固定牢固。金属线槽与弯通之间连接如图 4-27 所示。

2）在线槽上需引出钢管配线时，应采用液压开孔器进行开孔，开孔切口应整齐，与管径相符合，严禁使用气、电焊割孔，使用盒锁接头连接钢管与桥架。线槽上引出钢管配线图 4-28 所示。

图 4-27 金属线槽与弯通之间连接

图 4-28 线槽上引出钢管配线

3）直线段金属线槽在结构伸缩缝处超过 50m 时，应间隔 25m 设置伸缩装置，采用一端螺栓不拧紧方式。在伸缩装置处应设置跨接地线，采用编织铜线连接。金属线槽伸缩装置如图 4-29 所示。

（5）线槽接地。工程一般采用热镀锌金属线槽，表面喷漆；线槽之间连接板的两端需设置跨接地线，采用 4mm² 的铜编织带或多芯铜线；连接板两端应有不少于 2 个有防松螺母或防松垫圈的连接固定螺栓。线槽伸缩处应采用编织铜线连接，线槽末端应采用 16mm² 接地线连接至接地排。线槽伸缩处连接效果如图 4-30 所示。

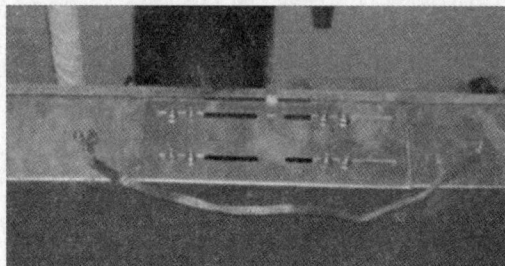

图 4-29 金属线槽伸缩装置

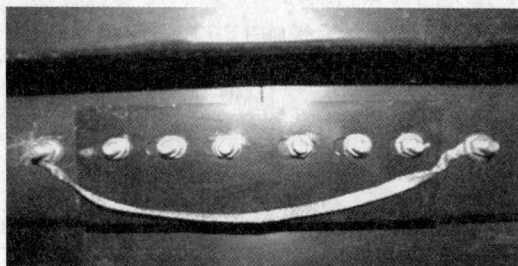

图 4-30 线槽伸缩处连接效果

（6）封堵。线槽穿过隔墙时应使用防火泥对孔洞进行防火封堵，中间用防火包填塞密实。线槽穿过隔墙封堵效果如图 4-31 所示。

图 4 - 31　线槽穿过隔墙封堵效果

任务 4.8　镀锌钢管安装施工工艺

1. 技术要求

（1）金属钢管的规格、型号、安装位置与安装高度应符合设计要求，暗埋金属管的埋深应满足要求，暗埋出线盒的深度应确保出线盒与最终装修面平齐。

（2）钢管与出线盒的连接应牢固，距出线盒 200mm 处应增加吊架进行固定。

（3）主材。钢管应有产品合格证，经现场检验合格后报监理检验合格后方可使用；钢管要求壁厚均匀，壁厚偏差符合规范要求，管内无毛刺，不允许有褶皱、折扁、裂缝、砂眼、塌陷等缺陷；镀锌管外表层完整、无剥落现象；薄壁管的弯曲度每米不大于 3mm，内表面光滑。

（4）辅材。灯头盒、接线盒、插座盒、穿线器、龙骨卡、护口圈、管卡、扁钢、角钢、骑马卡、塑料胀管、接地卡、接地线、直接头、盒接头、拉爆、螺栓、螺母、垫圈等均为镀锌件，镀锌层完整无缺。

（5）根据施工图纸确定使用管材。潮湿场所和直埋于地下的电线保护管，应采用厚壁钢管，干燥场所的电线保护管宜采用薄壁钢管。

2. 施工工艺流程

（1）暗埋金属管施工工艺流程，如图 4 - 32 所示。

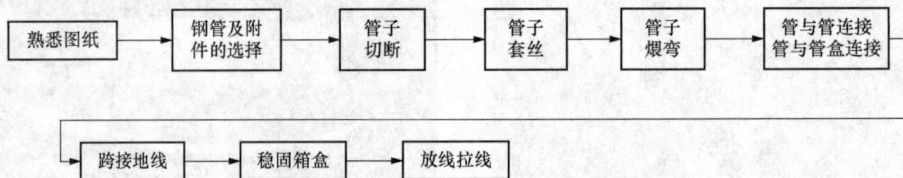

熟悉图纸 → 钢管及附件的选择 → 管子切断 → 管子套丝 → 管子煨弯 → 管与管连接管与管盒连接 → 跨接地线 → 稳固箱盒 → 放线拉线

图 4 - 32　暗埋金属管施工工艺流程

（2）吊顶内金属管安装施工工艺流程，如图 4 - 33 所示。

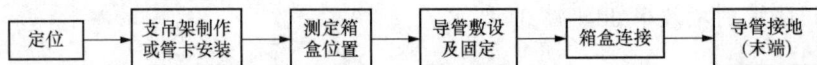

定位 → 支吊架制作或管卡安装 → 测定箱盒位置 → 导管敷设及固定 → 箱盒连接 → 导管接地（末端）

图 4 - 33　吊顶内金属管安装施工工艺流程

3. 施工要求

（1）暗埋金属管。

1）熟悉图纸。金属管暗敷设施工时，不仅要熟悉管线施工图纸，还需要仔细熟悉系统图纸，了解管线的走向、用途与所穿线缆的规格大小等情况；另外，还需根据管线施工图在现场进行核对，发现管线图和土建的实际布局不一致时及时向技术人员反映并解决问题。

2）金属管及附件的选择。

a. 根据敷设场所选择金属管的材质，明敷或暗敷于干燥场所的金属管宜选择管壁厚不小于 1.5mm 的电线管（JDG 管），明敷于潮湿场所或埋地敷设的金属管宜采用管壁厚不小于 2.0mm 的钢导管。厚壁钢管采用丝扣连接，吊顶内及沿墙面敷设的 JDG 管（套接紧定式镀锌钢导管、电气安装用钢性金属平导管）则采用卡接方式。厚壁钢管与 JDG 管连接方式如图 4 - 34 与图 4 - 35 所示。

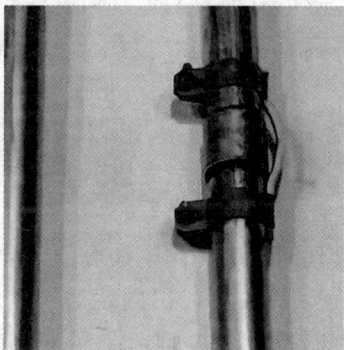

图 4 - 34 丝扣连接 　　　　 图 4 - 35 卡接

b. 地面钢管采用 DN25 低压流体管，用于穿放电线；部分车站采用 DN80 低压流体管，用于过走廊穿放各种线缆。

c. 根据所穿导线截面、根数选择导管管径。电线截面积（包括外护层）的总和，不应超过管内截面积的 40%。

d. 配管的附件。在钢导管配管工程中，暗配管必须使用暗装附件，应选用钢板制成的冲压盒或点焊而成的焊接盒。在暗配钢管工程中，所选用的分线盒、插座盒等应为镀锌制品盒，其管壁厚不应小于 1.2mm。暗配钢管接线盒（分线盒、插座盒）的敷设如图 4 - 36 所示。

图 4 - 36 暗配钢管接线盒敷设

3）管子切断。

a. 配管前必须把管子按每段长度切断，管子的切断工具很多（如手工锯、切割机、割管器等）。管子切断后，断口处应与管轴线垂直，管口应锉平、刮光，使管口整齐光滑，当出现马蹄口后，应重新切断。

b. 管子批量较大时，可使用型钢切割机（无齿锯）利用纤维增强砂轮片切割，操作过程中要用力均匀平稳，不能用力过猛，以免过载或砂轮崩裂。

c. 用割管器切管时，切断处易产生管口内缩，缩小后的管口要用铰刀或锉刀刮（锉）光。

d. 用细齿钢锯切断管子时，要注意使锯条保持垂直，避免切断处出现马蹄口；推锯时，稍加用力，使其发生锯割作用，但用力不要过猛，以免别断锯条；回锯时，不加压力，锯稍抬起，尽量减少锯条磨损，当快要切断时，要减慢锯割速度，使管子平稳地锯断。为防止锯条发热，时常注意在锯条口上注油。

4）管子套丝。

a. 暗配钢管为使管子互相连接或管子与器具或盒（箱）连接时，均需在钢管端部套丝。

b. 由于钢管丝口连接的部位不同，管端套丝长度也不尽相同，用在与接线盒连接处的套丝长度，不宜小于管外径的 1.5 倍；用在管与管相连部位时的套丝长度，不得小于管接头长的 1/2 加 2～3 扣。钢管套丝效果如图 4-37 所示。

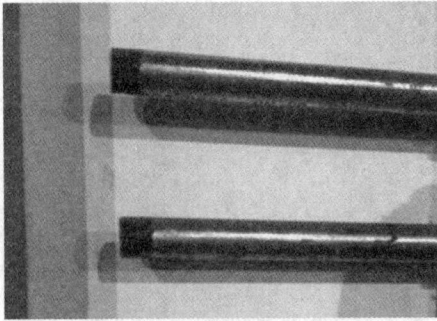

图 4-37 钢管套丝效果

c. 管子套丝可分为人工套丝和机械套丝两种，机械套丝使用套管机进行，多用于套管工程量较大时使用。

d. 电线管手工套丝，可用圆丝板进行。套丝时，先将管子固定在管子台虎钳（龙门压架）上，再把铰板套在管道上。

e. 钢管套丝时，应先调整铰板的活动刻度盘，使板牙符合需要的距离，用固定螺栓将其固定，再调整铰板上的三个支撑脚，使其紧贴管子，防止套丝时出现斜丝；铰板调整好后，手握铰板手柄，平稳地向里推进，并按顺时针方向转动；套丝板开始转动时要稳而慢，太快了不宜带上丝，不得骤然用力，避免偏丝啃丝；继续套丝时，还要避免套出来的丝扣与管子不同心。

f. 第一次套丝完成后，松开板牙，再调整其距离比第一次小一点，用同样方法再套一次，要防止乱丝；当第二次丝扣快套完时，稍松开板牙，边转边松，使其成为锥形丝扣（拔稍）；在套丝过程中，要及时浇油以便冷却板牙并保持丝扣光滑。

g. 用套管机套丝时，应注意要边套边浇冷却液，套完丝扣后，随即清理管口，将管子端面的毛刺处理干净，使管口保持光滑。

5）线管弯曲。线管敷设中需要改变方向时，应预先进行弯曲加工；线管弯曲也可在管子切断以前进行；钢管的弯曲，应将配管本身进行煨制。严禁在管路弯曲处采用冲压弯头连接管路和用气焊加热煨弯。线管煨弯效果如图 4-38 所示。

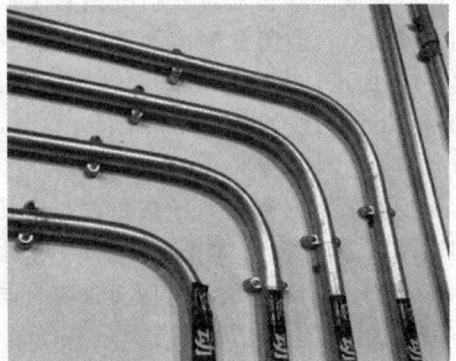

图 4-38 线管煨弯效果

a. 钢管的弯曲有冷煨、热煨两种，冷煨钢管的工具有手动和电动变管器等，弯管时不但要掌握一定技术，在弯管过程中还要注意，弯曲处不应有折破、凹陷的裂缝现象；弯扁程度不应大于管外径的 10%，弯曲角度一般不宜小于 90°。

b. 暗配钢管弯曲半径，不应小于管外径的 6

倍，埋设于地下或混凝土楼板内同一平面内转弯的钢管弯曲半径，不应小于管外径的 10 倍。整排钢管在转弯处应弯成同心圆；在弯管过程中，还要注意弯曲方向和管子焊缝之间的关系，一般宜放在管子弯曲方向的正、侧面交角处的 45°线上。

c. 用弯管器弯管。弯管器适用于弯 50mm 以下小批量的管子。弯管器应根据管子直径选用，不得以大代小，更不能以小代大。在弯曲管路中间 90°弧形处，应先使用薄板做好样板以便在弯管的同时进行对照检查。弯管时，把弯管器套在管子需要弯曲的部位（即起弯点），用脚踩住管子，扳动弯管器手柄，稍加用力，使管子略有弯曲；然后逐点向后移动弯管器，重复前次动作，直至弯曲部位的后端，使管子弯成所需的弯曲半径和弯曲角度。

弯管过程中还要注意移动弯管器的距离，不能一次过大，用力也不能太猛。如果是两人煨管，则另一人应踩在弯管器前端的钢管处，这样可以控制住煨管的弯曲半径不至于太大。

当需要在管子端部煨管入盒处煨 90°曲弯时，煨好后管的端部管口应与管垂直，但应防止管口处受压变形，特别是已套丝的管子，为防止损坏丝扣，应在管口螺纹处拧上管接头或在管端下侧丝扣处与弯管器之间垫以适当厚度木块，再扳动弯管器手柄煨管。管端部煨制鸭脖弯，在施工现场中用得比较多，在煨弯时弯曲处前端直管段不应过长，避免造成由此产生的砌体通缝。

当煨弯到适当角度后，翻转管子在反方向适当位置再进行煨弯，应注意管子弯起的一段直管段，应与管子平行，且弯曲弧处不应过直。

d. 电动或液压弯管机弯管。直径在 50mm 及以上或批量较大的管子，一般用电动或液压弯管机弯管，模具应按线管弯曲半径的要求进行选择。将已划好线的管子放入弯管机胎模具内，使管子的起弯点对准弯管机的起弯点，然后拧紧夹具，弯管时若弯曲角度大于所需角度 1°~2°时则停止。将弯管机退回起弯点，用样板测量弯曲半径和弯曲角度。应注意的是，所弯的管子外径一定要与弯管模具配合贴紧，否则管子会产生凹瘪现象。

6）管与管、管与管盒连接。

a. 管与管盒连接。暗配管与箱盒连接采用锁紧螺母或护圈帽固定两种方式，镀锌层和壁厚小于或等于 2mm 的薄壁钢管严禁选用焊接方式与箱盒连接。配管管口使用金属护圈帽（护口）保护导线时，应将套丝后的管端先拧上锁紧螺母（根母），顺直插入管盒与管外径相一致的敲落孔内露出 2~3 扣的管口螺纹，再拧上金属护圈帽（护扣），把管与管盒连接牢固。

当配管管口使用塑料护圈帽（护口）保护导线时，由于塑料护圈帽机械强度无法固定住管盒，应在管盒内外管口处拧紧螺母固定管盒，留出管口螺纹 2~4 扣，再拧紧塑料护圈帽（也可在管内穿线前拧好护圈帽）。管与分线箱固定时，在箱体内外用锁紧螺母固定，露出 2~3 扣的管口螺纹再拧护圈帽。为了使进入分线箱的管长度一致，在分线箱体的适当位置上用木方或普通砖顶住平托板，即可在入分线箱管口处先拧好一个锁紧螺母，留出适当长度的管口螺纹，插入分线箱体连接孔内顶在平托板上，在管口处拧上锁紧螺母和护圈帽管。

b. 各种插座面板盒距装修完成地面的高度（按设计图纸要求）。电话插座盒（面板底边）距装修完成地面：一般房间为 300mm，静电地板为 500mm；时钟电源及控制插座盒距装修完成地面 2700mm；广播电话插座盒距装修完成地面 1500mm；电话分线盒（面板底边）距装修完成地面 300mm；一排有多个控制、电话等弱电类插座盒同时安装时，各自面板的间距应为 10mm，确保面板之间贴紧。如电源插座与控制、电话插座同排安装，则各插座盒间距大于 200mm。线管与线盒连接如图 4-39 所示。

图 4-39　线管与线盒连接

c. 管与管连接。暗敷设钢导管的连接，根据钢管管材及壁厚不同，可分为螺纹连接和套管熔焊连接两种方法，金属管严禁对口熔焊连接。

d. 螺纹连接。钢导管采用螺纹连接时，应使用全扣管接头，连接管端部应套丝，螺纹表面应光泽、无缺损。两管拧进管接头的长度不可小于管接头长度的 1/2，使两管端之间吻合，连接后两端螺纹要外露 2～3 扣。

7）钢导管接地。

a. 钢导管在敷设过程中，管子应可靠接地，且必须与保护线（PE）或保护中性共用线（PEN）有可靠的电气连接。这是用电安全的基本要求，以防产生电击现象。

b. 镀锌钢导管不得熔焊跨接地线。当镀锌钢导管在管与管和管与管盒（箱）之间采用螺纹连接时，连接处的两端应用专用接地卡固定跨接地线。两接地卡间的连接线应为黄绿相间的铜芯软导线，截面积不小于 $4mm^2$。

8）中间拉线盒设置。

a. 管路敷设不应设置中间接线盒，只有在管路较长或有弯曲时（管入管盒处弯曲除外），才允许加装拉线盒或放大管径。

b. 管路水平敷设时，两个拉线点之间的距离应符合下列要求：无弯管道不超过 30m；两个拉线点间有一个弯时不超过 20m；两个拉线点间有两个弯时不超过 15m；两个拉线点间有三个弯时不超过 8m。

c. 管路弯曲角度为 90°～105°，当弯曲角度大于 120°时，每两个弯可按一个弯曲计算。中间拉线盒设置如图 4-40 所示。

（2）垫层内钢管敷设。楼板细石混凝土垫层厚度若能保护管子，垫层内则可沿最近的路径敷设，但混凝土保护层厚度不应小于 15mm；当楼板上为炉渣垫层时，暗配钢管应在楼板面上先敷设管路，再沿着管路铺设水泥砂浆，防止管路受化学腐蚀。

（3）空心砖隔墙钢管敷设。

1）空心砖隔墙内敷设钢管，应在墙体砌筑前，根据土建放出的各种线，确定好由下引来的梁内短管至墙体管盒（箱）一段管路的长度，

图 4-40　中间拉线盒设置

管子切断加工后先与管盒（箱）连接好，再与下部的梁内短管连接，根据墙身尺寸线安排好盒（箱）口凸出墙面的位置。

2) 管子敷设就绪后开始砌墙，砌墙初期应进一步调整盒（箱）口与墙面的距离，在管路经过处，墙体应改空心砖为普通砖立砌，或现浇一条垂直的混凝土带。这样做既把管子保护起来，又增强了墙体结构强度。

3) 隔墙内设置管盒（箱）时，应将管盒（箱）体下侧管子长度测量好，下料加工后与梁内预埋短管连接，且保持与管口高度一致；再根据管盒（箱）体敲落孔位置及间距，用适当长度的圆钢作为接地跨接线，在入箱管前后两侧，将入箱管做横向焊接连接，并将箱体下部敲落孔对正管口坐落在已焊好的两根圆钢上，保证入箱管长度小于 5mm；连接完箱体下侧管，再测量好引上管到梁下短管的长度后，先与箱体上部梁下短管连接好，管进箱体的长度也应小于 5mm；将引上管全部连接好后，可用一根作为跨接线的圆钢（也可用箱体下侧的圆钢弯折）将引上管做横向焊接，并与箱体棱边焊接，焊接的位置要求不须像箱体下部一样严格，管子敷设好后，待土建砌筑墙体。

（4）加气混凝土砌块隔墙钢管敷设。

1) 加气混凝土砌块隔墙钢管敷设，不同于空心砖墙钢管敷设，除墙体需配合砌筑预埋外，其余管盒（箱）体及钢管敷设均为墙体施工后进行剔槽敷设。

2) 砌体砌筑后，在已确定好的盒（箱）四周钻孔凿洞，沿管路走向在两边弹线，用刀锯锯槽后再剔槽连接敷设管路；箱盒由下引来管及引上管，应在墙体背侧剔槽；墙体上剔槽宽度不宜小于管外径加 15mm，槽深也不应小于管外径加 15mm，管外皮距砌体表面不应小于 15mm；最后用 M10 水泥砂浆抹面保护。加气混凝土砌块隔墙钢管敷设效果如图 4-41 所示。

当箱盒入箱管敷设好后，应用跨接地线把入箱管连接成一体。

（5）建筑物变形缝管路补偿装置。钢管暗敷设管路，可根据导管通过建筑物变形缝的不同位置，采取相应的补偿措施。对变形缝中的伸缩缝和抗震缝，由于其建筑物的基础没有断开，施工时导管应尽量在基础内通过，这样可避免在墙体上设置变形缝补偿装置。钢管暗敷设管路如图 4-42 所示。

图 4-41 加气混凝土砌块隔墙
钢管敷设效果

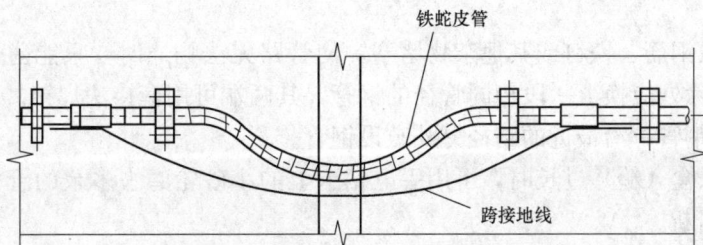

图 4-42 钢管暗敷设管路

1) 墙体上拉线盒（箱）。钢管沿墙暗敷时，在建筑物变形缝处两侧的墙体上，各设置拉线盒（箱）做补偿装置，在拉线盒（箱）相邻面设短钢导管，此管一端固定，另一端在箱体留长孔处能够上下活动，箱体开长孔的孔径不应小于钢管外径的 2 倍。

2）墙体上拉线箱。钢管暗敷设管路在变形缝处两侧墙体上，可设置直筒式拉线箱或拐角式拉线箱。直筒式拉线箱可用于不同轴线的墙体上，拐角式拉线箱可用于同一轴线的墙体上。拉线箱的金属部分与钢管管路应做好跨接地线，使钢管连成一导电整体。

（6）地面内钢管敷设。

1）地面内钢管敷设前，应与土建专业施工人员联系定位，测出竣工地平线。根据工艺图确定好设备安装位置及电气设备出线口的位置，在现场将设备基础定位后方可进行配管。施工中，应注意埋入地面内的钢管应尽量减少中间接头。钢管采用丝扣连接时，要抹油缠麻再拧紧接头，防止湿气和水汽侵蚀管子。

2）电气管路敷设在首层地面内，要注意供热地沟的位置，钢管跨越地沟时应垂直跨越，管路应敷设在地沟的盖板层内。如为预制地沟盖板时，应局部改为现浇板，热力管外应包扎保温材料，进行热处理；若跨越地沟的配管管径较粗，钢管应在地沟下方穿越。

3）钢管在混凝土地面内敷设时，应尽量不深入土层中，但当露出的弯曲部位不能全部埋入时，可适当增加埋入深度。

4）地下土层中的钢管敷设，土层应铲平夯实，当管路较多时，可在土层上沿管路方向铺设混凝土打底，然后敷设管路；管路敷设后再在管道周围铺设混凝土保护管，当管路不多时可直接敷设，但管路下方要用石块垫起不小于 50mm 的防潮层；然后在钢管周围浇筑混凝土，把管保护起来，钢管周围保护层厚度不应小于 50mm。

5）与设备连接的地面内敷设钢管，其露出地面的管口距地面高度宜大于 200mm，进入落地式柜、台、箱、盘的电线管路，排列应整齐，管口高出柜、台、箱、盘的基础面应为 50～80mm，防止地面污水、液体和油类等流入管内而降低导线的绝缘强度。

6）钢管与设备连接时，应将钢管敷设到设备内。如不能直接进入，在干燥房屋内，可在钢管出口处加保护软管引入设备，管口应包扎严密；在室外或潮湿房屋内，可在管口处装设防水弯头；埋入地下的钢管不宜穿过设备基础，当穿过设备基础和建筑物基础时，为防止基础下沉折断管路、影响使用，以及避免检修困难，要设保护套管。保护套管内径不宜小于配管外径的 2 倍。

（7）钢管敷设后的补修。

1）在配合土建施工，钢管敷设工作完成后，应及时清理管口处的堵塞物，然后开始扫管。

2）钢管内被钢筋、铁钉或其他杂物堵塞，使管路无法畅通时，只能凿开建筑物把这段钢管切除，在切除处应换上一段相同管径的钢管，其两端可用套接法焊接。当建筑物无法凿开时，可废弃此钢管，沿最近的路径另外敷设钢管。

3）钢管伸入盒（箱）过长时，可用手电钻卡上的小砂轮磨去多余的管头，也可剔除盒（箱）后用钢锯锯断。

4）钢管管口脱出盒（箱）时，应用套接法接好短管，伸至盒（箱）内，将管与盒（箱）固定牢固。

（8）钢管明敷。

1）确定好终端设备、盒（箱）的安装位置并将其安装固定牢固后，接着根据明敷管路横平竖直的原则，应在顺线路的垂直和水平位置进行弹线定位，并根据钢管与其他管路相互间的位置及最小净距，测量出支吊架固定点的具体位置和距离。

2）套接扣压式薄壁钢管明敷，钢管管路的预埋件，应与建筑工程同步进行。

3）套接扣压式薄壁钢管明敷。当设计无要求时，支架、吊架的规格不应小于下列规定：圆钢直径 6mm，扁钢 3mm×30mm，角钢 25mm×25mm×3mm，埋设支架应有燕尾，埋入深度不应小于 80mm；套接扣压式薄壁钢管明敷时，管的弯曲半径不应小于管外径的 6 倍，当两个接线盒之间有一个弯曲时，管弯曲半径不应小于管外径的 4 倍。

4）套接扣压式薄壁钢管明敷时，排列应整齐，管卡固定牢固、间距均匀；钢管直径为 16～20mm 时，管路中间固定点间的最大距离不应大于 1.5mm；当钢管直径为 40mm 时，管路中间固定点间最大距离不应大于 2m，钢管中间固定点间距应均匀。施工中应防止出现固定点间距过大的现象，否则会使扣压连接的扣压点受力增大。当钢管受外力作用时将导致扣压点受损，同时钢管易下垂影响敷设质量。

5）套接扣压式薄壁钢管明敷时，钢管管卡固定点至终端、弯头中点、终端设备或盒（箱）边缘的距离宜为 200mm。固定点距离应一致，在使用弯管接头时，固定点与接头处应避开适当距离。

6）为保证套接扣压式薄壁钢管管路的外观效果和建筑物协调一致。钢管在水平或垂直敷设时，水平或垂直安装的允许偏差为 0.15%，全长偏差不应大于管外径的 1/2。

7）套接扣压式薄壁钢管的管路，经过建筑物的沉降缝或伸缩缝处，应在两端装设固定补偿装置。

（9）钢管在吊顶内的敷设。

1）吊顶内钢管敷设，一般应在吊顶安装前完成，可先在顶棚或地面上定位弹线，以便确定好器具及导管的位置及走向。

2）吊顶内钢管管路应沿最近的线路敷设，且尽量减少弯曲，但应注意与其他专业管道特别是空调管道的距离，以免造成施工的相互影响、相互损坏及产生不安全因素。

3）套接扣压式薄壁钢管敷设的支吊架，可根据钢管敷设的数量和管径，按明敷钢管的规则加工制作；单根钢管沿吊架敷设时，可利用吊顶龙骨的吊杆做吊架，也可用 10 号铜丝自制吊架，用龙骨卡（抱式管卡）固定钢管。吊顶内钢管敷设效果如图 4-43 所示。

4）吊顶内多根钢管在吊架或支架上敷设，应排列整齐、固定牢固。管路中支架与吊架的固定距离，应与明敷线管的施工流程一致。

5）套接紧定式薄壁钢管及其金属附件，经连接后组成电线管路，其接触电阻值小于规定值，做到管路良好的电气连续性。在管与管、管与管盒（箱）连接处采用丝扣方式，在连接处无须额外跨接接地线，但在管线末端应连接至接地排。

图 4-43 吊顶内钢管敷设效果

习　　　题

1. 配电箱安装施工工艺流程是什么？
2. 成套配电柜安装施工工艺流程是什么？
3. 电缆敷设与电缆头制作安装施工工艺流程是什么？
4. 照明灯具安装施工工艺流程是什么？
5. 综合支吊架安装施工工艺流程是什么？
6. 地面线槽安装施工工艺流程是什么？
7. 架空线槽安装施工工艺流程是什么？
8. 镀锌钢管安装施工工艺流程是什么？

项目 5　城市轨道交通接触网施工

接触网是城市轨道交通牵引供电系统重要组成部分，分为柔性、刚性和第三轨接触网，架设在轨道上方或侧面，通过电动列车受电弓或受流靴将电能传入电动车组内部，提供牵引动力和服务用电。因此，城轨接触网的施工质量和安装工艺应能保证城轨牵引供电系统运行良好。

任务 5.1　接触网施工工艺

接触网施工工艺流程如图 5-1 所示。

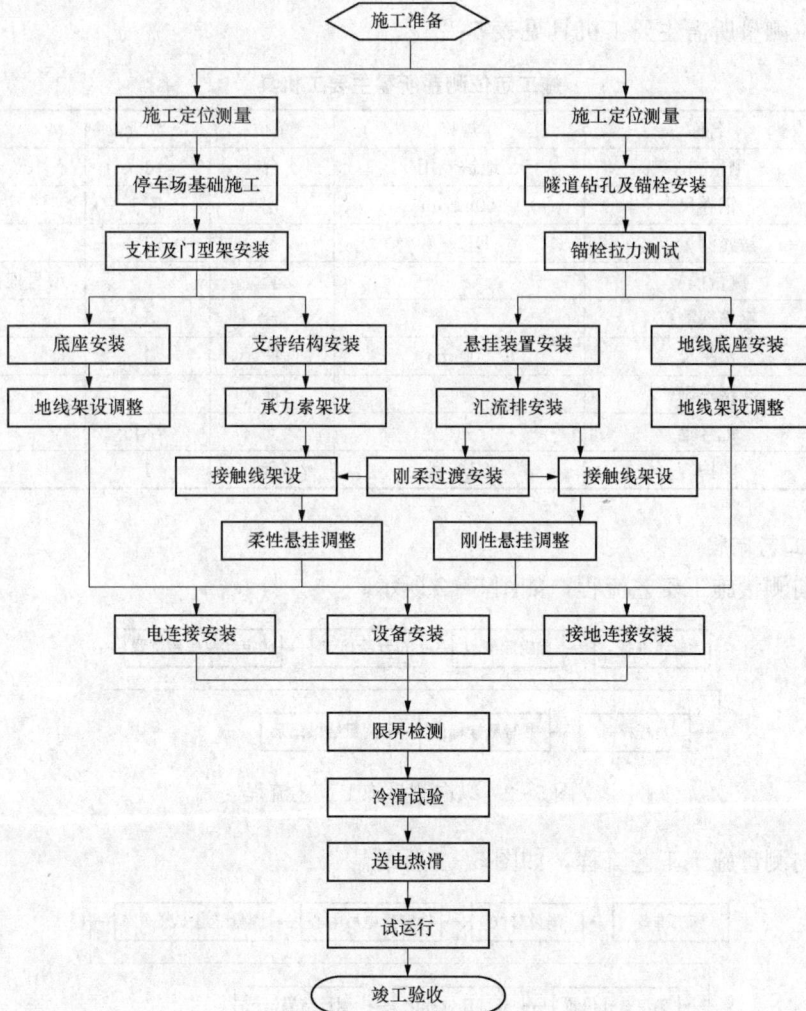

图 5-1　接触网施工工艺流程

任务5.2　刚性悬挂施工工艺

5.2.1　施工定位测量

1. 人员组织

施工定位测量（简称定测）人员组织见表5-1。

表5-1　　　　　　　　　　施工定位测量人员组织

序号	人员组织	单位	数量	备注
1	专业工程师	人	1	组织、指挥，测量及施工干扰记录
2	测量人员	人	2	确定悬挂点及钻孔位置，书写标志
3	辅助人员	人	4	推扶测量梯车，配合测量工作
4	安全员	人	1	安全防护

2. 工机具配备

施工定位测量所需主要工机具见表5-2。

表5-2　　　　　　　　　　施工定位测量所需主要工机具

序号	名称	规格	单位	数量	备注
1	测量梯车	地铁专用	台	1	
2	钢卷尺	50m/5m	把	各1	
3	激光测量仪	DJJ—8	台	1	
4	测量模板		套	1	型号根据安装形式定
5	钢筋探测仪		台	1	
6	水平尺	500mm	把	1	
7	钢丝刷		把	1	
8	记号笔		支	若干	
9	防护灯	闪烁型	套	1	

3. 施工工艺流程

（1）纵向测量施工工艺流程，如图5-2所示。

施工准备 → 确定起测点 → 布置悬挂点 → 确定其他底座位置 → 里程核对 → 书写悬挂标记 → 测量结果记录

图5-2　纵向测量施工工艺流程

（2）横向测量施工工艺流程，如图5-3所示。

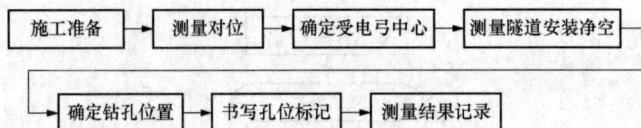

施工准备 → 测量对位 → 确定受电弓中心 → 测量隧道安装净空 → 确定钻孔位置 → 书写孔位标记 → 测量结果记录

图5-3　横向测量施工工艺流程

4. 施工方法

（1）纵向测量方法。

1）以车站中心标、道岔岔心标或设计图纸标明的测量起点开始测量。

2）根据起测点里程和施工图悬挂点里程，定测出第一悬挂点的位置，用记号笔在钢轨侧面做好标记并注明锚段号和悬挂定位号。

3）按施工图跨距，沿钢轨依次测量并标记各悬挂点位置，曲线上沿曲线外侧钢轨进行测量，测量出悬挂点位置后，用记号笔在钢轨侧面做上标记，按拉出值方向在对应隧道壁上相应位置做出"十"字标记，并标注定位点号或下锚号等。

4）一个锚段测量完后应对全长进行复核，无误后再进行下一个锚段测量，并将测量结果做好详细记录，包括每个悬挂定位处的隧道类型、净空高度、轨面超高及沿线施工干扰情况等。

（2）横向测量方法。

1）根据纵向测量的标记，先将激光测量仪（简称测量仪）底座放在悬挂点对应的轨面上，横向垂直于轨道中心线放置，挡板抵紧钢轨内缘，保证测量仪底座中心线与线路中心线重合。

2）将测量仪放置于底座上，并移至底座中心线位置开启电源。这样，激光束照在隧道顶的点即为受电弓中心投影在隧道壁的点，用记号笔以此点为中心做好"十"字标记。

3）测量记录各悬挂点处轨面至隧道顶的高度，核算支持装置高度，作为选择安装部件类型的依据并核对与设计图纸是否相符。

4）根据不同的安装形式、隧道断面以及线路状况，折算确定悬挂点在轨面上的投影与线路中心的偏移，接着将测量仪移至相应的偏移刻度位置，激光束在隧道顶的投影即为悬挂点中心位置。测量梯车上的人员应在隧道顶壁上做好"×"字标记，如图 5-4 所示。

5）用专用测量模板定位出悬挂的螺杆锚栓钻孔位置并用记号笔做好外带圆圈的"十"字标记，读取激光测量仪数据，做好记录，为悬挂安装选型提供隧道类型、净空高度、曲线段轨面超高等原始数据。

（3）高净空（隧道净空大于 4900mm）曲线安装横向测量方法。高净空曲线安装的横向测量与一般测量方法不同。当隧道净空大于 4900mm 时，如果仍然按照从轨面上拉出值位置打出激光点，此时相当于整个吊柱向曲线内移动；如果按照该点进行安装将会导致 T 形头螺栓移动到 A、B 处垂直悬吊底座的外边，导致无法安装。此时设计可要求 C 点至轨面连线的垂直距离

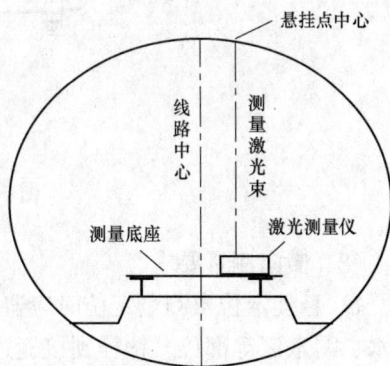

图 5-4　横向测量示意图

为 4600mm，接着测量出隧道顶部点 A 的净空高度，然后利用轨面的高差即"超高"，根据勾股定理即可计算出悬挂点中心 B 点的位置。高净空曲线横向测量和悬挂安装如图 5-5 和图 5-6 所示。

5. 施工要求

（1）纵向测量要求。

1）起测前应对起测点基桩进行复核，确保起测点的正确性，并应使用钢卷尺测量，而杜绝使用皮卷尺。

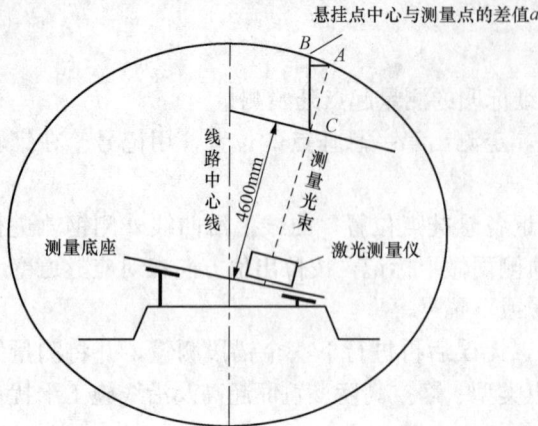

图 5-5 高净空曲线横向测量示意图

2）曲线上沿曲线外侧钢轨进行测量，根据曲线半径计算跨距增长量，依此增加跨距测量值。悬挂点的位置因特殊原因需沿顺线路移位时，其相邻跨距比应满足不大于 1∶1.25 的要求，最大移位量应不超过±500mm；但锚段关节、分段绝缘器、道岔与交叉渡线处悬挂定位点如遇特殊情况必须移位时，允许误差为±200mm，并报请设计和监理工程师确认。

3）锚段关节、分段绝缘器、道岔、交叉渡线、人防门和刚柔过渡处的悬挂定位点，应严格按纵向定位标记，垂直定位于隧道顶部。

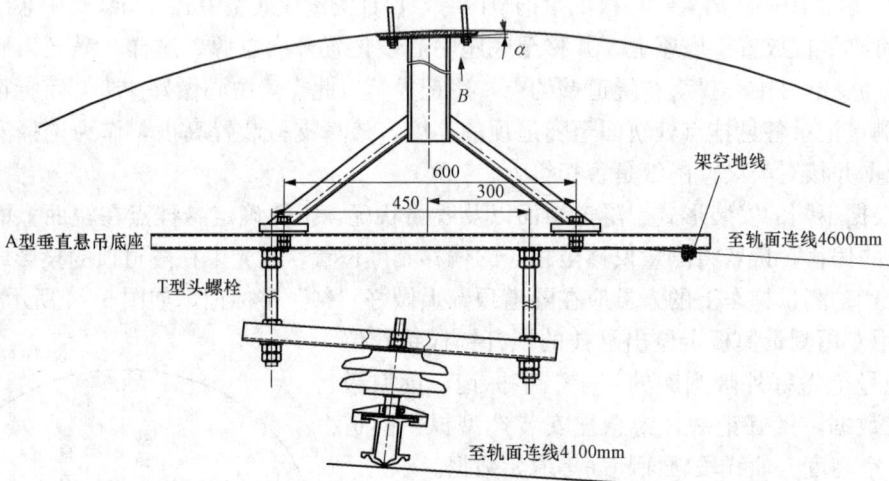

图 5-6 高净空曲线悬挂安装图

（2）横向测量要求。

1）悬挂定位点测量定位时应避开隧道伸缩缝、隧道连接缝、盾构区间管片接缝或明显渗水、漏水区等部位。锚栓到接缝边缘的距离不小于85mm。

2）对于两孔以上的底座，应制作出和底座孔相同、孔径与钻孔径相同的各种专用模板，并标出中心线，定测时画出底座中心线位置后，直接套模确定出钻孔孔位。

3）定位测量时可使用钢筋探测仪，探测出定位点处的钢筋分布情况，以使钻孔孔位避开钢筋位置。

（3）测量中的一些特殊情况处理。道岔处纵向测量时应注意道岔处正线悬挂点距离岔心往岔尖方向3m，侧线悬挂点布置在正线悬挂点两边各1m的位置；横向测量时应注意正线悬挂垂直悬吊底座的T形头螺栓和侧线汇流排等带电体的绝缘距离，同时应测量侧线悬挂垂直悬吊底座的T形头螺栓和正线汇流排等带电体的绝缘距离，不能满足时横向对悬挂进行调整，如图5-7所示。

测量时，若发现某悬挂点净空特别低，不能满足安装需要时一般应按照跨距比进行调整；若还不能满足，最低净空就只能在悬挂调整时通过导线高度调整。

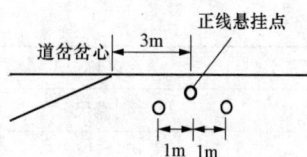

图 5-7 道岔处悬挂布置示意图

6. 控制要点

(1) 线路纵向测量时，根据现场实际里程标记，随时校核测量结果，以防产生累计偏差，同时复核各车站和区间的长度及不同隧道接口、隧道曲线段、道岔处等地点的实际里程是否与设计图纸相符。

(2) 除在钢轨侧面做好纵向测量标记外，还应在对应轨枕上做上标记，以防钢轨纵向调整偏移造成接触悬挂测量点产生偏差。

(3) 线路横向测量时，注意观察沿线是否有影响接触网安装和侵入接触网限界的设备存在。

(4) 测量梯车推进的速度不能太快，推车人员应严格服从梯车上作业人员的指挥。

(5) 测量前对激光测量仪进行精度复核，确保测量工具的精度要求，激光测量仪底座应杜绝有变形、扭曲及挡板不到位的情况。

5.2.2 隧道钻孔及锚栓安装

1. 人员组织

隧道钻孔及锚栓安装人员组织见表 5-3。

表 5-3 隧道钻孔及锚栓安装人员组织

序号	人员组织		人数	主要工作内容
1	组长		1	钻孔安装作业的组织、指挥
2	组员	钻孔、螺栓安装	4	钻孔、安装螺栓
		辅助	2	配合钻孔、安装人员做一些辅助性的工作
		技术问题处理	1	处理现场发现的技术问题
		安全防护	2	作业区段两端安全防护
合计			10	

2. 工机具配备

隧道钻孔及锚栓安装所需主要工机具见表 5-4。

表 5-4 隧道钻孔及锚栓安装所需主要工机具

序号	名称	规格	单位	数量	备注
1	地铁作业车/梯车	改进型	台	1/1	
2	电锤	HILIT	台	1	
3	冲击钻头		根	2	与锚栓型号相应
4	拉力测试仪		台	1	
5	钢筋探测仪		台	1	
6	游标卡尺		把	1	检查打孔深度
7	激光测量仪		台	1	

序号	名称	规格	单位	数量	备注
8	钢卷尺	10m	把	3	
9	专用钻孔模板		块	1	与悬挂类型相应
10	吸尘器		台	1	
11	专用敲击工具		把	1	
12	灌注安装工具		把	1	
13	清孔钢刷		把	1	
14	清孔气囊		套	1	
15	记号笔		支	2	
16	防护灯	闪烁型	套	2	
17	照明设备		套	若干	

3. 施工工艺流程

隧道钻孔及锚栓安装施工工艺流程如图 5-8 所示。

图 5-8　隧道钻孔及锚栓安装施工工艺流程

4. 施工方法及步骤

(1) 施工要求。使用专用冲击电钻人工打眼、预埋锚栓。

(2) 化学锚栓安装。

1) 安装数据,见表 5-5。

表 5-5　　　　　　　　　　　　　　锚栓型号钻孔参数

规格型号	钻孔直径 (mm)	钻孔深度 (mm)	安装力矩 (kN·m)
KVA20+KVR M20	25	170	120
KVA24+KVR M24	28	210	150

2) 安装流程,如图 5-9 所示。

a. 钻孔。如图 5-9 (a) 所示,应根据产品要求的孔深、孔径垂直钻孔,保证钻孔深度、钻孔直径的准确。

b. 清灰。如图 5-9 (b)、(c) 所示,利用钢丝刷将孔内壁的疏松混凝土碎屑刷掉,然后用气筒将孔内的浮灰及碎屑吹出来。此程序非常重要,它将直接影响化学锚栓的承载力,所以规定不少于 3 次,即保证 3 刷 3 吹。

c. 安装锚栓。将玻璃管放入孔内 [见图 5-9 (d)],将安装工具安装到钻机上,调到锤击旋转挡位,利用安装工具(每个螺杆包装盒内都有一个黑色的安装头,可以用安装头焊接在钻头上的方法,将安装头固定在钻机上),将安装头夹在螺杆后部的六角头上面,开动钻机将螺杆旋转插入孔中，锚栓的螺杆安装到孔底，同时在洞口有少量胶体溢出。若没有胶体溢出，则继续利用安装工具旋转螺杆，直到有少量胶体溢出；每个螺杆上面都有安装标志线，但是如果孔偏深，则不要将锚栓安装到标志线就停，一定都要保证将螺杆安装到孔底，如图 5 - 9（e）～（g）所示。

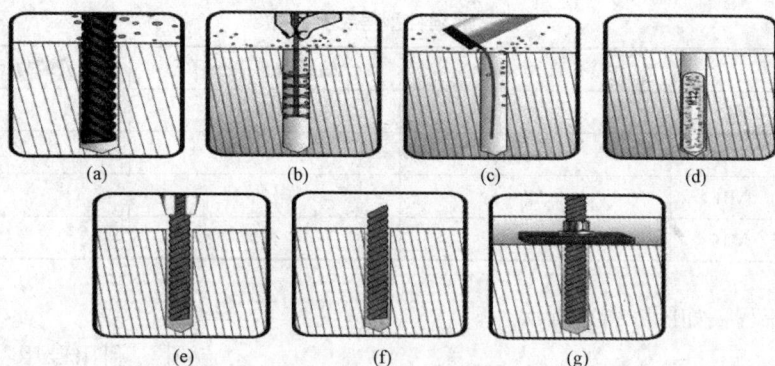

图 5 - 9　安装流程图

d. 将安装工具轻轻与螺杆分离。根据样本上面提供的时间等待胶体凝固，在胶体凝固时间内严禁触动螺杆。基材温度及胶体凝固时间见表 5 - 6。

表 5 - 6　　　　　　　　　　　　基材温度及胶体凝固时间

基材温度（℃）	−5～0	0～10	10～20	20 以上
凝固时间（min）	300	60	20	10

3）注意事项。

a. 钻孔时，必须保证钻机、钻头与基材表面垂直；保证孔径与孔深尺寸准确，垂直孔或水平孔的偏差应小于 2°。

b. 钻孔应避开钢筋。钻孔时，如果钻机突然停止或钻头不前进时，应立即停止钻孔，检查是否碰到内部钢筋。对于失败孔，应填满化学粘接剂或高一个强度等级的水泥砂浆，重新选择位置钻孔。为避免遇到钢筋和保证孔位的精确，可在钻孔前进行钢筋探测或采用其他方式确定钢筋的位置。

c. 钻孔过程中，发现混凝土出现夹渣层、空腔、透水等现象，应立即停止安装锚栓，上报有关部门，等待处理。

d. 锚栓朝天安装时，为防止胶体流淌，使用对应的安装卡子，放进胶管后，将卡子固定在孔口，然后冲击旋转插入螺杆。

e. 参照表 5 - 6，严格遵守安装时间与凝固时间，待胶体完全凝固后方可承载，固化期间严禁扰动，以防锚固失效。

f. 螺杆插入孔内的部分要保持干燥、清洁且无严重锈蚀。化学胶管应存放于阴凉、干燥的地方，长期存放温度应为 5～25℃，在高温情况下施工一定要注意胶管的温度。高温情况下建议用水为胶管降温，避免日光直射胶管和螺杆，并避开高温时段施工，储存胶体的房间应注意降温。

g. 注意化学树脂不要接触眼睛，如果孔壁潮湿，也不影响安装，但固化时间应按表 5 -

6中所列时间加倍延长；如果在原设计位置安装锚栓受阻碍，需变位时则应征求设计单位意见。

（3）后扩底锚栓安装。

1）安装数据，见表5-7。

表5-7   后扩底锚栓型号钻孔参数

规格型号	钻孔直径（mm）	钻孔深度（mm）	安装力矩（kN·m）
KUA12×40 M8	12	40	20
KUA14×40 M10	14	40	20
KUA 22×100 M16	22	100	100
KUA 22×125 M16	22	125	100

2）安装流程，如图5-10所示。

图5-10 安装流程图

a. 钻孔。利用专用钻头钻孔（钻头上面带有限位挡环），保证钻孔深度的准确。

b. 拓孔。根据现场安装培训的方式拓孔，即应压住钻头，以孔中的钻头为圆心，大力向外旋转钻头，此时钻机要保证继续钻孔的工作状态，旋转3~4圈即可。

c. 清灰。利用气筒将孔内的浮灰吹出来。由于浮灰会占孔的体积，从而影响锚栓的安装。

d. 安装锚栓。将锚栓放到孔中，锚栓的螺杆应安装到孔底；使用专用敲击工具敲击锚栓套管，使锚栓的套管上表面与混凝土表面平齐，或可以在螺杆上看到一条标记线，即表明安装到位。

e. 将需要被固定的零件安装好后，利用扭矩扳手按锚栓扭矩的要求值锁紧螺母。

3）注意事项。

a. 可先采用同直径的直钻头进行预钻孔，要求钻孔深度不得大于有效钻孔深度；再采用后切底钻头进行拓孔。

b. 钻头明显磨损、挡块损坏时，应及时更换，为保护钻头，每台钻机可增配2根以上的钻头，轮换使用。

5. 施工要求

（1）埋入杆件的埋设位置、埋设深度、规格型号应符合设计要求。

（2）埋入杆件荷载检测应符合设计要求，化学锚固螺栓所使用的化学填充剂必须在有效期内使用。

（3）锚栓螺纹及镀锌层完好，化学锚固螺栓孔应填充密实，螺纹外露部分应涂油防腐。

（4）与隧道壁贴近的底座应填充密实，表面光洁、平整、无裂缝，埋入杆件位置的施工允许偏差应符合表5-8的规定。

表 5 - 8　　　　　　　　　　　　埋入杆件位置的施工允许偏差

项目	允许偏差	备注
后切底螺栓深度（mm）	−2/+2	隧道拱部允许−3/+2
化学锚固螺栓深度（mm）	−3/+5	
后切底螺栓钢套管相对深度（mm）	0/+1	
成组杆件中心垂直线路方向（mm）	±20	
成组杆件个体相对间距（mm）	±2	或不超出安装孔范围
成组杆件横向布置其轴线应与线路中心线垂直，纵向布置其轴线应与线路中心线平行，其偏斜度（°）	≤3	
杆件对隧道拱壁切线的垂直度或铅垂度（°）	≤1	刚性悬挂支持装置的埋入杆件顺线路方向铅垂度应以汇流排在线夹内有间隙为原则

6. 控制要点

（1）进行锚栓的钻孔作业时，应根据锚栓型号，使用标准直径钻头钻孔。

（2）钻孔时应避开隧道伸缩缝、连接缝、盾构区间管片接缝或渗水、漏水区，锚栓到接缝边缘的距离应满足受力要求。

（3）锚栓安装时，药剂完全硬化前，应严格遵守与安装温度有关的等待时间。

（4）进行锚栓安装时，安装深度应符合规定标准，扭矩扳手的扭矩值应严格按照螺栓的标准值进行控制。

（5）做好钻孔安装记录和拉力测试记录，经监理工程师检查、签字确认后方可进入下道工序的施工。

5.2.3　悬挂定位装置安装

1. 人员组织

悬挂定位装置安装人员组织见表 5 - 9。

表 5 - 9　　　　　　　　　　　悬挂定位装置安装人员组织

序号	人员组织	单位	数量	备注
1	组长	人	1	现场施工组织及协调
2	技术员	人	1	技术负责、质量负责
3	技术工人	人	2	悬挂装置预配、安装
4	辅助工人	人	4	梯车推扶
5	安全员	人	1	安全防护、检查

2. 工机具配备

悬挂定位装置安装所需主要工机具见表 5 - 10。

表 5 - 10　　　　　　　　　　悬挂定位装置安装所需主要工机具

序号	名称	规格	单位	数量	备注
1	地铁作业车/梯车	DA5A/4m	台	1/1	
2	激光测量仪	DJJ - 8	台	1	

序号	名称	规格	单位	数量	备注
3	钢卷尺	5m	把	2	
4	水平尺	500mm	把	1	
5	扭矩扳手	13~230N·m	把	2	
6	防护灯	闪烁型	套	1	

3. 施工工艺流程

悬挂定位装置安装施工工艺流程如图 5-11 所示。

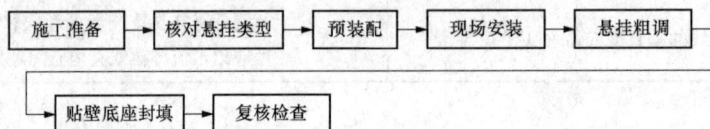

图 5-11　悬挂定位装置安装施工工艺流程

4. 施工方法

（1）根据设计资料和测量定位时记录的各个悬挂定位的隧道类型、净空安装高度、曲线超高等原始资料，核对悬挂安装类型，计算悬吊螺栓和吊柱长度，编制装配数据表。

（2）按照装配数据表、装配图和装配要求，进行选型、装配并在装置底座上标明装配悬挂号码，按顺序妥善放置，要求绝缘子应用草袋包扎保护好。

（3）将预装配好的悬挂定位装置运至现场，逐点对号安装；对于高净空悬挂装置，由于吊柱较重，一般需多人配合，可依靠作业车的升降台或利用作业车的随车吊车进行安装。

（4）初步调整，即先将悬挂定位装置底座调至水平；接着根据设计导线高度，加上绝缘子、汇流排和导线高度的分析计算，调整出悬吊槽钢底部高度；最后利用激光测量仪调整悬吊槽钢与轨面平行，同时以刚性悬挂针式绝缘子中心作为接触线中心点，粗调至设计拉出值处。

（5）悬挂定位装置安装调整到位后，所有装置底座与隧道壁的间隙，应按设计要求用混凝土填充，填充时注意保护并防止污染其他设备。

（6）最后用扭矩扳手检查各紧固件状况，做好检查记录。

5. 施工要求

（1）垂直悬吊底座安装水平度，悬吊槽钢与悬挂点轨面平行度，平坡线路上吊柱及 T 形头螺栓安装的铅垂倾斜度误差一般均不大于 1°，但位于坡道上的悬垂吊柱及 T 形头螺栓顺线路方向的铅垂度偏差，以汇流排安装在悬挂金具内能保证汇流排伸缩为原则。

（2）汇流排悬挂定位线夹材质、规格、尺寸应符合设计要求，表面无裂纹、无缺损，紧固件、内衬尼龙垫齐全、无松动，可旋转部位无阻滞现象，应留出因温度变化使汇流排产生位移而需要的间隙。

（3）垂直悬吊底座、悬吊槽钢、吊柱、T 形头螺栓等构件无变形，镀锌层完整，所有调节孔位有充分的调整余量。调整螺栓应保证有不小于 15mm 的调节余量（净空限制地段除外）。

（4）槽钢底座与混凝土的接触面上涂防腐漆。T 形头螺栓的头部长边基本垂直于安装槽道方向，螺纹部分涂油防腐。

6. 控制要点

（1）预配前，应对预配的各零部件和绝缘子进行外观质量检查，有缺陷的产品不得使用并做出标记。

（2）绝缘子绝缘电阻抽样试验合格，悬挂定位装置运输和安装时应轻拿轻放，以防损伤镀锌层和碰伤绝缘子。

5.2.4 汇流排安装

汇流排安装必须采用轨道车组进行，使用一辆自带动力的安装作业车加两辆平板车配成一个车组。其中一个平板车上放置两个6m长的汇流排安装作业架组成汇流排安装作业平台，另一个平板车主要用来存放汇流排。

1. 人员组织

汇流排安装人员组织见表5-11。

表5-11 汇流排安装人员组织

序号	人员组织	单位	数量	备注
1	组长	人	1	现场施工组织及协调
2	技术员	人	1	技术负责、质量负责
3	技术工人	人	6	汇流排预制、安装
4	辅助工人	人	2	辅助汇流排安装
5	安全员	人	2	安全防护、检查

2. 工机具配备

汇流排安装所需主要工机具见表5-12。

表5-12 汇流排安装所需主要工机具

序号	名称	规格	单位	数量	备注
1	安装作业车	DA5A	台	1	
2	汇流排安装作业平台		台	1	自制
3	轨道平板车		台	2	
4	汇流排专用切割机	牧田1440	台	1	汇流排预制
5	汇流排钻孔设备及夹具		套	1	汇流排预制
6	钢卷尺	50m/5m	把	1/1	
7	内六角扳手		把	2	
8	游标卡尺	0～300mm	把	1	测量接头夹口
9	塞尺	0.1～1mm	把	1	测量接头缝隙
10	水平尺	500mm	把	1	预制短汇流排
11	角尺		把	1	预制短汇流排
12	橡皮锤		把	1	
13	扭矩扳手	13～230N·m	把	2	
14	木板	长1200mm	块	1	
15	防护灯	闪烁型	套	2	

3. 施工工艺流程

汇流排安装施工工艺流程如图 5-12 所示。

施工准备 → 测量计算 → 预制加工 → 汇流排安装 → 汇流排调整

图 5-12 汇流排安装施工工艺流程

4. 施工方法

(1) 测量计算。对即将进行汇流排安装的整个锚段实际各跨距和总锚段长度进行测量复核,测量数据精确至毫米级。根据实测锚段长度和现场安装温度,预留汇流排终端伸缩量,计算汇流排总长度,同时计算整长汇流排的根数 N 和预制短汇流排的长度。

短汇流排长度=总长度-终端汇流排长度×2-N×汇流排长度。若计算结果小于 6m,则用计算出的长度加上一根汇流排的长度 12m 再除以 2,即切割两根短汇流排。

(2) 预制加工。严格按照计算出的数据进行短汇流排的预制加工,可使用截铝机,在专用加工平台上,将 12m 的定长汇流排切割,加工制作成所需汇流排的长度;切割时,切割面与汇流排中心线垂直,切割过程中可浇淋柴油进行散热冷却,以保证整个切割面平整、无毛刺;然后使用专用钻孔夹具进行钻孔、打磨并将余渣清除干净。短汇流排预制完成后,进行试对接,观察对连接缝是否密贴,有无错位偏斜现象。汇流排预制完成后,全段汇流排按安装顺序依次编号,短汇流排的布置应尽量靠近悬挂定位点或使定位点位于短汇流排中部。

(3) 汇流排安装。将汇流排终端端部的 1 个夹紧螺栓(M10×60 六角头螺栓,配一个平垫、一个弹垫、一个螺母)拧紧至标准力矩 16N·m。

1) 自锚段的第一个定位点开始进行汇流排的安装,将汇流排终端的标记处(距终端 1800mm,安装完成后允许误差为-100~200mm)安装在第一悬挂定位点位置。

2) 在第一、第二悬挂定位点的悬挂线夹两端安装临时锚固线夹(汇流排接地线夹或电连接线夹),以防在安装过程中汇流排顺线路滑动。

3) 按汇流排编号顺序沿线路方向依次对接安装汇流排(中间接头为 M10×20 六角头螺栓,每处加一碟形垫片,标准力矩为 16N·m),并夹入汇流排定位线夹中,直至锚段终端。

4) 对接顺序:两汇流排拼成一条直线→插入连接接头→装紧固螺栓及垫片→调整对接状态(密贴、无偏斜错位)→对接螺栓紧固(先内后外,先下后上,力矩为 16N·m)→对接效果检查→夹入汇流排定位线夹。

5) 中间接头连接板与汇流排的连接具有方向性,注意连接板上凸出的四道凸棱,其高度各不相同,最高的棱置于下方,必须与汇流排内腔向下扩张的斜面相匹配。同时,应保证中间接头与汇流排之间的连接接触面干净。

6) 汇流排安装后,拆除第一、第二定位点处的防滑锚固线夹,将中锚附近两悬挂定位点临时锚固,待中锚安装后另行拆除。

7) 有分段绝缘器的锚段,汇流排从分段绝缘器处向两端安装。先对接安装分段绝缘器两边的汇流排,将分段置于两悬挂点中间,并将两悬挂点处的汇流排锚固;然后再依次安装两边汇流排;汇流排终端与汇流排的连接和汇流排相互之间的连接方式一样,要求汇流排终端的末端向上弯 70mm,以利于受电弓平滑过渡。

(4) 汇流排调整。汇流排安装完毕后,自安装起点,按照设计拉出值大小和现场线路资料初步调整汇流排，保证整个锚段汇流排的弯曲圆顺，便于下一步导线架设程序的顺利进行。通过汇流排终端的两个悬挂点支撑架的定位夹进行细调，使两根汇流排终端在同一个水平面上。

5. 施工要求

(1) 汇流排无明显转折角，表面光洁，无缺损、无毛刺、无污迹、无腐蚀。连接板及汇流排两端连接孔的尺寸误差应符合产品质量要求。

(2) 汇流排中间接头接触面清洁，连接缝两端夹持接触线的齿槽连接处平顺光滑，不平顺度不大于 0.3mm，连接端缝平均宽度不大于 1mm，紧固件齐全，螺栓紧固力矩为16N·m。

(3) 汇流排中轴线垂直于所在处的轨面偏斜不大于1°，汇流排终端到相邻悬挂点的距离为 1800mm，允许误差为−100～200mm。

6. 控制要点

(1) 汇流排在搬运装卸时应轻拿轻放，不得扭曲碰撞，成捆绑扎，吊装时必须使用尼龙绳；汇流排在堆放时平面端应向下放置，开口向上，不得放反。

(2) 汇流排槽口变形、损伤或切割面偏斜、钻孔孔位不正确的不可使用。

(3) 汇流排计算时，应充分考虑短汇流排的合理布置，使定位点装于短汇流排中部；汇流排对接接头也应尽可能靠近悬挂定位点（但不得装于悬挂定位线夹位置），避免处于跨中，以减少刚性弛度。

(4) 汇流排一般自直线端向曲线端进行安装。曲线上为防止汇流排单边挤压线夹，应将汇流排落在两片衬垫上，不得偏斜。

(5) 汇流排定位线夹在包夹固定汇流排时，两片线夹应安装平整，不得相互错位，可用特制的扭矩扳手按力矩要求紧固，以确保汇流排在温度变化时顺线路方向自由伸缩。

(6) 汇流排连接接头在装配时应注意方向性，连接板上凸出的四道棱，应将最高的棱置于下方，且必须与汇流排内腔向下扩张的斜面相匹配。

(7) 有分段绝缘器的锚段，汇流排从分段绝缘器处向两端安装；连接螺栓使用扭矩扳手紧固，所有螺栓穿入方向应保持一致，这样既美观又方便维护。

(8) 每完成一根汇流排的对接后可用塞尺检查接头的缝隙，要求不得大于 1mm，同时检查接头处汇流排下方的夹缝不得大于 7mm，否则接触线很容易从夹缝中掉出来。

5.2.5 架空地线架设调整

1. 人员组织

架空地线架设调整人员组织见表 5-13。

表 5-13 架空地线架设调整人员组织

序号	人员组织	单位	数量	备注
1	组长	人	1	现场施工组织及协调
2	技术员	人	1	技术负责、质量负责
3	技术工人	人	6	线索展放及倒线
4	辅助工人	人	2	辅助作业，其中1人巡视
5	安全员	人	2	安全监督及防护

2. 工机具配备

架空地线架设调整所需主要工机具见表 5-14。

表 5-14　　　　　　　　　　架空地线架设调整所需主要工机具

序号	名称	规格	单位	数量	备注
1	安装作业车	DA5A	台	1	
2	张力放线车	DF2	台	1	
3	放线滑轮	0.5t	只	若干	根据悬挂点数量确定
4	张力计	1.5t	只	1	
5	温度计		支	1	
6	手扳葫芦	30kN	只	2	
7	滑轮组	1:5	套	1	
8	断线钳		把	1	
9	楔形紧线器		套	3	
10	钢丝套	30kN	套	4	
11	扭矩扳手	13～230N·m	把	6	
12	梯车	4m	台	2	
13	防护灯	闪烁型	套	2	

3. 施工工艺流程

架空地线架设调整施工工艺流程如图 5-13 所示。

施工准备 → 吊装线盘 → 起锚 → 展放 → 紧线 →

倒线及下锚 → 起锚 → 接地连接

图 5-13　架空地线架设调整施工工艺流程

4. 施工方法

（1）吊装线盘。检查线材及线盘质量，复核锚段长度，按架线方向吊装线盘。吊装时，穿横轴吊装，防止损伤线盘和绞线，并保证绞线展放方向与车组行进方向一致。

（2）起锚。在起锚端，做好架空地线起锚连接，按要求做好终端头并与调整螺栓连接。

（3）展放。将放线张力调至 1.5kN 左右，架设放线车组按 5km/h 匀速运行；悬挂点处架空地线放在放线滑轮内，随时观察架空地线的张力（由放线车的手动油泵压力计控制）。

（4）紧线。车组架线至下锚处停止，如图 5-14 所示加挂张力计，按设计张力紧线。紧线过程中应随时观察张力计的数值，当达到安装曲线的张力值时停止紧线。

（5）倒线及下锚。从起锚端向下锚端，将线索从放线滑轮中依次倒入地线线夹固定（不能紧固时，应保证线索能在一定张力下可以滑动）后，取下放线滑轮；在倒线过程中注意张力计张力的变化，当张力有变化时，紧线进行调整，要求张力值始终维持不变；倒线至下锚处后，再从下锚端向起锚端将地线线夹全部按紧固力矩要求进行紧固，按照 T 形终锚线夹的使用说明书要求做好终端头并与调整螺栓连接，用调整螺栓调整好架空地线的张力，保证

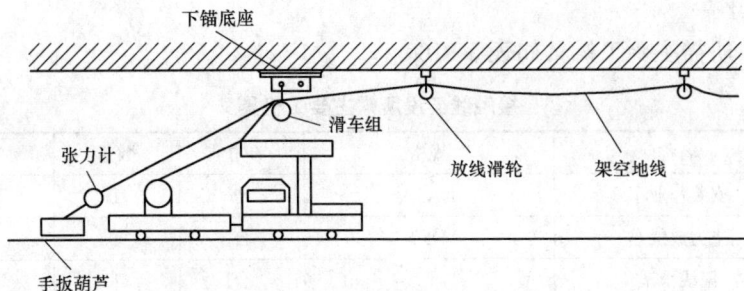

图 5 - 14　紧线示意图

调整螺栓的调节余量符合要求。

（6）检查。检查架空地线的高度，各项绝缘距离、安全距离等是否满足设计要求，导线张力是否符合安装曲线，架线过程中检查并防止架空地线与其他建筑物及设备发生摩擦。

（7）接地连接。在圆形隧道区段或其他特殊区段用 1 根 120mm² 的硬铜绞线将悬挂安装底座和架空地线相连接，人防门处用 1 根 150mm² 的软电缆将两端架空地线相连接。架空地线在有牵引变电所的车站，用 1 根 150mm² 的软电缆沿上网电缆支架与牵引变电所的接地母线排连接，以保证架空地线与变电所接地网的可靠连接。

5. 控制要点

（1）根据锚段长度合理配盘，一个锚段尽量不出现接头；架空地线不得有两股以上的断股，如因特殊情况，一个锚段内的接头数和断股补强数均不超过 1 个。

（2）架空地线的张力符合安装曲线，地线线夹安装端正，地线线夹中的铜衬套齐全，安放正确。

（3）在有人防门的地方，两边的架空地线单独下锚，并用 1 根 150mm² 的软电缆穿过人防门的预留钢管连接。

（4）在架空地线调整过程中发现隧道断面发生变化时，架空地线可能在摩擦隧道壁，一般可通过将固定架空地线线夹的螺栓加长来克服这个问题。

5.2.6　接触线架设

采用电动涂油装置注油、架线小车导入一次安装到位的架设方法，实现架线小车牵引与铜导槽组联动控制来展放和导嵌接触线，保证接触线架设后平滑自然，不产生硬弯和损伤。

1. 人员组织

接触线架设人员组织见表 5 - 15。

表 5 - 15　　　　　　　　　　接触线架设人员组织

序号	人员组织	单位	数量	备注
1	组长	人	1	现场施工组织及协调
2	技术员	人	1	技术负责、质量负责
3	技术工人	人	5	监测电动涂油装置、架线小车工作
4	辅助工人	人	3	辅助作业，其中 1 人监护线盘
5	安全员	人	2	安全监督及防护

2. 工机具配备

接触线架设所需主要工机具如表 5-16。

表 5-16　　　　　　　　　　　接触线架设所需主要工机具

序号	名称	规格	单位	数量	备注
1	安装作业车	DA5A	台	1	
2	张力放线车	DF2	台	1	
3	架线小车		台	1	
4	电动涂油装置		套	1	
5	断线钳		把	1	
6	钢锯		把	1	
7	锉刀		把	1	
8	橡皮锤		把	1	
9	排刷		只	4	
10	钢管		根	1	导线煨弯
11	扭矩扳手	13～230N·m	把	1	
12	防护灯	闪烁型	套	2	

3. 架线作业车组织

由低净空自带动力安装作业车＋放线车，组成刚性悬挂架线作业车组。按架线方向组织编挂架线作业车组，吊装线盘，保证接触线从线盘上方出线，如图 5-15 所示。

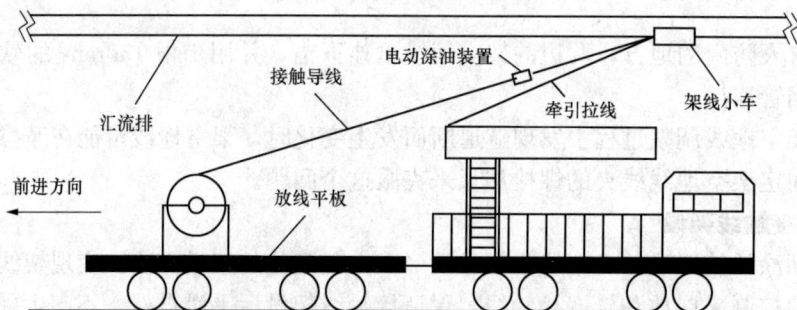

图 5-15　接触线架设示意图

4. 施工工艺流程

接触线架设施工工艺流程如图 5-16 所示。

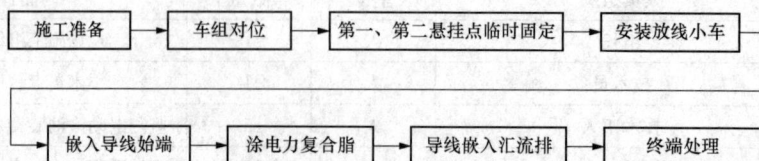

图 5-16　接触线架设施工工艺流程

5. 施工方法

(1) 检查核对配盘表，所有锚段是否都已配盘，每个线盘长度是否足够，确保每一刚性锚段内接触线连续，不断开；每次放线前应检查接触线是否有损伤、扭曲、硬弯等现象，若有则停止使用；按接触线配盘表、架线方向吊装线盘，核对线盘号；每次放线后，都标明已架设锚段和架设长度；线盘吊装时应穿轴进行，防止损伤线盘和接触线。

(2) 架线作业车到达放线地点，在第一、第二个悬挂定位点中间用锚固线夹卡住汇流排，用 φ4.0mm 铁线将线夹固定在起锚方向悬挂装置的锚栓上，以防放线时的张力使汇流排发生纵向滑动。

(3) 在锚段始端，将放线小车中部两组螺栓调整至与汇流排腰部宽度一致，将架线小车卡于汇流排上，小车前端绑两根拉绳，临时固定在作业平台上；将放线小车中部两组螺栓向外拧，使汇流排的燕尾槽胀开，松开小车下部顶紧螺栓，将接触线贯入小车和汇流排燕尾槽之间，露出汇流排终端约 300mm；在小车前后各用一个扭面器将接触线的线面扭正，用扭矩扳手紧固好汇流排最末端 M16×60 螺栓，并用钢管将接触线端头往上弯曲至 30° 左右，防止架线时接触线滑出汇流排。放线小车如图 5-17 所示。

(4) 将放线小车后面一组螺栓向内拧，使燕尾槽有效地夹住接触线的线面，接着锁紧小车下部螺栓，使小车受力后能在汇流排上均匀滑动。

(5) 架线车组以 2km/h 的速度缓缓行驶，在作业车上的线盘旁边设一人监护线盘，控制线盘张力；在作业平台前端两侧设二人拉紧架线小车的拉绳，牵引架线小车与架线车组同步运行并逐步将接触线嵌入汇流排内；在架线小车前设一人负责将接触线扶正，使接触线的线面正对汇流排开口，便于小车顺利地将接触线卡入汇流排；如发生接触线嵌入不到位或架线小车卡滞，应及时松开拉绳并停车，退回架线小车，重复此段架线工作。在作业平

图 5-17 放线小车

台前端应设电动涂油装置给汇流排涂导电膏，以确保接触线与汇流排的电气连接良好，如图 5-18 所示。

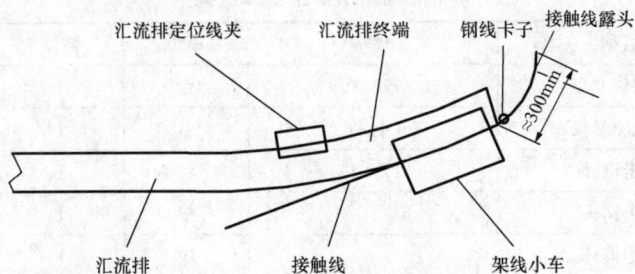

图 5-18 起锚示意图

(6) 架线至锚段末端，架线小车行驶至汇流排弯曲端前时，架线车组停止运行，锁紧汇流排终端螺栓，人工均匀拉动架线小车将接触线嵌入锚段末端。将接触线在汇流排外约 200mm 断开，紧固弯曲头处螺栓，并将其向上弯曲约 30°，将剩余接触线回入线盘。

(7) 架线车组向架线始端返回，巡视锚段内架线状况，拆除第一、第二定位点处临时锚

固线夹，始端按设计 150～200mm 裕量进行预留，剪去多余接触线。

6. 施工要求

(1) 架线作业前，严格检查线盘和线材质量，线盘不得扭曲和损坏，接触线不得有损伤、扭曲、硬弯等质量问题。

(2) 接触线在锚段末端汇流排外余长为 150～200mm，沿汇流排终端方向顺延（约30°），一般情况下对接地体的距离不小于 150mm。

7. 控制要点

(1) 在前期备料时应按照锚段长度进行配盘，一般不超过 1500m。作业平台上所有施工人员必须戴好安全帽，面对列车行进方向，注意隧道顶的凸出悬挂结构，以防碰伤。

(2) 架线完毕后，在有渗水、漏水或站内施工污染较大的地方，用汇流排护套对汇流排结构进行保护。

(3) 为确保接触线与汇流排的电气连接良好，应使用电动涂油装置给汇流排涂导电膏。

5.2.7 中心锚结安装

1. 人员组织

中心锚结安装人员组织见表 5-17。

表 5-17　　　　　　　　　　　　　中心锚结安装人员组织

序号	人员组织	单位	数量	备注
1	组长	人	1	现场施工组织及协调
2	技术员	人	1	技术负责、质量负责
3	技术工人	人	2	中心锚结安装
4	辅助工人	人	2	辅助作业
5	安全员	人	1	安全监督及防护

2. 工机具配备

中心锚结安装所需主要工机具见表 5-18。

表 5-18　　　　　　　　　　　　　中心锚结所需主要工机具

序号	名称	规格	单位	数量	备注
1	安装作业车	DA5A	台	1	
2	激光测量仪	DJJ-8	台	1	
3	冲击电锤	TE-40	台	1	
4	冲击钻头		根	1	与锚栓型号相应
5	专用模具		块	1	与中锚底座配套
6	钢卷尺	5m	把	1	
7	水平尺	500mm	把	1	
8	防护灯	闪烁型	套	1	

3. 施工工艺流程

中心锚结安装施工工艺流程如图 5-19 所示。

施工准备 → 位置定测 → 底座和下锚吊柱安装 → V形拉线安装 → 状态调整

图 5-19　中心锚结安装施工工艺流程

4. 施工方法

(1) 位置定测。根据施工图纸，沿汇流排测量定出中心锚结线夹的位置，测量汇流排至隧道顶的净空高度，选用中心锚结的安装形式。根据中心锚结绝缘棒与汇流排夹角（30°～45°）、连接零件的尺寸，以及中心锚结绝缘棒接地端距汇流排的绝缘距离不小于 150mm 的要求，确定中心锚结底座或中心锚结下锚吊柱的位置。

(2) 中心锚结底座或中心锚结下锚吊柱安装。套模进行钻孔，安装中心锚结底座或中心锚结下锚吊柱。

(3) 中心锚结 V 形拉线安装。在汇流排与中心锚结线夹的接触面上均匀涂抹导电油脂，安装紧固中心锚结线夹，连接安装中心锚结绝缘子和调整螺栓呈 V 形拉线，要求两端调整螺栓调节余量预留充足。

(4) 中心锚结状态调整。调整中心锚结两端拉线受力一致，并使拉线轻微受力，检测锚固处导线高度，不能使汇流排出现负弛度。中心锚结安装后，拆除汇流排上所有的临时锚固线夹。

5. 施工要求

(1) 直线上，中心锚结底座中心线位于汇流排中心线正上方；曲线上，中心锚结底座中心线在中心锚固点处汇流排中心线的延伸线正上方。基座中心偏离汇流排中心不大于 30mm。

(2) 中心锚结两端底座距中心锚固点的距离保持一致，其安装误差为±50mm。中心锚节绝缘棒与汇流排夹角满足 30°～45°要求，且绝缘棒接地端与汇流排间隙不小于 150mm。

(3) 中心锚结安装调整到位后，两端拉力应一致，且不能使中心锚固点出现弛度；调整螺栓应留有足够的调节余量，锁紧螺母必须锁紧。

(4) 中心锚结线夹与汇流排的接触面应均匀涂抹导电油脂，与汇流排连接牢固，螺栓紧固力矩符合规范要求。

6. 控制要点

中心锚结绝缘棒用麻布软袋包裹好，以免在运输和安装过程中造成损坏。

5.2.8　刚性悬挂调整

刚性悬挂调整精度是直接影响刚性悬挂弓网关系的关键一环。在以往刚性悬挂施工中，我们通过分析、反复实践总结出"三步调整法"，即悬挂初调、悬挂细调、综合检调三步走的调整作业程序，并通过控制调整误差，确保刚性悬挂的调整质量。

悬挂初调是对定位装置进行初步调整，达到悬吊槽钢与轨面平行，导线高度和拉出值初调到位；悬挂细调是对导线工作面、导线高度、拉出值等逐点精细调整，尤其应对锚段关节、道岔、刚柔过渡元件、分段绝缘器等进行精细调整，逐步缩小调整误差；综合检调是沿锚段逐点对悬挂点、跨中导线高度、拉出值进行检测，重点检测锚段关节、道岔、刚柔过渡元件、分段绝缘器等处的工作参数，保证悬挂调整精度。

1. 人员组织

刚性悬挂调整人员组织见表 5-19。

表 5 - 19   刚性悬挂调整人员组织

序号	人员组织	单位	数量	备注
1	组长	人	1	现场施工组织及协调
2	技术员	人	1	技术负责、质量负责
3	技术工人	人	4	悬挂调整、参数测量
4	辅助工人	人	4	梯车推扶
5	安全员	人	1	安全监督及防护

2. 工机具配备

刚性悬挂调整所需主要工机具见表 5 - 20。

表 5 - 20   刚性悬挂调整所需主要工机具

序号	名称	规格	单位	数量	备注
1	梯车	4m	台	1	
2	激光测量仪	DJJ - 8	台	1	
3	钢卷尺	5m	把	3	
4	水平尺	500mm	把	1	
5	橡皮锤		把	2	
6	内六角扳手		把	1	
7	扭矩扳手	13～230N·m	把	2	
8	防护灯	闪烁型	套	1	

3. 施工工艺流程

刚性悬挂调整施工工艺流程如图 5 - 20 所示。

施工准备 → 悬挂初调 → 悬挂细调 → 综合检调 → 涂油防腐

图 5 - 20   刚性悬挂调整施工工艺流程

4. 施工方法

（1）悬挂初调。

1）导线高度初调。通过调整悬挂螺杆锚栓上的螺母来调节悬吊槽钢高度，配合使用激光测量仪测量各悬挂点距轨面的高度，逐点初步调整各定位点导线高度至设计标准，检查各悬挂支持装置紧固件是否齐全、稳固。

2）拉出值初调。在悬吊槽钢的槽孔上移动弹性绝缘悬挂装置，配合使用激光测量仪测量各悬挂点的拉出值，逐点初步调整各定位点导线拉出值至设计标准。

3）导线工作面调整。调整悬吊槽钢或绝缘横撑平行于两轨面连线，检测汇流排上平面与轨面平行，使导线工作面平行于两轨面连线，避免导线偏磨。

4）汇流排定位线夹调整。调整使汇流排定位线夹与汇流排包夹良好，满足汇流排在温度变化时能顺线路自由滑动。

5）锚段关节初调。初步调整锚段关节处的导线高度和拉出值至设计要求。

（2）悬挂细调。

1）导线高度及拉出值细调。在接触悬挂初调后，精细调整各定位点导线高度和拉出值，调整误差应达到规范要求。

2）导线工作面调整。调整悬吊槽钢或绝缘横撑平行于两轨面连线，检测汇流排上平面与轨面平行，使导线工作面平行于两轨面连线，避免导线偏磨；锚段关节细调即精细调整锚段关节处导线高度和拉出值，微调锚段关节使叠合过渡部分在受电弓同时接触的任一点上导线高度相等；转换悬挂点处非工作支不得低于工作支，可以比工作支高出 1～3mm，保证两接触线工作面与两轨面连线平行，同时检查两刚性接触悬挂终端汇流排的抬高是否符合标准，使受电弓能够平滑过渡；锚段关节处两段汇流排以受电弓中心线为中心对称分布，间距符合设计标准；绝缘锚段关节处应保证两汇流排绝缘距离，任何一点不得小于 150mm。

3）道岔和交叉渡线处调整。道岔和交叉渡线处，两汇流排同时接触点位于受电弓中心两边分布。精细调整两支刚性接触悬挂的高度、拉出值、工作面，应使两支悬挂等高，非工作支不得低于工作支，可以比工作支高出 1～3mm；调整时注意始触点（即机车受电弓从一接触线进入交叉点开始接触另一接触线的位置）处两接触线完全等高，受电弓过渡平稳，无打弓、刮弓、脱弓现象；始触点后至岔尖方向，渡线高于正线 5～10mm，保证列车在正线运行时，不会碰触渡线，使受电弓能平滑过渡。

（3）综合检调。

1）导线高度、拉出值检调。用激光测量仪逐点检测导线高度、拉出值，对超过允许偏差范围的导线高度与拉出值进行调整，直到满足规范要求，最后应填写检测记录。

2）关节、分段绝缘器等处检调。在作业车上安装地铁列车的受电弓，对锚段关节、道岔、交叉渡线及分段绝缘器处过渡状态进行往返检查，并对出现打弓、刮弓的地方进行调整。

3）绝缘距离检查。刚性悬挂所有带电体距接地体的绝缘距离应不小于 150mm，若特殊地点至汇流排的绝缘距离不能满足 150mm，应使用汇流排绝缘保护罩使之满足绝缘要求；有渗水、漏水至汇流排的地方，可使用汇流排护套来保护汇流排。

（4）涂油防腐。刚性悬挂调整到位后，所有悬挂定位的活动关节、铰接部位、调节螺杆锚栓等部位应均匀涂抹黄油防腐。

5. 施工要求

（1）刚性悬挂导线高度和拉出值应符合规范要求，导线高度调整允许误差一般不超过 ±4mm，但也不得低于设计最低值。

（2）设计导线高度逐渐变化时，其坡度变化不大于 0.2%。

（3）导线拉出值调整允许误差一般为 ±10mm。

6. 控制要点

（1）道岔处渡线的拉出值不是对受电弓中心而言，而是以相邻正线接触线或汇流排中心为依据。

（2）在架空刚性悬挂接触网机械分段、电分段两端、每个车站（设备站台以外）两端、线路终端应分别安装汇流排和接地线夹一套，作为刚性悬挂接触网维修时接地之用。

5.2.9　刚性分段绝缘器安装

1. 人员组织

刚性分段绝缘器安装人员组织见表 5-21。

表 5 - 21　　　　　　　　　　　刚性分段绝缘器安装人员组织

序号	人员组织	单位	数量	备注
1	组长	人	1	现场施工组织及协调
2	技术员	人	1	技术负责、质量负责
3	技术工人	人	3	安装调试
4	辅助工人	人	2	辅助作业
5	安全员	人	1	安全监督及防护

2. 工机具配备

刚性分段绝缘器安装所需主要工机具见表 5 - 22。

表 5 - 22　　　　　　　　　刚性分段绝缘器安装所需主要工机具

序号	名称	规格	单位	数量	备注
1	安装作业车	DA5A	台	1	
2	钢卷尺	50m/5m	把	1/1	
3	水平尺	500mm	把	1	
4	激光测量仪	DJJ - 8	台	1	
5	扭矩扳手	13～230N·m	把	1	
6	切割机		台	1	
7	调整工具		套	1	
8	锉刀		把	1	
9	防护灯	闪烁型	套	1	

3. 施工工艺流程

刚性分段绝缘器安装施工工艺流程如图 5 - 21 所示。

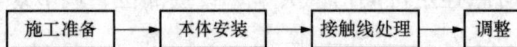

施工准备 → 本体安装 → 接触线处理 → 调整

图 5 - 21　刚性分段绝缘器安装施工工艺流程

4. 施工方法

（1）本体安装。分段绝缘器本体随汇流排一起安装，先将分段绝缘器本体从两端配套汇流排导轨上卸下；接着将导轨与相邻汇流排连接，在两悬挂定位点中心预留分段绝缘器本体位置，安装好汇流排，并在悬挂定位点处锚固紧汇流排；最后分别向两端安装完成本锚段汇流排。

（2）接触线处理。架设完成本锚段接触线，将接触线从预留位置中心锯断，两端接触线各留出适当位置，并将接触线向上方弯曲，以满足规范要求。

（3）将分段绝缘器本体安装在导轨上，再将分段绝缘器安装固定在其本体及铜滑轨上。

（4）锚段导线高度、拉出值及汇流排坡度调整完毕后，在分段绝缘器上安装调整工具，松开铜滑轨固定螺栓，检查滑轨面是否紧密贴合调整工具表面，并临时上紧滑轨螺栓。

（5）以轨面为基准，用激光测量仪检测分段绝缘器是否平正；用扭矩扳手紧固滑轨螺栓，取下调整工具；用水平尺复检分段绝缘器过渡状态和平直度；用受电弓往返检查分段绝缘器的状态，应过渡平稳，无打弓、碰弓现象。

5. 施工要求

（1）分段绝缘器本体外观无损坏，绝缘棒完好、整洁，绝缘性能良好，零件配备齐全，产品合格证、产品技术文件和安装手册齐全，严格按照设计要求和安装手册规范进行分段绝缘器安装。

（2）分段绝缘器铜滑轨上固定螺栓紧固力矩为 20N·m，分段绝缘器中点设置在受电弓的中心位置上（即拉出值为 0mm），偏离受电弓中心线最大不超过 50mm。

（3）分段绝缘器与受电弓接触部分调至一个平面上，且该平面与轨面连线平行，受电弓双向通过分段绝缘器过渡平稳，不打弓。

（4）分段绝缘器距相邻刚性悬挂定位点的距离符合设计要求，允许误差为±50mm。

6. 控制要点

（1）分段绝缘器安装前，应将其保存在有保护层的纸板箱内，运输和安装中轻拿轻放，不得挤压和碰撞。

（2）分段绝缘器安装螺栓并紧固，应使用扭矩扳手，紧固力矩符合规范要求。

5.2.10 隔离开关安装

1. 人员组织

隔离开关安装人员组织见表 5-23。

表 5-23　　　　　　　　　隔离开关安装人员组织

序号	人员组织	单位	数量	备注
1	组长	人	1	现场施工组织及协调
2	技术员	人	1	技术负责、质量负责
3	技术工人	人	4	安装调试
4	辅助工人	人	3	辅助作业
5	安全员	人	1	安全监督及防护

2. 工机具配备

隔离开关安装所需主要工机具见表 5-24。

表 5-24　　　　　　　　　隔离开关安装所需主要工机具

序号	名称	规格	单位	数量	备注
1	安装作业车	DA5A	台	1	
2	侧梯	自制	台	2	
3	电锤	TE-40	台	1	
4	冲击钻头		根	1	与锚栓型号相应
5	水平尺	500mm	把	1	
6	钢卷尺	5m	把	1	
7	扭矩扳手	13~230N·m	把	1	
8	墨斗		套	1	
9	防护灯	闪烁型	套	1	

3. 施工工艺流程

隔离开关安装施工工艺流程如图 5-22 所示。

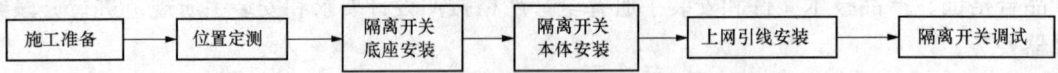

施工准备 → 位置定测 → 隔离开关底座安装 → 隔离开关本体安装 → 上网引线安装 → 隔离开关调试

图 5-22　隔离开关安装施工工艺流程

4. 施工方法

（1）位置定测。在施工测量时将隔离开关位置标示出来，钻孔前检查隔离开关安装位置、限界和安装空间是否符合设计要求，在无其他设备干扰、限界及空间符合的条件下，隔离开关安装位置尽量靠近绝缘锚段关节。

（2）隔离开关底座及本体安装。

1）用墨斗弹出水平直线，定出固定底座钻孔孔位，垂直于隧道壁钻孔，并安装螺栓；接着安装固定底座，调整底座位置应端正，要求隔离开关安装面应水平，并将隔离开关安装在固定底座上；调整隔离开关及操作机构至隧道壁的距离符合设计要求，保证其与操作机构处于同一垂直面上。

2）调整隔离开关操作机构行程至闭合位。当隔离开关刀闸处于闭合位时，安装操纵杆，其安装角度应符合设计要求。

3）调整三联隔离开关处于同一水平直线上，安装隔离开关间接线板，调试隔离开关和操作机构开合同步到位，应使隔离开关动触头和静触头中心线重合。

4）安装隔离开关至接触网汇流排引线电缆，要求安装美观、弯曲自然；测量接线端子长度，按电缆绝缘层厚度调节剥切刀深度，剥除绝缘防护层，露出裸铜线芯；根据接线端子的压接工艺进行制作并压接两端接线端子，要求 150mm² 软电缆绝缘层剥开长度保证在 70mm 以上。

（3）上网引线安装。在汇流排上安装汇流排电连接线夹，将接线端子与汇流排电连接线夹、隔离开关相连接，所有接触面均进行清洗，且均匀涂抹导电油脂。

（4）隔离开关调试。将所有隔离开关底座用的接地跳线与架空地线相连接，电动隔离开关调试应配合变电所隔离开关联调。

5. 施工要求

（1）隔离开关的安装位置符合设计要求，应严格按设计和产品技术文件要求安装。

（2）隔离开关底座和操作机构底座呈水平状态，且安装牢固，靠近线路端部距线路中心线不小于 1800mm，手动操作机构底座安装高度距地面宜为 1200mm。多组隔离开关并列安装时，应保证所有隔离开关底座安装面都在同一水平面上，且各底座间距符合设计要求。

（3）隔离开关触头带电部分至顶部建筑物距离不小于 500mm，至隧道壁不小于 150mm。

（4）隔离开关中心线铅垂，操纵杆垂直于操动机构且轴线一致，连接牢固，无松动现象，铰接处转动灵活。

（5）电缆平行整齐排列，不能压叠；电缆支架安装牢固，布置均匀合理；电缆弯曲自然，保证隔离开关分、合顺利可靠且位置正确，角度符合产品技术文件要求。触头接触良好，无回弹现象。操动机构的分、合闸指示与开关的实际分、合位置一致。电动开关当地手动操作应与遥控电动操作动作一致；隔离开关机械联锁应工作正确、可靠。

（6）隔离开关刀口部分涂导电油脂，机构的连接轴、转动部分、传动杆涂润滑油；隔离开关引线连接正确规整，按汇流排随温度变化伸缩要求，应预留位移长度，且弯曲方向与汇流排伸缩方向相同；电缆弯曲自然，布置线路尽量短，电缆在汇流排上的安装应尽量靠近悬挂定位点。

（7）隔离开关所有底座都应与架空地线相连通，并可靠接地。

6. 控制要点

（1）隔离开关绝缘子采用麻布软袋包扎保护，安装调试完毕后，所有隔离开关均处于分闸位置，所有操动机构加锁，严禁随意操作隔离开关。

（2）变电所送电前，在隔离开关电源侧应进行可靠接地，悬挂明显的接地标志。

5.2.11　电连接安装

1. 人员组织

电连接安装人员组织见表5-25。

表5-25　　　　　　　　　　　　电连接安装人员组织

序号	人员组织	单位	数量	备注
1	组长	人	1	现场施工组织及协调
2	技术员	人	1	技术、质量负责
3	技术工人	人	2	电连接预制、安装
4	辅助工人	人	2	辅助作业
5	安全员	人	1	安全监督及防护

2. 工机具配备

电连接安装所需主要工机具见表5-26。

表5-26　　　　　　　　　　　　电连接安装所需主要工机具

序号	名称	规格	单位	数量	备注
1	梯车	4m	台	1	
2	钢卷尺	5m	把	1	
3	钢锯		把	1	
4	电动液压机		把	1	
5	扭矩扳手	13～230N·m	把	1	
6	砂纸		张	2	
7	防护灯	闪烁型	套	1	

3. 施工工艺流程

电连接安装施工工艺流程如图5-23所示。

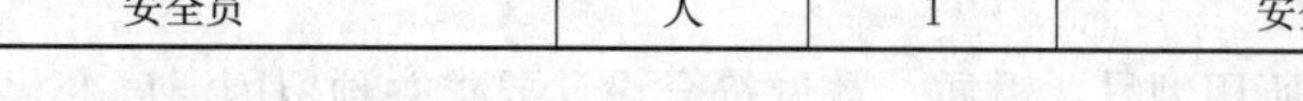

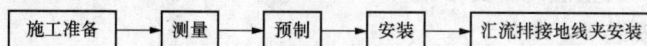

施工准备 → 测量 → 预制 → 安装 → 汇流排接地线夹安装

图5-23　电连接安装施工工艺流程

4. 施工方法

（1）根据锚段关节或道岔关节处两个锚段汇流排间距、汇流排最大偏移量、铜铝过渡线夹长度等数据计算电连接 120mm² 硬铜绞线长度。

（2）裁剪软铜绞线，裁剪前先在硬铜绞线上缠一圈胶带，以防绞线散股，将软铜绞线两端剥去胶带，套入铜铝过渡线夹内推入根部；两端线夹应对正，不相互偏扭，使用电动液压机进行压接，选用的压模也应符合规范和设计要求。

（3）清除汇流排上的锈迹和污物，涂抹电力复合脂，安装汇流排电连接线夹；电连接线夹与汇流排之间应可靠连接，保证良好的导电性能；汇流排电连接线夹的布置位置、间距与紧固力矩应符合设计要求。

（4）在铜铝过渡线夹与汇流排电连接线夹接触面上均匀涂抹导电油脂，按设计弯曲方向安装电连接线，连接应正确，工艺美观。

（5）应检查电连接线的安装组数符合设计要求，弯曲预留量满足汇流排最大伸缩要求，电连接线对接地体和绝缘子的距离满足规范和设计要求。

（6）安装在架空刚性悬挂接触网的机械分段、电分段、每个车站（设备站台以外）两端、线路终端与分段绝缘器两端等处的汇流排接地线夹，应作为刚性悬挂接触网维修时接地挂接地棒之用。

（7）汇流排接地线夹安装位置尽量靠近悬挂定位点，一般距悬挂定位点距离不超过500mm；其接地挂环方向应朝向回流轨侧，以方便挂接地棒。

（8）对汇流排接地线夹与汇流排接触面进行清洗并涂抹导电油脂，汇流排接地线夹应安装稳固，紧固力矩符合设计要求。

5. 施工要求

（1）电连接线所用型号、材质、数量符合设计要求并预留因温度变化使汇流排产生伸缩而需要的足够长度，弯曲方向应与汇流排移动方向一致，要求电连接线不能有散股、断股现象。

（2）电连接线的安装位置应符合设计要求，在任何情况下均满足带电距离要求，应保证电连接线与铜铝过渡线夹压接良好，汇流排电连接线夹与电连接线接触良好，均符合规范和设计要求。

（3）汇流排电连接线夹，汇流排接地线夹与汇流排的接触面，汇流排电连接线夹与铜铝过渡线夹的接触面应均匀涂抹导电油脂。线夹安装应端正、牢固，螺栓紧固力矩符合设计要求。

（4）汇流排接地线夹距悬挂定位点的距离应控制在 500mm 以内，但不宜过小，以免影响汇流排的正常伸缩。

6. 控制要点

（1）电连接线不能有断股、散股现象，否则应更换。

（2）电连接安装前清洁汇流排及线夹的接触面，不能有灰尘、脏物，要求安装过程中，禁止扳、压汇流排，防止汇流排变形。

5.2.12 接地安装

1. 安装位置

刚性悬挂的接地安装主要在以下几种情况：

（1）悬挂底座单独接地。包括渡线刚性悬挂的悬挂底座、隧道的悬挂底座等。

（2）设备接地。包括隔离开关等设备的接地安装。

（3）人防门处的接地。两边的架空地线通过 150mm² 软电缆可靠连接。

（4）架空地线对向下锚处，两边的架空地线通过 120mm² 硬铜绞线相连；在有牵引变电所的车站，架空地线通过电缆与牵引变电所内的接地母线排相连，构成接触网系统接地保护回路。

2. 施工方法

（1）分别测量悬挂支持装置底座、中心锚结底座、隔离开关固定底座与架空地线的布置距离（按横平竖直测量），预制接地跳线，一端压接接线端子与底座相连，另一端用 D 型电连接线夹与架空地线相连。接地跳线则采用固定卡和锚固螺栓沿隧道壁固定。

（2）对向下锚、换向下锚、渡线与正线、左右线未直接连通的架空地线间，采用与架空地线相同规格材质的接地跳线，用并沟线夹与两端架空地线连通，接地跳线用固定卡和锚固螺栓沿隧道壁布置。

（3）在牵引变电所处，架空地线引下电缆沿电缆支架敷设固定，一端压接接线端子接牵引变电所内的接地母线排，另一端就近与架空地线用 D 型电连接线夹连接。

3. 施工要求

（1）全线接触网所有不带电金属部分均与架空地线连接，架空地线与变电所内的接地网相连，构成接触网系统接地保护回路。架空地线之间可通过铜绞线或电缆可靠连接。

（2）接地跳线在隧道壁上稳固固定，两端连接牢固、导通良好，布置顺直、美观，固定卡安置均匀合理，间距一般为 600～800mm。

（3）电缆敷设符合电缆施工及验收规范要求，电缆在支架上绑扎稳固，且两端连接牢固、可靠。

5.2.13　刚柔过渡安装

刚性悬挂接触网与柔性悬挂接触网的过渡部分采用刚柔过渡措施。刚柔过渡区段设置在隧道口，这是刚性与柔性接触悬挂两种悬挂方式实现无缝连接的关键部位，施工过程中将作为重点控制。该工程采用切槽镶嵌式刚柔过渡方法。

切槽镶嵌式刚柔过渡元件本体每隔一定距离开有多个切槽，每个切槽的深度逐渐地朝单一方向增深，使刚柔过渡元件本体的刚性向柔性悬挂安装方向逐渐减少，过渡中逐步增加柔性，避免在该处形成硬点和接触线产生金属疲劳损伤而断裂；刚柔过渡元件本体设置用于保证刚柔过渡钳口对接触线夹紧力的螺钉，螺纹规格为 M10，同时设有防止柔性悬挂接触线发生滑线现象的专用线夹；为保证柔性接触线嵌入刚柔过渡元件本体内受力后不发生扭动或扭转现象，刚柔过渡本体还设有专用的防扭装置，切槽镶嵌式刚柔过渡如图 5-24 所示。

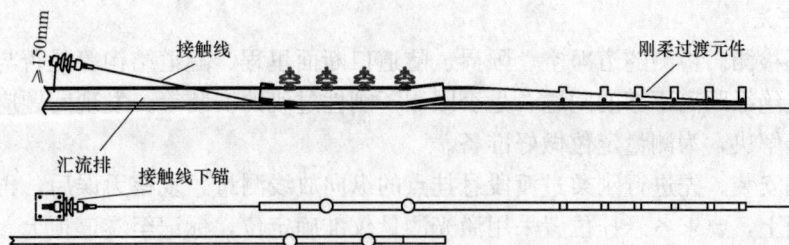

图 5-24　切槽镶嵌式刚柔过渡示意图

1. 人员组织

刚柔过渡安装人员组织见表 5-27。

表 5-27　　　　　　　　　刚柔过渡安装人员组织

序号	人员组织	单位	数量	备注
1	组长	人	1	现场施工组织及协调
2	技术员	人	1	技术、质量负责
3	技术工人	人	6	
4	辅助工人	人	3	
5	安全员	人	1	安全监督及防护

2. 工机具配备

刚柔过渡安装所需主要工机具见表 5-28。

表 5-28　　　　　　　　刚柔过渡安装所需主要工机具

序号	名称	规格	单位	数量	备注
1	作业车/梯车	DA5A/4m	台	1/1	
2	刚性架线小车		台	1	
3	电动涂油装置		套	1	
4	钢卷尺	50m/5m	把	各1	
5	水平尺	500mm	把	1	
6	激光测量仪	DJJ-8	台	1	
7	内六角扳手		把	2	
8	扭矩扳手	13～230N·m	把	2	
9	防护灯	闪烁型	套	1	

3. 施工工艺流程

刚柔过渡安装施工工艺流程如图 5-25 所示。

施工准备 → 现场检测 → 定测安装 → 刚柔过渡安装调整 → 检查

图 5-25　刚柔过渡安装施工工艺流程

4. 施工方法

(1) 现场检测。检测隧道净空、限界、隧道口断面里程、隧道结构等是否与设计图纸相符，是否存在绝缘距离不够的问题，是否限制了刚性过渡的安装等，发现问题应及时联系设计单位在现场解决，为测量定位做好准备。

(2) 定测安装。先进行刚柔过渡段悬挂点的纵向放线测量，复核无误后，再用红油漆标记在钢轨侧面上，要求各悬挂位置采用激光测量仪准确定位，标记至隧道顶上。

(3) 测量悬挂点处隧道净空数据，测算柔性下锚位置，并用激光测量仪准确定位，标记至隧道顶上，再编制"刚柔过渡支持装置及下锚安装调整表"。

(4) 按"刚柔过渡支持装置及下锚安装调整表"对各点复核无误后，进行钻孔和支架安装，并对表中给定值进行调整。

（5）切槽镶嵌式刚柔过渡安装。在汇流排安装作业平台上对接装配好汇流排终端和切槽镶嵌式刚柔过渡汇流排本体，应按设计外露长度（汇流排终端头距悬挂定位点的距离为1.8m）安装汇流排终端和切槽镶嵌式刚柔过渡汇流排；然后在接触线凹槽内均匀涂抹导电油脂，用放线小车将接触线导入汇流排；最后用扭矩扳手紧固切槽镶嵌式刚柔过渡汇流排上的7组紧固螺栓和汇流排终端上的紧固螺栓。

（6）刚柔过渡段导线高度及拉出值调整至设计标准，汇流排坡度调整与轨面平行，用激光测量仪及受电弓检查刚柔过渡点和关节，进行刚柔过渡段微调，使受电弓双向通过时平稳顺滑，且刚柔过渡点和关节不出现硬点，切槽镶嵌式刚柔过渡汇流排富有弹性。

（7）接触线与汇流排的连接平顺，对汇流排不产生附加压力或拉力，切槽镶嵌式刚柔过渡汇流排应严格按设计位置安装并保持其处于平衡状态，其前端4m之内，杜绝安装柔性悬挂的吊弦，对此跨的其他悬挂吊弦应进行合理布置，确保刚柔过渡平滑。

任务5.3　柔性悬挂施工方法

5.3.1　施工定测

1. 人员组织

柔性悬挂施工定测人员组织见表5-29。

表5-29　　　　　　　　　　　施工定测人员组织表

序号	人员组织	单位	数量	备注
1	专业工程师	人	1	技术负责．质量负责
2	技术员	人	2	
3	技术工人	人	4	
4	安全员	人	1	安全防护、检查

2. 工机具配备

柔性悬挂施工定测所需主要工机具见表5-30。

表5-30　　　　　　　　　　柔性悬挂施工定测所需主要工机具

序号	名称	规格	单位	数量	备注
1	经纬仪	TDJ6E	台	1	
2	水准仪	DES3-E	台	1	
3	激光测量仪	DJJ-8	台	1	
4	万能道尺		把	1	
5	钢卷尺	5m/10m/50m	把	各1	
6	基础螺栓模具		套	1	根据基础类型制作
7	粉笔、记号笔		支	若干	
8	油漆	红色	罐	若干	
9	钢丝刷		把	2	
10	防护旗	红、黄	面	各1	

3. 施工工艺流程

（1）纵向测量施工工艺如图 5 - 26 所示。

施工准备 → 确定起测点 → 确定支柱位置 → 里程核对 → 书写号码标记 → 测量记录

图 5 - 26　柔性悬挂纵向测量施工工艺流程

（2）横向测量施工工艺如图 5 - 27 所示。

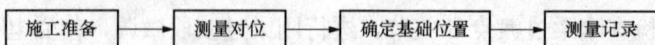

施工准备 → 测量对位 → 确定基础位置 → 测量记录

图 5 - 27　柔性悬挂横向测量施工工艺流程

4. 施工方法

（1）纵向测量。

1）以轨道施工单位现场设定和书面提供的永久性里程点为起测点（一般为道岔的岔心里程），根据施工设计图纸的跨距进行支柱位置的纵向测量。

2）在测量过程中，不断与土建单位标出的里程进行复核，发现不能重合时，需进行复测调整。

3）停车场同一组门型架支柱中心连线与正线线路中心相垂直，用红色油漆在轨道轨腰上标明支柱号，将敞开段现场预留情况与施工设计图纸存在纵向偏差的支柱做好记录。

（2）横向测量。

1）根据施工设计图纸提供的支柱限界，测量定出支柱基础横向位置；用万能道尺和钢卷尺定测出支柱基础纵向位置，并做好标记。

2）用经纬仪和水平仪定测出同一组门型架支柱基础的中心位置和高差，做好记录。

3）用激光测量仪对洞口处、停车场库房内接触网预埋件预留设施进行复核测量，检查有无遗漏，将预埋件与施工设计图纸存在偏差的设施做好记录。

4）用基础螺栓模具复核敞开段预留支柱基础外形尺寸、地脚螺栓的相对位置，复核螺栓型号，以及锚柱拉线锚环。

（3）整理定测记录，将现场与施工设计图纸存在偏差的问题汇集成册，书面呈报业主及监理工程师，以便在设计协调会议上及时解决。

5. 控制要点

（1）纵向测量完后复核整个锚段的长度是否与设计相符，中心锚结的位置是否在整个锚段的设计位置。

（2）对位于两股道间的支柱横向定位时，不仅应依据施工设计图纸中所提供的限界，同时还应计算出支柱安装后距相邻股道的限界，确保支柱满足设备限界的要求。

5.3.2　拉线基础施工

支柱基础安排在铺轨前完成，采用全站仪坐标定位测量，人工开挖基坑，原土坑浇筑支柱基础；拉线基础施工安排在轨道就位后进行，施工方法类似。

1. 人员组织

拉线基础施工人员组织见表 5 - 31。

表 5 - 31　　　　　　　　　　　　　　拉线基础施工人员组织

序号	人员组织	单位	数量	备注
1	组长	人	1	现场施工组织及协调
2	技术员	人	1	技术负责、质量负责
3	技术工人	人	2	混凝土浇筑
4	辅助工人	人	6	基坑开挖、混凝土浇筑及捣固
5	安全员	人	1	安全检查

2. 工机具配备

拉线基础施工所需主要工机具见表 5 - 32。

表 5 - 32　　　　　　　　　　　　拉线基础施工所需主要工机具

序号	名称	规格	单位	数量	备注
1	全站仪	TPS1200	台	1	
2	经纬仪	TDJ6E	台	1	
3	水准仪	DES3 - E	台	1	
4	基础螺栓模具		套	1	根据基础类型制作
5	钢卷尺	5m	把	2	
6	发电机	2kW	台	1	
7	抽水泵		台	1	水坑排水
8	水平尺	500mm	把	1	
9	振捣器		套	1	
10	铁铲		把	2	
11	十字镐		把	2	
12	钢模板		套	1	根据基础类型制作
13	记号笔		支	若干	
14	钢丝刷		把	1	
15	防护旗	红、黄	面	各1	

3. 施工工艺流程

拉线基础施工工艺流程如图 5 - 28 所示。

施工准备 → 基坑定位测量 → 基坑开挖 → 钢模板安装 → 钢筋骨架安放 →

混凝土浇筑 → 钢筋骨架校正 → 抹面 → 基础养护

图 5 - 28　拉线基础施工工艺流程

4. 施工方法

（1）基坑定位测量。

1）轨道线路已就位时，用经纬仪确定基础坑中心点和中心线，用钢卷尺测量基坑限界和坑口尺寸，并在基础中心线上做好基准标记供基础浇筑时复核。

2）轨道线路未就位时，利用土建施工定位控制系统的 2 个坐标点和基础中心坐标，用全站仪确定基础的中心；用土建施工定位控制系统的另一个坐标点和基础中心坐标复核其基础中心，再根据线路中心的走向确定基础位置；然后用水准仪确定基础的标高，再用钢卷尺确定坑口尺寸，并在基础中心线上做好基准标记供基础浇筑时复核。

3）同一组门型架基础中心连线垂直于正线或直线的线路中心，基础顶面标高相等。

（2）基坑开挖。

1）开挖时，一人坑内作业，另一人坑上辅助并监护不出现超挖和欠挖现象；在开挖过程中，当基坑挖深 1m 左右时，必须做防护支撑；水坑用抽水机及时抽出积水，防止造成坍塌。

2）轨道已就位时路基上铺设塑料布，防止弃土污染道床；弃土用袋装好，运到指定地方存放；基坑开挖完毕后，用水准仪测量出坑底标高，保证坑底标高在误差范围内。

（3）钢模板安装。根据技术标准，在钢模板顶面安装基础螺栓框架，把钢模板加固，钢模板内侧涂一层脱模剂。

（4）浇筑混凝土垫层。在坑底铺一层 100mm 厚的石渣，然后浇筑 200mm 厚的混凝土垫层。

（5）钢筋骨架安放。将预制好的钢筋骨架放入基坑中，并使骨架根部插入混凝土 50～100mm，四周用锥形楔片卡紧固定，保证拉线基础中心、下锚拉线环面中心应在锚支的延长线上，钢筋骨架外边缘距坑壁的距离不小于 50mm。

（6）混凝土浇筑及钢筋骨架校正。浇筑混凝土时应从钢模板内侧均匀灌注，每浇筑 200～300mm 厚，按技术要求用电动振捣器捣固。在基础浇筑过程中，应不断调整钢筋骨架位置，保证其铅垂中心线位于基坑中心。

（7）抹面。基础露出地面部分在混凝土填满后按照技术要求进行抹面。

（8）基础拆模养护。基础表面覆盖草袋，用自来水进行养护，设专人负责。另外，在基础四周用红色警示带围住，以防行人及其他施工单位人员误入，损坏基础表面。

5. 控制要点

（1）在制作钢筋骨架时，配筋、绑筋应严格按照工艺标准进行，确保钢筋骨架达到设计要求标准，同时应提供商品混凝土试验报告，按规定进行抽样试验。

（2）在浇筑混凝土过程中，每浇筑 200～300mm 厚混凝土后用电动振捣器捣固一次，保证混凝土强度均匀、密实，使基础在任何部位无蜂窝、麻面等缺陷，要求浇筑过程一次完成。

（3）基础内的排水孔尺寸应按保持原有水流量预留，孔壁距基础螺栓不小于 100mm，孔底与水沟底平齐，排水孔顶面与基础面的距离不小于 200mm。

（4）支柱基础的预埋钢板顶面与基础顶面平齐，其误差控制在 -5～0mm，预埋钢板中部预留孔中的混凝土不高于预埋钢板顶面。

（5）预埋地脚螺栓垂直于水平面，每个螺栓垂直度偏差不大于 1°，即每个螺栓外露部分的顶部相对铅垂线的误差不大于 2mm，预留地脚螺栓外露长度误差应控制在 0～10mm。

（6）门型架左右支柱预埋地脚螺栓群的中心连线与线路中心线垂直，其顺线路方向的相对误差控制在 ±20mm。

（7）预埋地脚螺栓外露部分在施工完毕后应进行涂油，并采取有效措施对螺栓外露部分进行防护，以避免螺纹在支柱安装前被损坏。

5.3.3　支柱及门型架安装

停车场和敞开段支柱及门型架安装拟采用安装作业车（自带 5t 吊臂）和汽车吊相结合的方式完成，在汽车能到达的地方使用汽车吊进行支柱安装，其余地段使用安装作业车进行。

1. 人员组织

支柱及门型架安装人员组织见表 5 - 33。

表 5 - 33　　　　　　　　　　　　　支柱及门型架安装人员组织

序号	人员组织	单位	数量	备注
1	组长	人	1	现场施工组织及协调
2	技术员	人	1	技术负责、质量负责
3	技术工人	人	4	
4	辅助工人	人	4	
5	安全员	人	1	安全防护

2. 工机具配备

支柱及门型架安装所需主要工机具见表 5 - 34。

表 5 - 34　　　　　　　　　　　支柱及门型架安装所需主要施工机具

序号	名称	规格	单位	数量	备注
1	立杆安装作业车组	SQ5	组	1	专用设备
2	经纬仪	TDJ6E	台	2	
3	水准仪	DES3 - E	台	1	
4	钢卷尺	5m/50m	把	各1	
5	尼龙绳		根	2	
6	大绳	$\phi 16mm \times 10m$	根	2	
7	铁锤		个	2	
8	钢钎		根	4	
9	发电机	2kW	台	1	
10	砂轮		台	2	
11	喷砂枪		台	2	
12	热喷锌机		台	2	
13	空气压缩机	$2m^3$	台	2	
14	防护旗	红、黄	面	各1	

3. 施工工艺流程

支柱及门型架安装施工流程如图 5-29 所示。

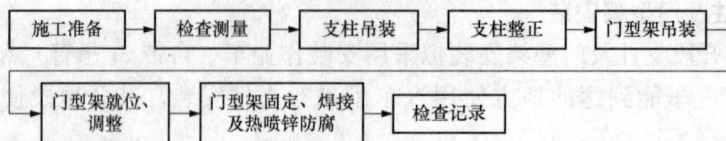

图 5-29　支柱及门型架安装施工工艺流程

4. 施工方法

(1) 检查测量。

1) 检查基础型号与设计图纸是否一致。

2) 用水准仪测出每个基础法兰盘顺线路和垂直线路方向共 4 个点的标高,计算出这 4 个点的高差,并根据计算结果确定所需垫片的型号和数量。

3) 用经纬仪检测同一组门型架支柱基础的法兰盘间螺栓的垂直对应度,用 50m 钢卷尺测出两基础法兰盘中心的距离并做好记录。

(2) 支柱吊装。

1) 将支柱运到指定地点,卸在待安装的基础侧面顺放,并在立杆位置设置安全防护栏。

2) 用尼龙绳套在支柱顶部往下约 1.5m 处,并在支柱底部绑一足够长的大绳至起吊尼龙绳,以防止尼龙绳套滑落,同时防止支柱离开地面后自行转动。

3) 根据计算的法兰盘 4 个点相对高差安放适当数量的垫片,操动立杆车,用起吊钩钩住尼龙绳起吊。待支柱底部高于基础螺栓 200～300mm 时,停止上升,调节起吊臂角度,使支柱底部法兰盘在基础螺栓正上方。

4) 缓缓放下支柱,使支柱座于基础法兰盘上,就位后安装螺母(不要拧紧)。吊装过程中注意作业人员不能站在吊臂下方,支柱对位后须缓慢放下,防止损伤螺栓螺纹。

(3) 支柱整正。

1) 在支柱顺线路和垂直线路方向上各设置一台经纬仪,并将其调整好。

2) 测出支柱在顺线路和垂直线路方向上的柱顶中心偏移值,检验是否满足标准,若不满足标准,根据测量值,调整支柱并按实际需要添加垫片。

3) 调整完毕后,拧紧螺母,再用经纬仪复核偏移值,直到满足技术要求。对同一组门型架支柱,用水准仪复核支柱底座法兰盘的高差,直到满足门型架安装技术要求,做好记录。

(4) 门型架吊装。

1) 将所对应的门型架横梁运到指定地点,顺放在两支柱连线侧面。

2) 根据测量数据进行预配组装,各连接套管和螺栓应连接可靠,螺栓紧固力矩达到设计值或产品力矩值,组装过程中注意考虑安装好后各连接件和螺栓的方向。

3) 在组装好的门型架中部,对称套上两条尼龙绳(吊起后呈"八"字形),在横梁两端各绑一条大绳,将尼龙绳和起吊钩连接牢固再起吊。

4) 在横梁底部高于柱顶 200～300mm 时,停止上升,调节起吊臂角度,使门型架横梁固定孔与支柱孔对齐,缓缓放下门型架横梁,使门型架横梁与柱顶的梁柱接头可靠连接。

（5）门型架就位调整。

1）当门型架初步就位后，测量横梁预留的负弛度是否符合要求，若不符合则用吊车抬升横梁使其呈现负弛度。注意施工时的负弛度比设计时大 0.1%～0.2%，因为拆除吊装外力后，门型架的自重导致其产生的挠度将减小负弛度。

2）检测支柱的倾斜状态是否符合支柱整正标准，观察支柱是否有变形现象。

（6）门型架固定、焊接及热喷锌防腐。

1）吊车吊臂在门型架完全就位前始终处于工作受力状态，因为门型架与支柱连接处有间隙，未焊接前不能和支柱构成整体；外力拆除后门型架的自重会使其负弛度减小，甚至出现正弛度，不符合设计要求。

2）门型架调整到位后，将所有连接螺栓进行紧固，达到设计或产品力矩值时，将门型架与支柱的连接头处，按设计要求连续焊接。

3）焊缝先用砂轮打磨平整，再用喷砂枪将打磨面抛光，最后将热喷锌机和空气压缩机连接好，调整好热喷锌机，对准焊缝及周围区域进行热喷锌处理。

（7）检查记录。

1）防腐处理完毕后，检查各连接螺栓紧固力矩是否达到规范要求，做好记录。

2）测量其高度是否符合设计要求，检查喷锌是否完全达到防腐效果。

5. 施工要求

（1）支柱、门型架横梁应附有标识和出厂证明书，支柱在顺线路方向上的中心偏差应小于或等于 30mm，垂直线路方向上的中心偏差应小于或等于 20mm。

（2）所垫垫片最多不超过 3 块，支柱侧面限界应符合设计要求，在任何情况下，严禁侵入基本建筑限界。

（3）两个横梁段通过横梁连接套管连接而成，横梁必须连接牢固，且有 300mm 的调节范围。

（4）梁柱过渡接头与门型支柱应和门型架横梁连接牢固，并具有大于或等于 15mm 的转动调节范围。所有螺纹件的紧固力矩应满足设计和产品要求，焊接和防腐处理必须达到设计要求。

6. 控制要点

（1）支柱安装前，应对基础螺栓型号进行检查复核，并清除法兰盘基础表面的杂物。

（2）装卸、安装支柱时，用尼龙绳，防止损伤镀锌层；吊装时，用晃绳拉住支柱，防止支柱转动或损伤周围设施。注意检查尼龙绳的外套是否完好，如有损坏禁止使用。

（3）支柱调整时，螺母只能松动，不能卸下；紧固螺母时，先系好安全带，所用的扳手应系上小绳以防坠落。

（4）使用喷砂枪和热喷锌机时穿好防护服，防止操作人员受伤，禁止喷嘴朝向现场其他人员，周围人员远离作业区至少 10m 以上。

（5）作业区周围用彩条布将道床覆盖，防止喷砂枪的石英砂污染道床。

5.3.4　连续门型架安装

连续门型架安装采用分段安装方法，其安装工艺与单门型架相同。

1. 人员组织

连续门型架安装人员组织见表 5-35。

表 5 - 35   连续门型架安装人员组织

序号	人员组织	单位	数量	备注
1	组长	人	1	现场施工组织及协调
2	技术员	人	1	技术负责、质量负责
3	技术工人	人	6	
4	辅助工人	人	6	
5	安全员	人	1	安全防护

2. 工机具配备

连续门型架安装所需主要工机具见表 5 - 36。

表 5 - 36   连续门型架安装所需主要工机具

序号	名称	规格	单位	数量	备注
1	立杆安装作业车组	SQ5	组	1	专用设备
2	经纬仪	TDJ6E	台	2	
3	水准仪	DES3 - E	台	1	
4	钢卷尺	5m/50m	把	各1	
5	尼龙绳		根	2	
6	大绳	φ16mm×10m	根	2	
7	铁锤		个	1	
8	钢钎		根	4	
9	发电机	2kW	台	1	
10	砂轮		台	2	
11	喷砂枪		台	2	
12	热喷锌机		台	2	
13	空气压缩机	2m³	台	2	
14	防护旗	红、黄	面	各1	

3. 施工工艺流程

连续门型架安装施工工艺流程如图 5 - 30 所示。

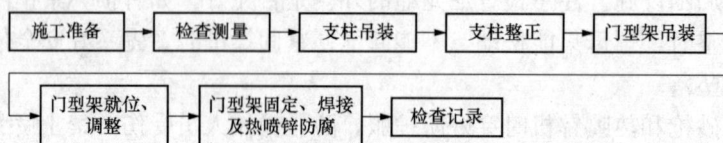

施工准备 → 检查测量 → 支柱吊装 → 支柱整正 → 门型架吊装

门型架就位、调整 → 门型架固定、焊接及热喷锌防腐 → 检查记录

图 5 - 30   连续门型架安装施工工艺流程

4. 施工方法

(1) 检查测量。

1) 确认基础型号与设计图纸是否一致。

2) 用水准仪测出每个基础法兰盘顺线路和垂直线路方向共 4 个点的标高，计算出这 4

个点的高差，并根据计算结果确定所需垫片的型号和数量。

3）用经纬仪检测同一组连续门型架支柱基础的法兰盘间螺栓的垂直对应度，用 50m 钢卷尺测出各基础法兰盘中心的距离，做好记录。

（2）钢管柱安装。

1）钢管柱运到指定地点，卸在支柱位置侧面顺放，并在立杆位置设置安全防护栏。

2）用尼龙绳套在支柱顶部往下约 1.5m 处，并在支柱底部绑一足够长的大绳至起吊尼龙绳，以防止尼龙绳套滑落，同时防止支柱离开地面后自行转动。

3）根据计算的法兰盘 4 个点的相对高差安放适当数量的垫片，操动立杆车，用起吊钩钩住尼龙绳，然后起吊，待钢管柱底部高于基础螺栓 200～300mm 时停止上升，调节起吊臂角度，使其底部法兰盘在基础螺栓正上方。

4）缓缓放下钢管柱，使其坐于基础法兰盘上，就位后安装螺母（不要拧紧）。吊装过程中注意作业人员不能站在吊臂下方，支柱对位后应缓慢放下，防止损伤螺栓螺纹。

（3）钢管柱整正。

1）在钢管柱顺线路和垂直线路方向上各设置一台经纬仪并将其调整好。

2）测出钢管柱在顺线路和垂直线路方向上的柱顶中心偏移值，检验是否满足技术标准。若不满足，根据测量值，调整支柱并按需要添加垫片。

3）调整达标后，拧紧螺母，再用经纬仪复核偏移值，直到满足技术要求。对同一组连续门型架钢管柱，用水准仪复核支柱底座法兰盘的高差，直到满足连续门型架安装技术要求，并做好记录。

（4）门型架吊装。

1）将所对应的门型架横梁运到指定地点，顺放在两支柱连线侧面。

2）根据已测量数据进行门型架的预配组装。各连接套管和螺栓应连接可靠、螺栓紧固力矩达到设计值或产品力矩值。门型架组装过程中应考虑安装好后各连接件和螺栓的方向。

3）在组装好的门型架中部对称套上两条尼龙绳（吊起后呈"八"字形），在横梁两端各绑一条大绳，将尼龙绳和起吊钩连接牢固，然后起吊。

4）在横梁底部高于柱顶 200～300mm 时，停止上升，调节起吊臂角度，使门型架横梁固定孔与钢柱孔对齐，缓缓放下门型架横梁，使门型架横梁与柱顶梁柱接头可靠连接。

（5）门型架就位、调整。

1）当门型架初步就位后，测量横梁的预留负弛度是否符合要求，否则用吊车抬升横梁使其呈现负弛度。注意：施工时的负弛度比设计大 0.1%～0.2%，因为拆除吊装外力后，门型架的自重导致其产生的挠度会减少负弛度。

2）检测钢管柱的倾斜状态是否符合技术标准，观察钢管柱是否有变形现象。

（6）门型架固定、焊接及热喷锌防腐。

1）吊车吊臂在门型架完全就位前始终处于工作受力状态，因为门型架与支柱连接处有间隙，未焊接之前不能和支柱构成整体，外力拆除后门型架的自重会使其负弛度减小，甚至出现正弛度，不符合设计要求。

2）门型架调整到位后，所有连接螺栓应进行紧固且达到设计或产品力矩值，将门型架与支柱的连接头处，按照设计要求连续焊接。

3）焊缝用砂轮打磨平整，再用喷砂枪将打磨面抛光，将热喷锌机和空气压缩机连接好，调整好热喷锌机，对准焊缝及周围区域进行热喷锌处理。

（7）用同样的方法将其余门型架安装就位，并用梁柱接头连接横梁与过渡钢管柱。

（8）检查记录。

1）检查各连接螺栓紧固力矩是否达到规范要求并做记录。

2）测量其高度是否符合设计要求，检查喷锌是否完全达到防腐效果。

5. 施工要求

（1）支柱、门型架横梁应附有标识和出厂证明书。

（2）支柱在顺线路方向上中心偏差小于或等于 30mm，垂直线路方向上中心偏差小于或等于 20mm，所垫垫片最多不超过 3 块。

（3）支柱侧面限界符合设计要求，在任何情况下，严禁侵入基本建筑限界。两个横梁段通过横梁连接套管连接而成，横梁连接牢固，且有 300mm 的调节范围。

（4）梁柱过渡接头与门型支柱和门型架横梁连接牢固，应具有大于或等于 15mm 的转动调节范围。

（5）所有螺纹件的紧固力矩应满足设计要求，焊接和防腐处理也必须达到设计要求。

6. 控制要点

（1）支柱安装前，对基础螺栓型号进行检查复核，并彻底清除法兰盘基础表面的杂物。

（2）装卸、安装支柱时，用尼龙绳，防止损伤镀锌层；吊装时，用晃绳拉住支柱，防止支柱转动或损伤周围设施。注意检查尼龙绳的外套是否完好，如有损坏禁止使用。

（3）支柱调整时，螺母只能松动，不能卸下。紧固螺母时，先系好安全带，所用的扳手系上小绳以防坠落。

（4）使用喷砂枪和热喷锌机时穿好防护服，防止操作人员受伤，禁止喷嘴朝向现场人员，周围人员远离作业区至少 10m。

（5）作业区周围用彩条布将道床覆盖，防止喷砂枪的石英砂污染道床。

5.3.5 支柱及吊柱装配

1. 人员组织

支柱及吊柱装配人员组织见表 5-37。

表 5-37   支柱及吊柱装配人员组织

序号	人员组织	单位	数量	备注
1	组长	人	1	现场施工组织及协调
2	技术员	人	1	技术负责、质量负责
3	技术工人	人	6	
4	辅助工人	人	4	其中 1 人巡视
5	安全员	人	2	安全监督及防护

2. 工机具配备

支柱及吊柱装配所需主要工机具见表 5-38。

表 5 - 38　　　　　　　　　支柱及吊柱装配所需主要工机具

序号	名称	规格	单位	数量	备注
1	经纬仪	TDJ6E	台	2	
2	激光测量仪	DJJ - 8	台	1	
3	悬挂滑轮	0.5t	只	若干	根据悬挂点数量确定
4	连接销钉		只	若干	
5	绝缘子	蝶式	只	若干	
6	大绳	φ16mm×10m	根	2	
7	支柱倾斜仪				
8	水准仪	DES3 - E	台	1	
9	钢卷尺	5m/50m	把	各1	
10	扭矩扳手	13~230N·m	把	2	
11	链条葫芦	1.5t	只	2	
12	防护旗	红、黄	面	各1	

3. 施工工艺流程

支柱及吊柱装配施工工艺流程如图 5 - 31 所示。

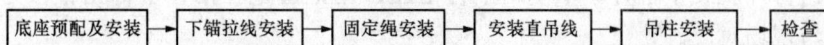

底座预配及安装 → 下锚拉线安装 → 固定绳安装 → 安装直吊线 → 吊柱安装 → 检查

图 5 - 31　支柱及吊柱装配施工工艺流程

4. 施工方法

(1) 底座安装。底座主要包括腕臂底座、固定绳底座、地线底座、下锚底座等。

1) 底座预配。根据施工装配图,对照安装作业表进行底座预配组装并做好标记,在预配过程中主要控制以下几点:检查各种零配件外部尺寸,不合格产品不得使用;检查零件相互之间是否配套;对预组装后的成套产品进行标示,注明该装配部分所安装的支柱号、锚段号。

2) 底座安装。先用水准仪将轨面连线放线到各定位支柱上;再根据设计高度,以支柱上标出的轨面线为基准,用钢卷尺测出底座安装的位置并做好标记;接着根据施工设计图,将预配好的底座对号就位;最后将各种连接螺栓采用扭矩扳手紧固。要求底座安装应水平,螺栓穿向统一,方向正确。

(2) 下锚拉线安装。

1) 测量。用 15m 的钢卷尺测量安装好的下锚拉线底座与锚环中心间的距离。

2) 预配。按现场测量的实际长度进行下锚拉线预配,分别标注安装锚段号与支柱号。

3) 安装。用 1.5t 链条葫芦进行下锚拉线安装,将拉线耳环杆与可调螺栓连接后拆下链条葫芦,对下锚拉线进行预紧。

(3) 固定绳安装 (包含停车场库内定位固定绳的安装)。

1) 测量。将经纬仪置于门型架支柱顺线路方向适当位置处,调整仪器测量支柱的斜率;

用激光测量仪测出横梁与各股道轨面的间距；用 50m 钢卷尺在支柱轨面连线标高位置，依次测量支柱限界及各股道的间距，记录人员将所测得的数据依次标记在计算简图上。

2）计算。根据施工设计图纸和固定绳的节点安装形式，将测量数据输入计算机，用"软横跨计算程序"计算出固定绳预配所需的各部分尺寸，将计算得出的固定绳预配、安装数据标注在预配安装简图上作为预配和安装依据。

预配、安装数据主要包括上、下部固定绳各段的预制长度，各吊线长度，定位环线夹在固定绳上的安装位置。

3）预配。按照预配安装简图上的长度截取线索，将各节点按节点安装示意图进行预配，在各分段的固定绳两端楔形线夹上标明支柱号与连接号，然后盘成圈，便于运输。

4）安装。将预配好的固定绳及绝缘子等零配件运至安装现场，按预配安装简图将各段连接并将绝缘子和连接零件装配好，要求各连接件的销钉方向一致；应先安装上部固定绳，即在横梁上悬挂滑轮，用大绳将上部固定绳一端的绝缘子通过滑轮拉至底座，将绝缘子与固定绳底座进行连接；固定绳一端安装完毕后，在另一端支柱用同样的方法并配合使用 1.5t 链条葫芦进行连接。

（4）安装直吊线。用同样的方法安装下部固定绳。

（5）高架车站吊柱安装。

1）测量。测量横梁距轨面的高度，测量吊柱在横梁上的安装位置。

2）预配。根据施工设计图纸和现场测量出的原始数据，正确选用吊柱型号；对所领取的材料零件进行外观质量检查，不使用不合格品；用记号笔在吊柱上标出锚段号和定位号，便于安装时与现场对应。

3）安装调整。用安装作业车对吊柱进行安装；测量标出梁上安装位置，安装吊柱底座；将吊柱安装在吊柱底座上并调至铅垂，螺栓、螺母与垫圈应完整不缺少；用扭矩扳手对各螺母进行扭矩紧固。

4）检查。复核吊柱是否垂直；吊柱安装面距轨面高度是否满足设计要求；吊柱限界是否满足设计要求，并记录安装数据。

5. 控制要点

（1）对于对向下锚的支柱，拉线安装后，使下锚支柱中心直立，且两侧拉线松紧程度相当；对于单侧下锚的支柱，下锚支柱向拉线方向偏斜 50～100mm 为宜；支柱装配为双拉线时，保证两拉线受力均匀。

（2）固定绳安装过程中为防止绝缘子受到撞击造成破坏，应在固定绳提升过程中，防止固定绳被道钉挂住。

（3）进行吊柱安装时，应根据吊柱重量的不同，由 2～4 人相扶。安装吊柱时注意其方向性，要求吊柱调整垂直，杜绝出现吊柱内倾现象。

5.3.6　架空地线架设调整

高架段架空地线架设于腕臂上方，采用放线车带小张力架设的施工方法，在腕臂安装前先架设地线。停车场及通过高架车站时应根据现场情况采用放线车和人工架设相结合的施工方法。

1. 人员组织

架空地线架设调整人员组织见表 5-39。

表 5 - 39　　　　　　　　　　架空地线架设调整人员组织

序号	人员组织	单位	数量	备注
1	组长	人	1	现场施工组织及协调
2	技术员	人	1	技术负责、质量负责
3	技术工人	人	6	
4	辅助工人	人	7	其中1人巡视
5	安全员	人	2	安全监督及防护

2. 工机具配备

架空地线架设调整所需主要工机具见表 5 - 40。

表 5 - 40　　　　　　　　架空地线架设调整所需主要工机具

序号	名称	规格	单位	数量	备注
1	安装作业车	DA5A	台	1	
2	张力放线车	DF2	台	1	
3	悬挂滑轮	0.5t	只	若干	根据悬挂点数量确定
4	张力计	1.5t	只	2	
5	手扳葫芦	30kN	只	2	
6	断线钳		把	1	
7	楔形紧线器	50～150mm^2	套	3	
8	温度计		支	1	
9	钢丝套	30kN	套	4	
10	滑轮组	30kN	套	1	
11	钢卷尺	5m	把	1	
12	对讲机		台	5	
13	梯车		台	2	
14	防护旗	红、黄	面	各2	

3. 施工工艺流程

架空地线架设调整施工工艺流程如图 5 - 32 所示。

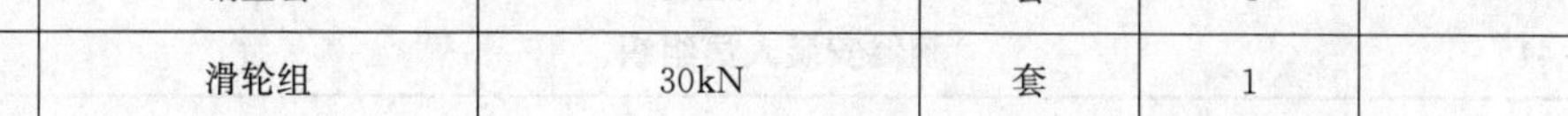

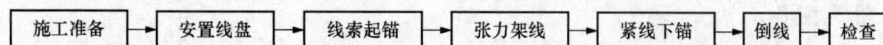

施工准备 → 安置线盘 → 线索起锚 → 张力架线 → 紧线下锚 → 倒线 → 检查

图 5 - 32　架空地线架设调整施工工艺流程

4. 施工方法

（1）线索起锚。架线车组行至起锚点，使作业平台置于架空地线下锚固定底座处，从线盘引出架空地线，在架空地线起锚端，按装配图纸和安装要求做好架空地线起锚端连接。

（2）张力架线。起锚连接完毕后，放线张力调至 1.5kN 左右，车组平缓起动，拉起线索后以不大于 5km/h 的速度匀速行驶；在各悬挂点挂设放线滑轮，将线索放于放线滑轮内，保证线索能顺线路无障碍地自由通过。

（3）紧线下锚。根据现场温度和该锚段的当量跨距，从施工设计图纸中查出紧线张力值，确定下锚张力；架线车组行至线索对向下锚抱箍前平稳停车，加挂拉力计并通知架线巡视人员汇报全线检查情况；确认所架设的线索不受障碍影响后开始紧线，紧线过程中随时观察张力计的数值，达到安装曲线的张力时应停止紧线。

（4）倒线。从起锚端向下锚端，把线索从放线滑轮中依次倒入地线线夹固定（不能紧固，保证线索能在一定张力下可以滑动）后，取下放线滑轮；在倒线过程中注意张力计张力的变化，当张力有变化时，对其进行调整，要求张力值始终维持为安装曲线张力值；倒线至下锚处后，再从下锚端向起锚端将地线线夹全部按紧固力矩要求进行紧固。

（5）检查。每一区段线索架设到位固定好后，检查所架设的线材是否有扭曲、断股、挂伤等现象，根据情况做出相应的处理和记录，呈报监理工程师。

5. 控制要点

（1）杜绝架空地线与其他建筑物及设备发生摩擦，架线过程中应保持平稳，不出现较大的转角。架线车辆的行驶速度不大于 5km/h，行驶保持平稳。

（2）在曲线区段进行地线架设、倒线过程中，所有人员均站在曲线外侧（站在线索的受力反方向），以防止线索从滑轮或地线线夹中滑脱伤人。

5.3.7 腕臂安装

1. 人员组织

腕臂安装人员组织见表 5-41。

表 5-41   腕臂安装人员组织

序号	人员组织	单位	数量	备注
1	施工负责人	人	1	现场施工组织及协调
2	技术员	人	1	技术负责、质量负责
3	技术工人	人	2	现场操作
4	辅助工人	人	2	现场辅助操作
5	安全员	人	1	安全监督及防护

2. 工机具配备

腕臂安装所需主要工机具见表 5-42。

表 5 - 42 腕臂安装所需主要工机具

序号	名称	规格	单位	数量	备注
1	安装作业车	DA5A	台	1	
2	钢卷尺	5m	把	1	
3	激光测量仪	DJJ - 8	台	1	
4	扭矩扳手	13~230N·m	把	2	
5	常用工具		套	3	
6	大绳	$\phi16mm\times10m$	根	1	
7	防护旗	红、黄	面	各1	

3. 施工工艺流程

腕臂安装施工工艺流程如图 5 - 33 所示。

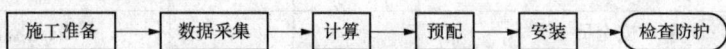

施工准备 → 数据采集 → 计算 → 预配 → 安装 → 检查防护

图 5 - 33 腕臂安装施工工艺流程

4. 施工方法

（1）数据采集。用激光测量仪测量支柱侧面限界与悬挂定位处外轨面的超高，用经纬仪测量支柱斜率。

（2）计算。根据现场测出的支柱限界、支柱斜率与外轨超高等计算数据，结合设计图纸相关数据和零配件尺寸，计算出腕臂的预配参数，编制"腕臂预配数据表"。预配参数主要包括：平腕臂和斜腕臂的长度，两套管双耳和双线支撑线夹在平腕臂上的安装位置，定位环在斜腕臂上的安装位置等。

（3）预配。作业人员根据"腕臂预配数据表"及设计装配图进行腕臂预配，在预配车间切割腕臂并在作业平台上组装零配件，要求使用扭矩扳手紧固零配件。组装完毕后，在腕臂上用记号笔标明锚段号、支柱号，保护好绝缘子，以免在搬运、安装过程中造成损伤，如图5 - 34 所示。

（4）安装。用作业车将预配好的腕臂安装到支柱上。先装斜腕臂，再装平腕臂。安装过程中，要求各种销钉连接方向一致，开口销开口角度不小于60°。

（5）检查防护。腕臂安装完后，对绝缘子进行外观检查并用激光测量仪检测支撑线夹的位置及安装高度是

图 5 - 34 腕臂安装预配结构

否符合要求，否则再进行调整；检查完毕后对瓷件进行防护包扎，用 $\phi2.0mm$ 铁线临时固定腕臂，防止腕臂随风摆动而损坏绝缘子；定位管和定位器在接触线架设后安装。

5. 控制要点

（1）切割腕臂时在切割机的卡子内侧固定塑料垫子，以免在切割腕臂时损伤其表面的镀

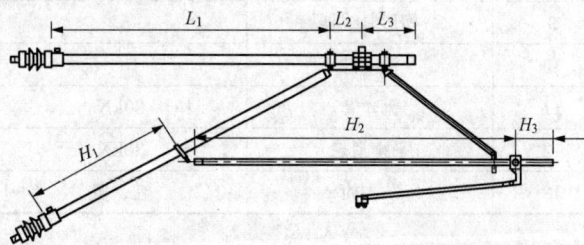

锌层，然后去除切割处的毛刺。

（2）管帽安装稳固，杜绝损伤、遗漏现象，各紧固螺栓应达到设计或产品力矩值。

（3）腕臂安装完毕后，用细铁丝临时将腕臂固定，防止其随风摆动而损坏绝缘子。

5.3.8　接触网架设

1. 人员组织

接触网架设人员组织见表 5-43。

表 5-43　　　　　　　　　　接触网架设人员组织

序号	人员组织	单位	数量	备注
1	组长	人	1	现场施工组织及协调
2	技术员	人	1	技术、质量负责
3	技术工人	人	6	线索展放
4	辅助工人	人	7	辅助作业，其中1人巡视
5	安全员	人	2	安全监督及防护

2. 工机具配备

接触网架设所需主要工机具见表 5-44。

表 5-44　　　　　　　　　　接触网架设所需主要工机具

序号	名称	规格	单位	数量	备注
1	安装作业车	DA5A	台	1	
2	张力放线车	DF2	台	1	
3	梯车	4.5m	台	2	
4	放线滑轮	0.5t	只	若干	根据悬挂点数量确定
5	S钩		套	若干	根据悬挂点数量确定
6	手扳葫芦	3t	套	2	
7	滑轮组	1:5	套	1	
8	断线钳		把	1	
9	楔形紧线器		套	3	
10	温度计		支	1	
11	钢丝套	30kN	套	4	
12	平衡滑轮	30kN	套	2	
13	防护旗	红、黄	面	各2	

3. 施工工艺流程

接触网架设施工工艺流程如图 5-35 所示。

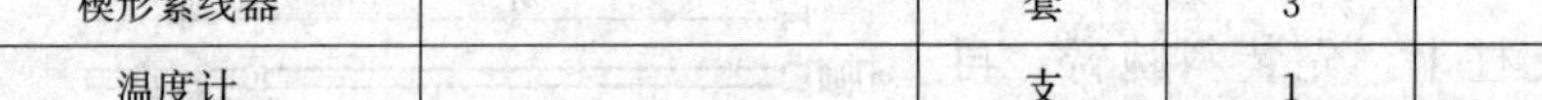

施工准备 → 起锚 → 张力架线 → 紧线下锚 → 检查 → 更换平衡滑轮组

图 5-35　接触网架设施工工艺流程

4. 施工方法

（1）起锚。

1）起锚人员将棘轮装置大、小轮的补偿绳放出，连接补偿尾绳与坠砣杆，安装坠砣。补偿绳的缠绕圈数应符合设计要求，大、小轮补偿绳的缠绕圈数在设计的最高和最低温度时应符合设计圈数要求。

2）架线车组行至起锚点后，从线盘引出两支导线，分别与终锚线夹连接后，再与调整螺栓、双联板、三角调节板、下锚绝缘子、棘轮装置的平衡轮连接，调整螺栓调节到其调整范围的中间位置。双线同架放线列车编挂如图 5-36 所示。

3）用链条葫芦将坠砣串挂起（链条葫芦刚受力即可），防止线索受力后其冲击力使补偿装置受损。

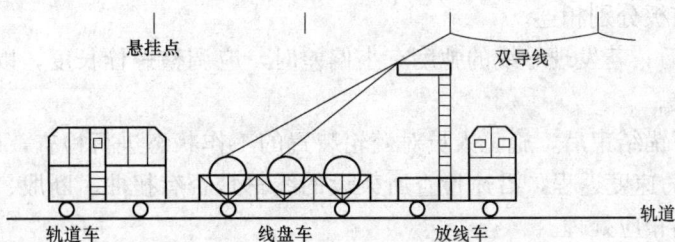

图 5-36　双线同架放线列车编挂示意图

（2）张力架线。

1）起锚连接完毕后，调整两线盘放线张力至 1.5kN 左右，并使两线盘的张力一致。组长检查一切就绪后，指挥车组平缓起动，以不大于 5km/h 的速度向下锚方向匀速行驶。

2）每到一悬挂点处，架线车组停下，作业平台上的施工人员在悬挂点挂设双线放线滑轮，将两支线索分别放于双线放线滑轮的两槽内，保证线索等高并能顺线路无障碍地自由通过。双线放线滑轮采用同一轴承穿两个定滑轮放在"山"形固定架内，定滑轮采用高强度工程塑料做成哑铃型，既可满足耐磨要求又可避免损伤线材。

3）架线车组继续向前放线，并依次悬挂，至超过下锚支柱 5～10m 处停下。架设过程中张力控制人员随时观察线盘的转动情况，保持线盘张力恒定；线路巡视人员随时汇报有无异常情况。

（3）紧线下锚。

1）架线车组到达下锚支柱，与起锚人员取得联系，在起锚人员准备就绪后，制动线盘，先利用作业车预紧线索，作业车推动放线车继续前进，待起锚棘轮离开卡舌后停止。

2）放线车刹车并打好铁鞋后，作业车与放线车分开，准备进行下锚安装。

3）线路巡视人员确认线索无卡滞现象后，下锚人员将下锚平衡滑轮和平衡钢丝绳通过紧线器与两支接触线连接在一起；然后将滑轮组的一端与下锚平衡滑轮连接，另一端通过钢丝套子和下锚绝缘子处的双联板连接，如图 5-37 所示。

4）平衡滑轮组主要由平衡滑轮、钢丝绳、钢线卡子、双孔板与 ϕ20mm 螺栓等组成。钢丝绳的工作负荷要求大于 30kN，并留有适当长度；平衡滑轮采用 30kN 动滑轮，自身可自动调节滑轮两边线材的长度及张力一致；所使用钢线卡子的工作负荷是单导线的 2 倍，要求用 1 号钢线卡子卡住起锚平衡滑轮的钢丝绳，克服导线绕过平衡滑轮和避免钢丝绳脱落，

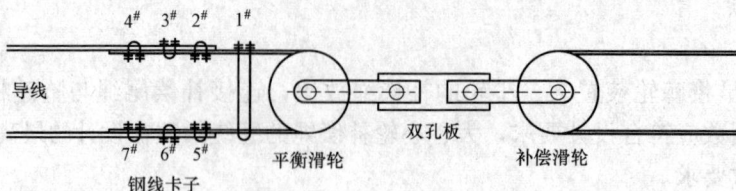

图 5 - 37　下锚连接示意图

用 $2^{\#}$～$7^{\#}$ 钢线卡子一正一反卡住导线和钢丝绳。

5）扳动手扳葫芦，将下锚端坠砣拉离地面并与起锚处保持联系，当两端坠砣高度达到计算值时停止紧线，此时作业平台上的施工人员应将两支导线在合适位置断开做接头并与调整螺栓、三角调节板分别相连。

6）下锚完成后，若发现导线的弛度有小偏差时，应调整螺栓长度，以保证两支导线的弛度（张力）一致。

（4）检查。下锚结束后，施工人员对棘轮装置的工作状态进行检查，确认安全无误后，作业车以 5km/h 的速度返程，沿途检查所架设的线材是否有扭曲、断股、损伤现象，是否影响行车，并做出相应处理。

（5）更换平衡滑轮组。当整个锚段接触悬挂调整完成后，用正式下锚装置中的 T1 型三角调节板、下锚绝缘子、D2 型双联板（1 套）、导线终端线夹或其他装置，更换临时平衡滑轮组。

5. 施工要求

（1）棘轮装置转动灵活，棘齿齐全，外观良好，缠绕圈数符合设计要求，安装后保持铅垂状态。

（2）下锚支柱不得向中心锚结方向倾斜，坠砣完好无损，排列整齐，缺口方向相互错开 180°。

（3）下锚处均采用临时平衡滑轮，确保导线张力一致；采用双线滑轮，保持两导线高度一致，克服导线相互绞磨。

6. 控制要点

（1）架线前确认架线作业车上的无线电通信设备状态良好，应严格检查跨越、平行电力线的距离是否在安全距离内，否则不能进行作业。

（2）吊装线盘时应注意线盘的转向，以保证两支线索从线盘的上方牵出。架线过程中，车组的走行、暂停应由作业组组长统一指挥。

（3）架线车组在运行中，杜绝升降平台和转向，临时悬挂线索作业平台升降时，禁止上下人，作业平台端头承重控制在 250kg 以内。在曲线段作业时，作业人员应站在曲线外侧。

（4）当支柱位于曲线内侧时，应对腕臂加固，防止腕臂受力突然转动而破坏绝缘子和支持结构。

5.3.9　接触悬挂调整

1. 人员组织

接触悬挂调整人员组织见表 5 - 45。

表 5 - 45		接触悬挂调整人员组织		
序号	施工人员	单位	数量	备注
1	组长	人	1	现场施工组织及协调
2	技术员	人	1	技术、质量负责
3	技术工人	人	4	
4	辅助工人	人	2	
5	安全员	人	1	安全监督及防护

2. 工机具配备

接触悬挂调整所需主要工机具见表 5 - 46。

表 5 - 46		接触悬挂调整所需主要工机具			
序号	名称	规格	单位	数量	备注
1	激光测量仪	DJJ - 8	台	1	
2	作业车/梯车	DA5A/5m	台	1/2	
3	压接钳		台	2	配模具、压接吊弦
4	手扳葫芦	3t	只	1	配滑轮组
5	卷尺	5m/10m/50m	把	1/1/1	
6	温度计		只	1	
7	扭面器		把	2	
8	扭矩扳手	13～230N·m	把	2	
9	常用工具		套	2	
10	吊弦加工作业平台		套	1	自加工
11	木锤		套	1	
12	对讲机		台	5	
13	防护旗	红、黄	面	各1	

3. 施工工艺流程

接触悬挂调整施工工艺流程如图 5 - 38 所示。

施工准备 → 数据测量 → 吊弦预制 → 吊弦安装调整 → 检查

图 5 - 38　接触悬挂调整施工工艺流程

4. 施工方法

（1）数据测量。

1）按施工设计图纸编制"接触线导线高度、拉出值表"，对所要调整的悬挂定位点的拉出值、接触线导线高度进行测量，将接触线的导线高度、拉出值需调整的数据进行记录。

测量时注意：在进行接触线导线高度测量时，以接触线最低面为准；在进行双接触线拉出值测量时，以远离线路中心的接触线中心为准。

2）用激光测量仪测量每处悬挂点承力索高度（以承力索中心距轨面连线的距离为准），

用 50m 钢卷尺测量相邻悬挂点的间距并记录。对测量数据和安装数据进行整理，按要求填写"整体吊弦计算输入数据表"。

（2）全补偿简单链形悬挂调整。

1）安装中心锚结。按施工设计图纸安装承力索中心锚结，根据承力索中心锚结绳的张力曲线图和现场温度情况调节中心锚结绳安装张力。安装时，保证安装中心锚结的腕臂一定保持中心位置（垂直于线路），中心锚结绳预留弧度应适中，避免接触腕臂。

安装过程：按设计长度截取接触线中心锚结绳→测出安装接触线中心锚结线夹的位置→安装中心锚结绳→调节中心锚结线夹处接触线的导线高度并满足设计要求，要求安装时双接触线中心锚结线夹螺栓从外侧穿入。

2）安装定位装置。自中心锚结处往下锚两端安装定位装置，根据安装曲线要求控制定位器的偏移量，按设计调整接触线的导线高度、拉出值及坡度的大小，控制定位器坡度，同时应观察并纠正接触线的工作面是否连续一致和存在硬弯等现象。

3）吊弦长度计算、预制、标示。利用整体吊弦计算软件由专人将"整体吊弦计算输入数据表"中的数据输入计算机进行计算，并将计算结果"整体吊弦制作安装尺寸表"打印三份，一份存档，一份交施工班组，一份交吊弦制作班组；制作人员根据"整体吊弦制作安装尺寸表"对每根吊弦进行压接，并将同一跨内的整体吊弦进行整理编号；吊弦标示内容应包括区间及锚段号、吊弦所在的支柱跨编号与吊弦号。

4）吊弦安装调整。利用梯车从中心锚结处向下锚方向安装吊弦。

a. 同一跨吊弦从两端悬挂点向跨中安装，用线坠将承力索悬挂点中心垂在接触线上，用记号笔做好标记。

b. 用 10m 钢卷尺沿接触线按"整体吊弦制作安装尺寸表"测出每根吊弦安装位置并做好标记，用线坠将接触线上的标记垂在承力索上并做好标记。

c. 安装承力索吊弦线夹和接触线吊弦线夹，并用扭矩扳手紧固至 25N·m。

d. 当整个锚段的吊弦安装完毕后，应对接触线中心锚结绳进行调整，使中心锚结线夹处的导线高度高于设计值 20～30mm，同时应保证其相邻吊弦处于受力状态；检查每根吊弦处的导线高度及相邻吊弦间导线高度差是否在设计和施工规定的误差内，应对不符合规定要求的点进行调整。

e. 在调整过程中，通过吊弦调整双接触线在同一水平面内；锚段关节和道岔应按设计要求调整两支的等高、抬高、交叉、水平间距等静态参数。

5）张力补偿装置调整。悬挂调整完毕后，补偿装置中的三孔联板若偏斜，可通过螺栓的收放线索调节水平，同时应计算棘轮补偿装置的补偿绳在大、小轮上缠绕的圈数是否符合设计要求，如不符则重新进行下锚工作，同时根据安装曲线要求调整坠砣 b 值大小。

6）检查记录。自中心锚结处往两端逐跨测量接触线的导线高度、拉出值、坡度大小，用扭矩扳手检查各螺纹件的紧固状况，并做好检查记录。

（3）补偿简单悬挂调整。

1）安装中心锚结。先将中心锚结绳的一端通过杵环杆连接到承锚角钢上；接着在中间悬挂点位置将中心锚结绳用钢线卡子临时挂在接触线上（钢线卡子暂不拧紧），在下锚处利用手扳葫芦将中心锚结绳拉紧，使其在跨中的最低点稍高于接触线；然后做回头进行下锚，最后将钢线卡子按设计位置和要求拧紧。

2）安装定位装置和吊索。自中心锚结处往两端安装定位装置和吊索，应根据安装曲线的要求控制定位器的偏移量；按设计要求调整接触线的导线高度、拉出值，控制定位器的坡度，同时观察并纠正接触线工作面不连续的一致性和存在硬弯等现象；锚段关节和道岔的调整，按设计要求应通过吊索调整两支的等高、抬高、交叉与水平间距等静态参数。

3）张力补偿装置的调整。悬挂调整完毕后，计算确定棘轮补偿装置的补偿绳在大、小轮上缠绕的圈数是否符合设计要求，如不符合设计要求则重新进行下锚，同时根据安装曲线要求调整坠砣 b 值大小。

4）检查记录。自中心锚结处往两端逐跨测量接触线的导线高度、拉出值与坡度大小，用扭矩扳手检查各螺纹件的紧固状况，并做好检查记录。

5．施工要求

（1）所有吊弦受力均匀，腕臂及定位器倾斜度符合设计要求，腕臂及定位器受力后无永久变形情况。

（2）线岔处两支接触线交点位置与吊弦位置应符合设计要求。

（3）接触悬挂的螺栓均按零件规定扭矩，采用扭矩扳手紧固。

6．控制要点

（1）接触悬挂调整时，杜绝用铁器等硬件敲打接触线和零配件，接触悬挂调整应先从中心锚结或硬锚处往补偿装置处开始，杜绝接触线线面扭曲。

（2）曲线区段、关节处进行接触线拉出值的调整时，应使用链条葫芦，并且人员站在接触线受力方向的外侧。

（3）梯车人员听从调整人员的指挥，在无信号传达时，不得推动梯车，防止腕臂挂伤梯车上的作业人员。

（4）填写"整体吊弦输入数据表"时，严格按表格规定单位填写。

（5）整体吊弦计算时应按实际的承力索张力计算，同一锚段两端坠砣的重量差应小于 1%，保证制作整体吊弦的线材和零件为合格品，整体吊弦的各压接点压接牢固。

5.3.10　柔性分段绝缘器安装

1．人员组织

柔性分段绝缘器安装人员组织见表 5 - 47。

表 5 - 47　　　　　　　　　　柔性分段绝缘器安装人员组织

序号	人员组织	单位	数量	备注
1	组长	人	1	现场施工组织及协调
2	技术员	人	1	技术负责、质量负责
3	技术工人	人	2	安装调试
4	辅助工人	人	2	辅助作业
5	安全员	人	1	安全监督及防护

2．工机具配备

柔性分段绝缘器安装所需主要工机具见表 5 - 48。

表 5 - 48　　　　　　　　　柔性分段绝缘器安装所需主要工机具

序号	名称	规格	单位	数量	备注
1	安装作业车	DA5A	台	1	
2	钢卷尺	50m/5m	把	1/1	
3	水平尺	500mm	把	1	
4	线坠		个	1	
5	扭矩扳手	13～230N·m	套	2	
6	断线钳		把	1	
7	楔形紧线器	3t	套	2	
8	链条葫芦	3t	件	1	
9	平锉		把	1	
10	防护旗	红、黄	面	各1	

3. 施工工艺流程

柔性分段绝缘器安装施工工艺流程如图 5 - 39 所示。

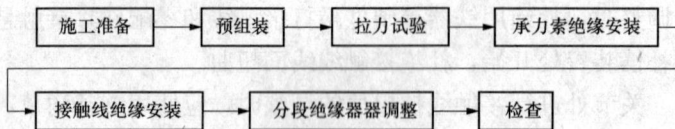

图 5 - 39　柔性分段绝缘器安装施工工艺流程

4. 施工方法

（1）分段绝缘器组装。组装前，先对分段绝缘器外观进行检查，在符合技术要求的条件下，根据安装图纸进行组装，并对分段绝缘器进行拉力试验。

（2）承力索绝缘安装（链形悬挂）。

1）从悬挂点沿承力索测量分段绝缘器安装中心位置，在绝缘子串安装中心位置的两侧适当位置安装楔形紧线器，将链条葫芦挂在两紧线器之间。

2）拉紧链条葫芦使两紧线器之间的承力索松弛，弛度在 100mm 左右。

3）在分段绝缘器悬吊装置安装中心位置两侧各 10mm 处，用 $\phi1.6mm$ 铁线绑扎，确认紧线器无滑动。

4）以分段绝缘器悬吊装置和连接零件长度的一半，分别在断开的两承力索头上测出终锚线夹位置，用双耳楔形线夹和杆座楔形线夹分别做回头；要求两根承力索断线长度相同，保证张力一致时，再安装分段绝缘器悬吊装置，松链条葫芦。

（3）接触线绝缘安装。

1）用线坠由承力索分段绝缘器悬吊装置中心下坠至接触线，确定接触线分段绝缘器安装中心位置。

2）将分段绝缘器安装在接触线上，使其中心与测量中心重合，将各连接螺栓进行紧固并达到产品标准力矩值。

3）对分段绝缘器进行初步调整，使其基本满足产品手册技术要求，再检查分段绝缘器各部件是否连接牢固，特别是与接触线的连接部分。经确认后，在接触线线夹外预留120mm后断线，用梅花扳手将预留接触线的端部抬高5～10mm。

（4）分段绝缘器调整。

1）用三角吊索调整分段绝缘器水平，并使其距轨面高度高出相邻悬挂点15～20mm。

2）调整导流滑板与接触线等高，保证受电弓在分段绝缘器处平滑过渡，不打弓，并按设计要求调整灭弧棒间隙距离。

（5）检查。检查各螺纹件的紧固力矩并做好记录，对分段绝缘器和悬吊装置进行包扎，避免其受污染。

5.3.11 隔离开关安装

1. 人员组织

隔离开关安装人员组织见表5-49。

表5-49　　　　　　　　　　隔离开关安装人员组织

序号	人员组织	单位	数量	备注
1	组长	人	1	现场施工组织及协调
2	技术员	人	1	技术负责、质量负责
3	技术工人	人	4	开关安装调试
4	辅助工人	人	2	辅助作业
5	安全员	人	1	安全监督及防护

2. 工机具配备

隔离开关安装所需主要工机具见表5-50。

表5-50　　　　　　　　　　隔离开关安装所需主要工机具

序号	名称	规格	单位	数量	备注
1	安装作业车	DA5A	台	1	
2	水平尺	500mm	把	1	
3	卷尺	5m	把	1	
4	大绳	$\phi16mm\times10m$	根	1	
5	扭矩扳手	13～230N·m	把	2	
6	防护旗	红、黄	面	各1	

3. 施工工艺流程

隔离开关安装施工工艺流程如图5-40所示。

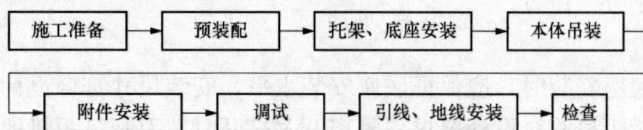

图5-40　隔离开关安装施工工艺流程

4. 施工方法

（1）预装配。在预配车间进行预装配，注意检查隔离开关的外观质量，绝缘子有无裂纹，表面有无瓷釉剥落，各零配件是否配套并按调试手册要求进行了初调，检查隔离开关刀闸操作是否灵活，分合位置是否符合设计标准。

（2）托架、底座安装。

1）利用作业车安装托架并调整水平，地面人员同时进行电动操作机构底座的安装，各底座间距应符合设计要求。

2）转动作业平台，作业平台人员用大绳将隔离开关缓慢吊至其底座上（注意应使隔离开关刀闸开合方向正确），用螺栓将开关与其底座连接好，但先不要紧固，地面人员同时进行电动操作机构的安装。

3）使隔离开关处于合闸状态，地面人员和作业平台人员相互配合进行传动杆的安装，将隔离开关和操作机构连接起来。

4）如为多台隔离开关，首先应连接好隔离开关间的连接铜排，然后地面人员和作业车上作业人员同时对隔离开关、操作机构和传动杆的位置、垂直度进行微调，使之满足各项安装技术指标。

5）对所有的连接螺栓进行紧固并达到设计或产品扭矩值。

（3）调试。

1）隔离开关本体、传动轴与操作机构安装完毕后，手动操作调试隔离开关，使其分合到位（隔离开关在分闸位置时动触刀与静触座之间空气绝缘距离不小于 180mm）。

2）调试过程中，当隔离开关分合到位时应能听到辅助开关"卡吧"的切换声，若隔离开关分合未到位即听到辅助开关的切换声（即辅助开关提前切换），或隔离开关分合已到位但还未听到辅助开关的切换声（即辅助开关延后切换），此时应调整辅助开关与减速箱之间的连接器使其切换到位，实现隔离开关分合到位。

3）调试完毕后，在隔离开关刀闸口部分涂导电油脂，在其机构的连接轴、转动部分与传动杆涂润滑黄油。

（4）引线及接地安装。

1）隔离开关至接触网的上网电缆，按承力索、接触线随温度变化的伸缩要求，预留位移长度，同时保证电缆不压在接触网上。

2）安装时，注意设备线夹与隔离开关引线板的固定必须符合要求，且连接处应涂电力复合脂。电缆在接触网上安装应尽量靠近悬挂定位点，距离较远时可增加电缆支撑腕臂。

3）将隔离开关底座等金属部分互相连通并连接到架空地线，可靠接地。此外，有接地装置的隔离开关主刀闸与接地刀闸的机械联锁应正确可靠，将接地刀闸的接地引线与架空地线连接良好。

（5）检查。检查安装后的隔离开关外观有无损伤，连线是否正确，绝缘距离是否满足要求，刀闸是否在"断开"位置。

5. 控制要点

（1）隔离开关底座安装时，应保证底座安装水平，安装尺寸符合设计要求，同时保证隔离开关到接地体绝缘距离符合设计要求。隔离开关打开时，刀闸口距接地体最小距离符合设计要求。

（2）安装调试完毕后，所有隔离开关均处于分闸位置，所有操动机构加锁，严禁随意操作隔离开关。

（3）所有远动系统连线正确，隔离开关刀闸分合位置正确及动作灵活；电动开关当地手动操作与遥控电动操作动作一致；隔离开关机械联锁工作正确可靠。

5.3.12 避雷器安装

1. 人员组织

避雷器安装人员组织见表 5-51。

表 5-51 避雷器安装人员组织

序号	人员组织	单位	数量	备注
1	组长	人	1	现场施工组织及协调
2	技术员	人	1	技术、质量负责
3	技术工人	人	2	避雷器安装
4	辅助工人	人	2	辅助作业
5	安全员	人	1	安全监督及防护

2. 工机具配备

避雷器安装所需主要工机具见表 5-52。

表 5-52 避雷器安装所需主要工机具

序号	名称	规格	单位	数量	备注
1	安装作业车	DA5A	台	1	
2	钢卷尺	50m/5m	把	1/1	
3	水平尺	500mm	把	1	
4	扭矩扳手	13~230N·m	把	1	
5	竹梯		台	2	
6	棕绳	10m	根	2	
7	防护旗	红、黄	面	各1	

3. 施工工艺流程

避雷器安装施工工艺流程如图 5-41 所示。

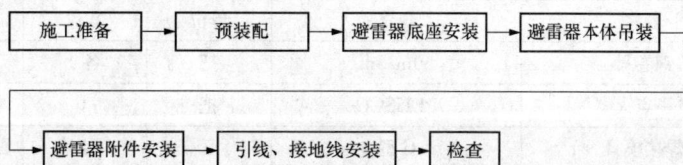

图 5-41 避雷器安装施工工艺流程

4. 施工方法

（1）两人从支柱两侧登杆，系好安全带后用皮尺测量安装位置，在支柱上挂滑轮、棕绳，由下面人员将固定角钢拉上去，杆上两人配合进行安装。

（2）用小绳将支撑角钢提上去，与固定角钢连接后，用螺栓固定到钢柱上，并将竹梯立起靠在固定角钢上，一人登梯，在固定角钢上挂套子、滑轮与棕绳。

（3）地面人员将避雷器通过滑轮与棕绳吊上去，梯上人员将其固定在角钢上。

（4）避雷器的上端接线端子（M12）接直流 1500V 线路，而下端螺杆（M12）直接安装在线路支架或横担上。脱离器上端螺孔与避雷器侧螺杆对接，而下端螺杆（M10）通过软导线与接地引线连接。

（5）检查各螺纹件的紧固力矩并做好避雷器的检测记录。

5. 施工要求

（1）设备安装使用说明书及检验标准、元件及备品齐全，安装前到防雷中心按规定进行检验，无锈蚀、损伤等现象。

（2）设备安装应符合设计要求及产品说明书规定，与接地引线连接的软导线必须安装，否则会观察不清楚，从而造成须更换脱离器时未及时更换，影响避雷效果。

6. 控制要点

（1）在设备的运输与安装过程中，轻拿轻放，保证上、下端盖完好，安装时不能用力过猛。

（2）对母线进行耐压试验时，脱开避雷器，还应保证引线安装正确。

5.3.13　地电位均衡器安装

1. 人员组织

地电位均衡器安装人员组织见表 5-53。

表 5-53　　　　　　　　　　地电位均衡器安装人员组织

序号	人员组织	单位	数量	备注
1	组长	人	1	现场施工组织及协调
2	技术员	人	1	技术、质量负责
3	技术工人	人	2	
4	辅助工人	人	2	
5	安全员	人	1	安全监督及防护

2. 工机具配备

地电位均衡器安装所需主要工机具见表 5-54。

表 5-54　　　　　　　　　　地电位均衡器安装所需主要工机具

序号	名称	规格	单位	数量	备注
1	钢卷尺	50m/5m	把	各1	
2	电子点火器	PLUSCU	把	1	
3	焊接模具	C 型	套	1	配 LZ-20、90 号焊粉
4	扭矩扳手		把	1	
5	常用工具		套	2	
6	脚扣		副	2	
7	棕绳	10m	根	2	
8	防护旗	红、黄	面	各1	

3. 施工工艺流程

地电位均衡器安装施工工艺流程如图5-42所示。

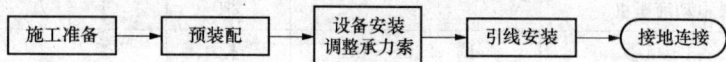

图5-42　地电位均衡器安装施工工艺流程

4. 施工方法（以安装在支柱上为例）

（1）两人从钢柱两侧登杆，系好安全带后用皮尺测量电缆长度，在距离柱底1000mm处用固定包箍将地电位均衡器固定在支柱上。

（2）预配好电缆并将两端按要求剥开，接地电位均衡器的一端用铜接线端子做接头，在支柱上挂套子、滑轮、棕绳，由下面人员将电缆拉上去，杆上两人用D4型电连接线夹将电缆端头与架空地线连接、紧固并绑扎好。

（3）按设计要求用固定抱箍将电缆固定在支柱上，将150mm²电缆与地电位均衡器一端连接，连接处用防水带缠绕紧密。

（4）用点火器、C型地电位均衡器焊接模具，用LZ-20、90号地电位均衡器焊粉将地电位均衡器另一端电缆通过放热焊与接地圆钢连接。

5. 施工要求

（1）设备安装使用说明书及检验标准，元件与备品齐全，安装符合设计要求及产品说明书的规定。

（2）地电位均衡器电缆的一端与150mm²软电缆连接处应用防水带缠绕紧密，另一端与圆钢焊接牢固。

5.3.14　电连接安装

1. 人员组织

电连接安装人员组织见表5-55。

表 5-55　　　　　　　　　　　电连接安装人员组织

序号	人员组织	单位	数量	备注
1	组长	人	1	现场施工组织及协调
2	技术员	人	1	技术、质量负责
3	技术工人	人	2	电连接预制、安装
4	辅助工人	人	2	辅助作业
5	安全员	人	1	安全监督及防护

2. 工机具配备

电连接安装所需主要工机具见表5-56。

表 5-56　　　　　　　　　　电连接安装所需主要工机具

序号	名称	规格	单位	数量	备注
1	梯车	5m	台	1	
2	钢卷尺	50m/5m	把	各1	

续表

序号	名称	规格	单位	数量	备注
3	电动液压机		把	1	配相应模具
4	扭矩扳手	13～230N·m	把	2	
5	砂纸		张	若干	
6	钢锯		把	1	
7	剥切刀		把	2	
8	防护旗	红、黄	面	各1	

3. 施工工艺流程

电连接安装施工工艺流程如图 5-43 所示。

施工准备 → 测量 → 预制 → 安装 → 检查

图 5-43 电连接安装施工工艺流程

4. 施工方法

（1）测量。根据施工设计图纸，先对各电连接的位置进行纵向定测，即沿电连接的走向，测出电连接长度，并做好记录。

（2）预制。根据现场测量出的电缆长度在配制车间进行预配。

（3）安装。进行安装时，软铜线电连接应无散股、断股现象；电连接电缆或软铜绞线需做到走向美观、平滑且无死角。

（4）检查。检查电连接线夹是否安装牢固，电连接有无散股现象，检查电连接安装后导线高度有无变化，如有变化须进行调整。

5. 施工要求

（1）电连接尽量靠近吊弦附近安装，以防电连接线夹刮弓，安装位置不得影响受电弓的正常取流。

（2）电连接线夹与接触悬挂的接触面应均涂抹导电油脂，弛度预留需满足接触悬挂受温度影响而偏移的要求。

5.3.15 接触悬挂终端调整

1. 人员组织

接触悬挂终端调整人员组织见表 5-57。

表 5-57　　　　　　　　接触悬挂终端调整人员组织

序号	人员组织	单位	数量	备注
1	组长	人	1	现场施工组织及协调
2	技术员	人	1	技术、质量负责
3	技术工人	人	4	
4	辅助工人	人	1	
5	安全员	人	1	安全监督及防护

2. 工机具配备

接触悬挂终端调整所需主要工机具见表 5-58。

表 5-58　　　　　　　　　　　　接触悬挂终端调整所需主要工机具

序号	名称	规格	单位	数量	备注
1	链条葫芦	3.0t 系列	件	2	
2	手扳葫芦	3.0t 系列	件	2	
3	平衡滑轮		件	3	
4	楔形紧线器	3.0t 系列	件	4	
5	手锤		件	1	
6	断线钳		把	1	
7	连接板	100mm	套	2	
8	安装作业车		台	1	
9	煨弯器		套	1	
10	防护旗	红、黄	面	各 1	

3. 施工工艺流程

接触悬挂终端调整施工工艺流程如图 5-44 所示。

4. 施工方法

(1) 补偿绳调整。

1) 测量出补偿绳在大、小轮上的缠绕

圈数。根据锚段长度、温度和设计要求计算出补偿绳在大、小轮上的缠绕圈数，按计算圈数和现有棘轮圈数进行比较，确定导线收放的长度。

施工准备 → 测量 → 接触悬挂终端制作 → 检查

图 5-44　接触悬挂终端调整施工工艺流程

2) 画出断线位置。先用链条葫芦将导线和补偿轮收紧至该段导线不受力后再断线；断线后应按施工图纸要求连接；然后松开链条葫芦，取下楔形紧线器，使导线完全承受张力。

(2) 坠砣 b 值调整。

1) 用链条葫芦、紧线器和钢丝套将承力索或接触线的张力转移至下锚支柱上，将手扳葫芦的钩子和钢丝绳通过导向轮用钢丝套固定在坠砣杆上，将手扳葫芦的另一端用钢丝套固定在钢轨上，摇动手扳葫芦手柄，使坠砣上升至下锚钢丝绳不受力。

2) 松开楔形线夹，根据 b 值要求调整下锚钢丝绳的长度并做好回头，接着缓慢松动手扳葫芦，使坠砣下降，直到手扳葫芦钢丝绳不受力，最后取下钩子、钢丝套和手扳葫芦钢丝绳。

3) 缓慢松动链条葫芦，到链条葫芦钢丝绳不受力，取下钢丝套和链条葫芦，使承力索或接触线达到额定张力。

(3) 调整导向轮的位置，使坠砣杆处于支柱内中心，保证坠砣串不与支柱内壁摩擦，确保坠砣外缘与支柱内壁有 20mm 间隙。如坠砣外缘与支柱内壁间隙较小，则需二次整正下锚支柱以满足该间隙要求。

5. 施工要求

(1) 各终端零配件连接正确，坠砣高度和大、小轮缠绕的圈数符合设计要求，张力平衡板平衡，棘轮在小轮补偿绳中心并铅垂，补偿绳排列紧密、无重叠现象，且制动卡子距棘轮的大轮边沿制动距离应符合设计要求。

(2) 棘轮装置应转动灵活，棘齿齐全，外观良好，安装后应保持铅垂。

(3) 坠砣完好无损，排列整齐，缺口方向错开 180°。下锚完毕后，坠砣串应不与支柱内壁摩擦，并确保坠砣外缘与支柱内壁有 20mm 的间隙。

任务 5.4 限 界 检 查

1. 接触式限界检查

（1）限界检查车制作。限界检查车在设计和制造时应充分考虑各种形式的隧道断面、各种设备允许的最大限界。为了适用矩形、圆形等多种隧道断面，包括沿线各车站、区间隧道

图 5-45　限界检查车

及地面段的限界检查，限界检查车制作好后应具备可调节限界尺寸的功能。

（2）限界检查组织。先进行限界检查车编组，检查车正常为逆向行驶，一般不受正反向行驶的限制。限界检查车与轨道牵引车可组成列车组，车速按 5km/h 低速运行。限界检查由业主组织，沿线各专业施工承包商参加。限界检查车如图 5-45 所示。

2. 人员组织

限界检查人员组织见表 5-59。

表 5-59　　　　　　　　　　　限界检查人员组织

序号	人员组织	单位	数量	备注
1	组长	人	1	行车组织指挥、检查负责人
2	技术员	人	1	技术负责
3	测量员	人	2	观察、测量
4	记录员	人	1	超限现象记录
5	安全员	人	2	安全检查、安全防护

3. 工机具配备

限界检查所需主要工机具见表 5-60。

表 5-60　　　　　　　　　　限界检查所需主要工机具

序号	名称	规格	单位	数量	备注
1	动力牵引车	DA5A	台	1	
2	限界检查车		台	1	
3	平板车	GPC30	台	1	
4	传感器		套	1	
5	显示器		套	1	
6	警铃		套	1	
7	钢卷尺	10m/5m	把	1/1	
8	测量尺		套	1	超限值复测

4. 检查范围

（1）对工程沿线各专业所安装的各类设备，车站站台及所有建筑物是否侵限进行检查，

并呈报侵限物的超限值。

（2）根据以往类似工程的施工经验，主要侵限可能在沿线电缆支架、车站站台板、车站灯箱广告牌、隧道内消防设备与接触网吊柱等处。而刚性悬挂接触网因其结构特点，基本不会侵入设备限界，因此应重点检查隧道侧壁上安装的隔离开关等设备底座是否侵限。

5. 检查方法

（1）限界检查前先进行线路状况检查，所有沿线临时设施全部清除。

（2）限界检查可分为三次进行：第一次检查在接触网冷滑试验前进行，即沿全线检查运营列车可能到达的所有地方限界。检查车组以5km/h速度低速行驶，遇侵限物，检查车发出报警信号和侵限部位指示，停车对侵限处进行复核检查，记录侵限物名称、位置、侵限值。全线检查完毕后，将侵限记录汇总呈报业主代表和监理工程师，下发侵限整改单要求限期整改。第一次限界检查所有侵限问题整改完毕后，才可进行第二次复核检查。

（3）第二次限界检查时的检查车测量速度仍为5km/h。热滑试验前检查车组以10km/h的速度应进行第三次限界复核检查，确保所有设备无任何侵限情况存在，满足行车安全及城轨交通基本限界要求。

（4）每次检查完毕后，及时整理检查记录并形成完整的文件上交业主代表和监理工程师，同时存档备查。

任务 5.5 冷 滑 试 验

1. 人员组织

冷滑试验人员组织见表5-61。

表 5-61 冷滑试验人员组织

序号	人员组织	单位	数量	备注
1	组长	人	1	现场施工组织及协调、行车指挥
2	技术员	人	2	技术负责、试验记录
3	测量员	人	5	观察、测量
4	安全员	人	1	安全检查、安全防护

2. 工机具配备

冷滑试验所需主要工机具见表5-62。

表 5-62 冷滑试验所需主要工机具

序号	名称	规格	单位	数量	备注
1	接触网作业车	带受电弓	台	1	检测弓网配合关系
2	弹簧秤		套	1	测量受电弓接触压力
3	扭矩扳手	13～230N·m	把	1	
4	小绳		根	2	
5	照明设备		套	30	

3. 施工方法

（1）检测条件。

1）检查与变电所相连接的隔离开关都在断开位置并已加锁，在隔离开关接触网侧，连接应有明显标记的临时接地线，并且可靠接地。

2）冷滑试验前，应确认将要冷滑的线路上各种临时设施及障碍均已拆除，满足受电弓安全运行的要求。

3）接触网冷滑通知或告示应张贴在能明显提醒禁止进入轨道施工作业的地方。

（2）检测内容。

1）检查导线高度、拉出值是否在设计允许范围内，观测导线高度变化是否平稳，有无突变或跳动。

2）检查导线的接触面是否顺直，是否存在不允许的硬点、硬弯。导线接触面与轨面连线是否保持平行，并存在偏磨现象。

3）受电弓通过线岔、锚段关节、分段绝缘器时往返转换是否平滑接触，有无脱弓或刮弓的危险，至接地体距离是否符合规定。

4）电连接最低点与受电弓的垂直距离是否符合规定。

5）检查从隔离开关到接触网的电缆连接是否正确、稳固，汇流排上安装的线夹有无偏斜、刮弓现象。

6）检查有无其他设备或物体侵入接触网限界。

（3）检测步骤。

1）第一阶段。检查车往返行驶速度为 5km/h，检查每一处悬挂点、电连接、过渡关节、线岔、刚柔过渡、分段绝缘器、开关及引线连接、金具接地等所有部件，检查每处安装状态、绝缘距离、限界、过渡状态、导线高度、拉出值等。

2）第二阶段。检查车往返行驶速度为 25km/h，在第一次冷滑检查缺陷全部克服完成后进行，主要检查拉出值、硬点、关节过渡、线岔过渡与分段绝缘器的过渡状态。

3）第三阶段。检查车往返行驶速度为 60km/h 或设计速度，在前两次检查问题全部克服后进行，检测高速冷滑弓网运行状态。受电弓冷滑应平稳顺畅，导线接触良好。

（4）冷滑试验后调整。在冷滑试验后，用带受电弓的作业车，按问题记录单逐项检查调整，对存在问题的关节或分段绝缘器等的过渡状态，用受电弓检测调整，直至受电弓双向往返过渡平稳、顺滑。

任务 5.6　送 电 开 通

1. 绝缘测试

（1）绝缘测试条件。

1）隔离开关和绝缘子已经全部清洁干净。

2）接触网上所有临时接地线和所有临时设施均已全部拆除。

3）电动隔离开关设置在"当地控制"挡，全部隔离开关均应处于"断开"位置，并已全部上锁，与牵引所相连的各隔离开关，在电源侧挂有明显标记的临时接地线，且连接可靠。

4）接触网上的临时设施、侵入的脚手架等设备已全部拆除，施工人员已全部撤离接触网区段，线路已巡视完毕，且无故障；若相邻供电区段已运行，必须停电。

（2）绝缘测试地点。包括各独立供电区段、所有的分段绝缘器处与绝缘锚段关节处。

（3）绝缘测试方法。

1）在接触悬挂与架空地线间连接临时接地线，确认接触网无电后，在临时接地线中串接 2500V 绝缘电阻测试仪进行测试，以 120r/min 匀速摇动测试表并持续 1min。

2）在理想干燥条件下，其绝缘电阻值要求大于 1.5MΩ/km；对困难、潮湿区段和供电臂较长地段进行绝缘测试，允许使用 500V 绝缘电阻表，最小绝缘电阻值要求不小于 0.1MΩ。

3）对测试不合格的区段，立即进行分析检查，采用分段排除法，找出故障点，排除故障，重新测试。

2. 送电

（1）送电前提条件。

1）冷滑试验时发现影响送电的接触网各项缺陷内容已修复完毕；沿线侵入供电限界的有关障碍物已全部确认排除；所有临时保护接地线已全部拆除；各种标示牌、警示标均已安装齐全。

2）隧道口上方防护栅栏（或防护网）已安装完毕并符合规定；送电通知、安全告知书已经张贴；各施工单位已经收到送电通知。

3）各站进入轨道区域通道已由车站承包商封锁；隔离开关刀闸位置正确；轨回流电缆经检查确认已接通并接触良好。

4）绝缘测试结果已通过送电小组确认，符合送电要求。

（2）送电前检查无误后，报告送电小组，由送电小组执行送电方案，向接触网送电。

（3）接触网送电后，在每个供电臂的末端采用验电器验电，当验电器的指示灯或警笛发出指示后证明该区段已送电成功。

3. 热滑试验

（1）接触网受电后即进行热滑试验，热滑试验采用城轨交通运营列车进行，要求在受电弓下方安装摄像及录像设备，监视全线受电弓的运行状态，特别是过渡关节、分段、线岔、刚柔过渡的运行状态。

（2）热滑试验应往返进行三次，第一次列车速度为 15km/h，第二次列车速度为 35km/h，第三次列车为正常运行速度。对有火花的位置做好记录，热滑后进行检查处理。

任务 5.7　安全文明施工

1. 安全要求

（1）施工前必须申请封锁施工区段线路，未获得批准不得进入施工现场；线路封锁后必须按规程在封锁区段两端设置防护，与施工无关的人员、机械不得进入现场。

（2）针对城市轨道交通施工交叉作业多、空间狭窄的特点，分析事故隐患，采取有力对策，防患于未然。

（3）每位施工人员配发安全帽、工作服、安全带、手套、绝缘靴等劳动保护用品。进入施工现场的各类人员应戴好安全帽，系好帽带；高处作业人员应系好安全带；劳动保护用品符合安全技术标准。

（4）用梯车作业时，梯车推行速度不超过 5km/h，施工完毕后，梯车存放在监理工程师指定的安全区域。

2. 文明施工

（1）每次施工后清点和打扫施工现场，保持施工现场的整洁。

（2）每次施工的废料和施工垃圾等应带回驻地并倒至指定的地点。

（3）施工中应尽量减少噪声，施工现场严禁做与施工无关的事情。

（4）施工现场的管理人员和作业人员佩带上岗证，上岗证应有个人照片、姓名、工种或职务、所属单位等信息，做好施工现场的安全保卫工作。

习　题

1. 城轨接触网施工工艺流程是什么？
2. 接触网刚性悬挂施工方法包括哪些项目？各子项目施工工艺流程是什么？
3. 接触网柔性悬挂施工方法包括哪些项目？各子项目施工工艺流程是什么？
4. 城轨接触网限界检查方法是什么？
5. 城轨接触网送电开通的前提条件是什么
6. 城轨接触网安全要求与文明施工包括哪些要点？

项目6　杂散电流防护系统与接地网施工

杂散电流是指在城市轨道交通直流牵引供电系统中，没有从走行轨、回流线流回负极，而从走行轨泄漏到经大地流回负极或根本没有流回负极的电流。杂散电流对城市轨道交通供电系统内外的设备和金属管线具有一定危害（对城轨供电系统的轨道、结构体等金属构件及金属管线造成电腐蚀，影响构件强度），因此通过设计城轨杂散电流防护系统与综合接地网，施工完成后尽量减少杂散电流的产生，同时也为杂散电流建立通畅的排流通道，实现对城轨供电系统轨道等金属构件起到防护的目的。

任务6.1　杂散电流防护系统施工方案

杂散电流防护系统主要施工方案为"以堵为主、以排为辅、堵排结合、回流畅通、加强监测"的综合防护措施。从施工角度来看，杂散电流防护系统主要包括防护排流系统和自动监测系统两大部分。防护排流系统包括测防端子连接、排流电缆敷设、单向导通装置安装及排流柜安装、调试等内容；自动监测系统包括参比电极及接线盒安装、数据采集及统计处理装置安装和监测信号电缆敷设等。

1. 施工工艺流程

杂散电流防护系统施工工艺流程如图6-1所示。

2. 施工要求

（1）排流网测试。测防端子连接前对排流网进行全面测试，内容包括：检查测防端子预留情况（如连接端子有无遗漏，设置位置、规格型号是否满足设计要求，连接端子是否适用于测防端子连接等）；主排流网和辅助排流网电气导通情况。杂散电流排流网测试方法如图6-2所示。

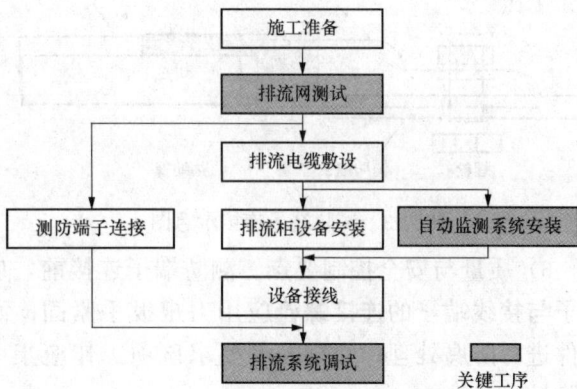

图6-1　杂散电流防护系统施工工艺流程

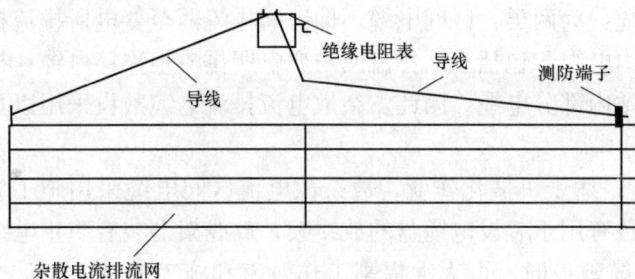

图6-2　杂散电流排流网电气回路导通测试

1）质量控制要点。测防端子的检查及排流网在测防端子连接前的测试是工序交接验收的重要内容，此项工作应由测防端子及排流网施工单位、杂散电流防护系统施工单位、施工双方监理共同参加。

a. 测试前，测防端子及排流网施工单位应将经过其监理批准的质量保证资料交付杂散电流防护系统施工单位，杂散电流防护系统施工监理认为资料合格后，组织以上四方单位共同到现场测试。

b. 测试合格后，由杂散电流防护系统施工单位做好测试记录，四方单位签字后办理工序交接手续，否则，由双方施工监理单位责成测防端子及排流网施工单位限期改正。

c. 测试用仪表应在计量检定有效期内，测试方法正确。

2）安全控制要点。该项工作在线路上进行，应设专职安全防护员进行防护。

（2）测防端子连接。测防端子连接应按以下工序进行：

1）测量。测量所连接的测防端子间距，在测量位置处用油漆或防水笔做好标记（编号），并记录测量区段名称、标记编号及测量间距长度。根据测防端子连接后的电缆弯曲度、接线端子长度等数据及结构伸缩情况，计算出所需连接电缆的长度，然后将测量区段名称、标记编号及实际电缆长度数据列表整理，交给测防端子连接电缆终端制作人员。

2）测防端子连接电缆终端制作。根据测量列表数据，按照直流电缆终端头制作工艺，制作测防端子连接电缆终端并在终端头制作好的连接电缆上做好标记。

3）测防端子除锈。测防端子连接前应用钢丝刷、砂纸及磨光机将表面污垢及氧化层打磨干净。

4）测防端子连接。连接电缆接线端子与测防端子主要采用螺栓连接，连接处表面应涂导电脂，中间加弹簧垫圈。连接完成后，对所有外露金属部分涂刷沥青漆进行防腐处理，如图 6-3 所示。

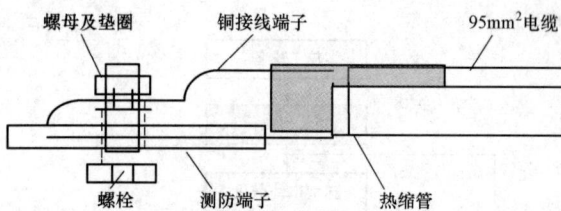

图 6-3　测防端子连接示意图

5）连接电缆固定。如所连接的测防端子间距较大、连接电缆较长以致有可能影响行车安全，在测防端子连接工作完成后，需对连接电缆进行整理和固定。连接电缆整理后应有一定的弛度，连接电缆固定点不少于两个，转弯处也应进行固定。

6）质量与安全控制要点。测防端子连接前，应对其连接接触面进行打磨除锈；测防端子与接线端子的连接螺栓应用力矩扳手紧固；测防端子连接完毕后必须对所有外露金属件进行防腐处理；安全控制要求该项工作应集中在线路上进行，设专职安全防护员进行防护。

（3）排流电缆敷设。测防端子连接完成后，采用绝缘电缆将排流网连接到变电所排流柜负极，再由排流柜正极引至直流负极母线上，形成完整的排流回路。

按敷设路径可将杂散电流排流电缆分为两类：区间电缆，即区间排流网至变电所排流柜电缆及结构区段间排流连接电缆；站内电缆，包括车站排流网与变电所排流柜连接电缆、排流柜与直流负极柜间电缆及进入区间站内部分电缆。因此，杂散电流排流电缆敷设采用以下方案：

1）机械敷设。若区间作业面较广，适于机械化作业，故杂散电流区间电缆采用施工放线车进行机械化敷设。施工放线车上备有用于装设电缆盘的放线架，放线架上装有防止电缆盘及滚动钢轴滑动的定位装置。在电缆敷设时，可大大提高工作效率和施工质量，并且快速、安全，要求杂散电流区间电缆敷设于区间电缆支架的直流电缆层上。

2）人力敷设。

a. 绝缘电缆敷设。电缆由区间进入车站后，敷设路径比较复杂，随着路径的变换及转弯增加，站内只能由人力完成电缆敷设。人力敷设绝缘电缆时可采用在敷设路径上间隔布设滑轮尼龙托辊的敷设方式，要求绝缘电缆应敷设于车站电缆支架的直流电缆层。

b. 通信电缆敷设。通信电缆为测试接线盒与站内杂散电流数据采集及统计处理装置间的电缆。因通信电缆线径较小，材质较柔软，应采用人力敷设。要求通信电缆应敷设在车站电缆支架的联跳电缆层。

c. 监测设备电源电缆敷设。监测设备（排流柜、数据采集及统计处理装置）电源电缆应敷设于电缆沟（车辆段）及变电所的电缆支架低压电缆层，因其分支较多且线径较小，所以适用于人力敷设。

（4）质量控制要点。

1）电缆的品种、型号、规格、质量应符合设计要求。

2）电缆敷设前后应无绞拧、铠装压扁、护层断裂与表面严重划伤等缺陷。

3）电缆敷设位置应正确，排列整齐，固定牢固，标记位置准确，标记清楚；电缆防火隔离措施应完整正确。

4）电缆的转弯处走向整齐清楚，标记清晰齐全，挂装整齐无遗漏。

5）电缆在敷设过程中，敷设速度不可超过 15m/min，牵引力均应符合规定值，敷设弯曲半径应符合施工规范要求，电缆之间不得有交叉。

6）电缆的各项测试应有记录并符合有关技术指标。

（5）安全控制要点。

1）电缆起重、装卸、进场运输和支盘，应有专人负责指挥，各负其责。

2）电缆盘起重工作开始前，应检查起吊、搬运工具、机具及绳索质量是否良好，接头处必须牢固，不符合要求的严禁使用。

3）电缆盘起重前必须绑牢，吊钩应挂在电缆盘的重心；电缆盘支盘处地面应平整、结实，支架放置应水平、稳固。

4）电缆敷设前，应检查电缆的型号、规格、电压是否符合图纸要求，检查电缆的出厂合格证、技术资料是否齐全，绝缘电阻表测量电缆芯线的绝缘应符合要求。

5）在电缆盘起吊与电缆牵引过程中，受力钢丝绳的周围、下方、内角侧和起吊物的下方，严禁有人逗留或通过。

6）不论采取何种方式敷设电缆，敷设过程中全体施工人员均应随时注意观察电缆，检查电缆外表有无铠装压扁、电缆绞拧和护层断裂等未消除的机械损伤，发现问题时应立刻停止该盘电缆的敷设，详细记录并及时处理。

7）人工牵拉电缆过程中，用力要均匀，速度要平稳，不可猛拉猛跑，看护人员不可站在电缆盘的前方，同时应注意电缆与支架的摩擦情况。

8）电缆敷设时，防止人手被电缆砸伤或挤伤，严禁电缆砸伤设备，且应避开电缆支架及建筑物的边、沿、角处，必要时应用衬垫防护。

3. 排流柜安装

（1）安装位置。一端接负极柜内的直流负极母线排，另一端接隧道结构钢筋、整体道床结构钢筋与牵引变电所的接地母线排。

（2）安装作用。将结构钢筋中的杂散电流单方向经电气回路引回牵引变电所的负极母线排，从而减少杂散电流对结构钢筋的腐蚀。

（3）安装方法。由于排流柜是城市轨道交通杂散电流防护、监测系统的关键设备，因此排流柜的安装已成为杂散电流系统施工中最重要一环。排流柜一般需绝缘安装，具体安装方法如下：

1）测量。用水准仪测量基础槽钢四角的水平度，应符合表6-1的要求。

表6-1   排流柜基础槽钢测量要求

序号	项目	允许偏差（mm）	
1	倾斜度	每米	1
		全长	5
2	水平度	每米	1
		全长	5

2）组立。

a. 应根据施工图纸要求及其他设备布置情况确定排流柜安装的前后方向。

b. 按照排流柜固定孔的位置将地脚螺栓焊接在基础槽钢上，螺栓要焊接牢固，焊接后的螺栓应垂直、不倾斜。

c. 在绝缘板上四角开孔，孔的位置要与固定螺栓的位置相同，孔的直径应大于绝缘垫直径2mm。

d. 清理绝缘板及基础槽钢表面，在绝缘板与基础槽钢接触的地方涂上绝缘胶，将绝缘板与基础槽钢粘牢。

e. 将排流柜移到绝缘板上，在固定螺栓上安装绝缘垫，使固定螺栓与排流柜框架绝缘。

f. 测量并调整排流柜的水平度和垂直度。

g. 用1000V绝缘电阻表测试排流柜框架与基础槽钢间的绝缘情况，绝缘电阻应大于2MΩ。

h. 最后用力矩扳手拧紧螺栓，固定排流柜。

3）质量控制要点。

a. 绝缘板安装时必须保证槽钢和绝缘板接触面的清洁，绝缘板必须盖住基础槽钢，其位置必须在柜体的框架位置上。

b. 在基础槽钢上焊接固定地脚螺栓时，必须保证螺栓焊接牢固，焊接后的螺栓应垂直、不倾斜。

c. 排流柜安装完成且一、二次电缆接线完毕后，整体框架的对地绝缘电阻不得小于2MΩ（用1000V绝缘电阻表测量）。

d. 排流柜安装的允许偏差及母线连接螺栓紧固力矩值应符合施工规范的相关规定。

e. 安装现场必须保证清洁。安装前、安装过程间隙和安装完毕后应用塑料布将开关柜严密封盖，防止灰尘进入。

4）安全控制要点。在基础槽钢上进行焊接作业时，应对排流柜柜体、绝缘板加以防护（防止烫伤或污染柜体与绝缘板），安装时应有防止设备倾倒的措施。

4. 自动监测系统安装

如图6-4所示，自动监测系统由参比电极、测防端子（整体道床、结构）、接线盒、测量电缆、变电所测试装置、便携式计算机及管理系统组成。

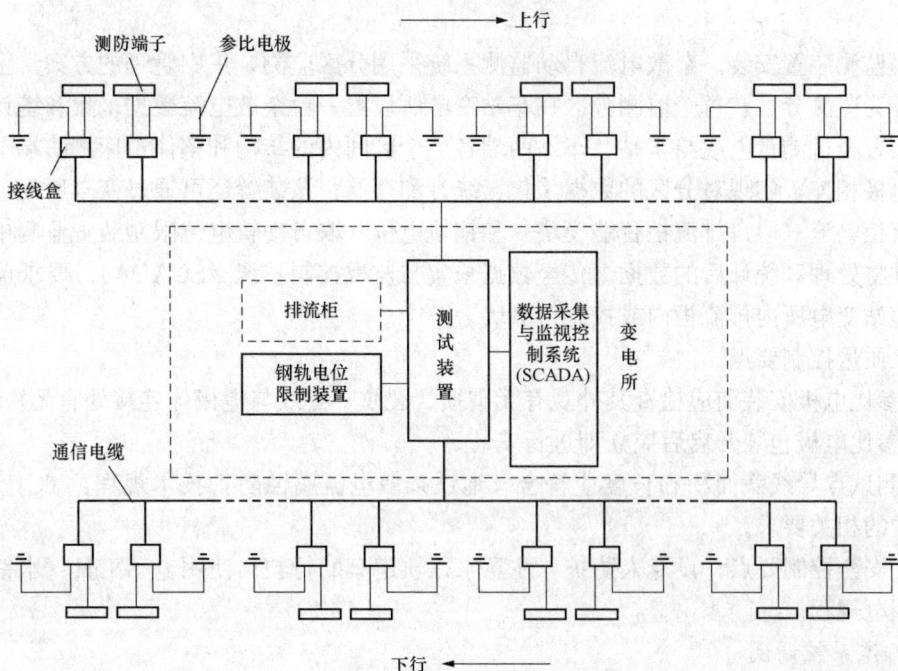

图 6-4 杂散电流自动监测系统示意图

（1）参比电极安装。参比电极安设在整体道床、隧道结构侧墙上，用来测试杂散电流引起隧道、整体道床内结构钢筋的极化电位，以反映结构钢筋的腐蚀情况。杂散电流防护采用埋置式氧化钼参比电极，其安装方法如下：

1）根据施工图纸测点位置布置，将参比电极埋设在测防端子附近，距测防端子距离不超过 1m。根据现场情况，电极水平或垂直放置，在条件允许的情况下，将电极全部埋置在混凝土介质中。

2）在选定位置钻取直径大于 60mm、深度大于 160mm 的孔洞（或宽度大于 60mm、深度大于 70mm，长度大于 160mm 的方槽）。参比电极安装如图 6-5 所示。

3）除掉孔洞或方槽中的混凝土粉块或浮尘，用自来水淋湿内表面。

4）将事先配好的砂浆填料用蒸馏水（或干净的自来水）调匀，稠度适宜，然后将少许砂浆放入孔洞或方槽底部，将砂浆均匀涂抹在四周壁上，并将参比电极陶瓷外壳涂抹薄薄一层砂浆，放入孔洞或方槽中。

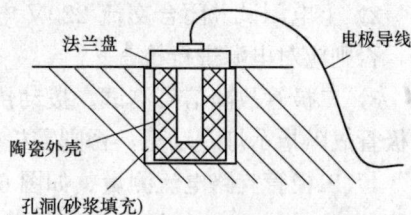

图 6-5 参比电极安装示意图

5）将电极导线穿过套管取出，将孔洞或槽的空隙封堵，并用砂浆抹平。

6）对有防水要求的地方按规定进行防水处理，将电极导线接入到接线盒回路中。

（2）接线盒安装。接线盒安装于参比电极附近的隧道结构侧墙、车站站台板下侧墙或电缆支（托）架上。接线盒内设接线端子，用以连接测防端子引线、参比电极导线及连接变电所监测装置的通信电缆。根据《地铁杂散电流腐蚀防护技术标准》（CJJ/T 49—2020），测防端子引线截面积不小于 2.5mm²，长度不宜大于 10m，且应具有工频 2kV 以上绝缘耐压水平。

（3）监测装置安装。杂散电流自动监测系统采用分区监测，集中管理的方案。全线按变电所划分为监测分区，每个监测分区在车站变电所设置一台杂散电流数据采集和统计处理装置。该装置经过测量电缆与车站、车站两端各半个区间内的结构和整体道床测防端子将对应的参比电极相连，实现对分区的数据采集、统计和存储；该装置还可通过变电所的通信网络采集排流柜电流（取自排流柜智能模块）和钢轨电位（取自钢轨电位限制装置监测单元）等数据，并将处理和统计后的数据上传至数据采集与监视控制系统（SCADA）。要求监测装置安装在车站变电所内排流柜内或控制室侧墙上。

（4）质量控制要点。

1）参比电极安装前应检查其外观有无破损、裂纹，导线与电极体连接处有无松动迹象。

2）参比电极包装开启后应立即进行安装。

3）测试点导线截面积和长度应符合《地铁杂散电流腐蚀防护技术规程》（CJJ/T 49—2020）中的相关要求。

（5）安全控制要点。设专人防护，注意来往轨道车的行驶；使用电动工具（水钻）应符合安全用电规程。

5. 排流系统调试

排流系统调试包括设备本体调试（排流柜、单向导通装置）、排流网复测及整个排流系统测试三个部分。

（1）排流柜调试前工作。

1）检查柜内紧固件是否有松动现象，一次回路及二次回路接线端子处是否有松动及脱落现象。

2）用万用表按设备电气原理线路图或安装接线图检查各电气连接部分是否正确、完整。

3）检查排流柜交流 220V 电源及二次回路接线是否正确。

（2）排流柜调试。

1）绝缘测试。用 500V 绝缘电阻表测试排流柜主回路（结构钢筋、主排流网、接地母线排及直流负母线排的搭接端）与柜体的绝缘电阻应大于 2MΩ。

2）上电测试。闭合交流 220V 电源开关，柜体面板上"SUPPLY ON"电源指示灯应亮，否则应对电源进行检查。

3）二极管故障信号测试。拨动快速熔断器联动开关使其触点闭合，排流柜柜体面板上二极管故障指示灯应点亮，否则需检查二次回路接线及指示灯。

4）二极管支路电流测量。如图 6-6 所示，用继电保护测试仪分别在每个二极管支路加直流电流（如 5A），排流柜柜体面板上相应二极管支路电流表及智能监测装置控制器面板的电流值应显示正确。

5）电压测量。用继电保护测试仪在总母线排与变电所接地母线排间加直流电压（如 50V），排流柜柜体面板数字电压表及智能监测装置控制器面板电压值显示正确。

6）报警功能测试。在监测装置上预先将排流极限定值输入（如设电流值为 10A，延时 1s），然后用继电保护测试仪在要测试的二极管支路（排流回路）加直流电流超过设定值时，监测装置应发出报警信号。

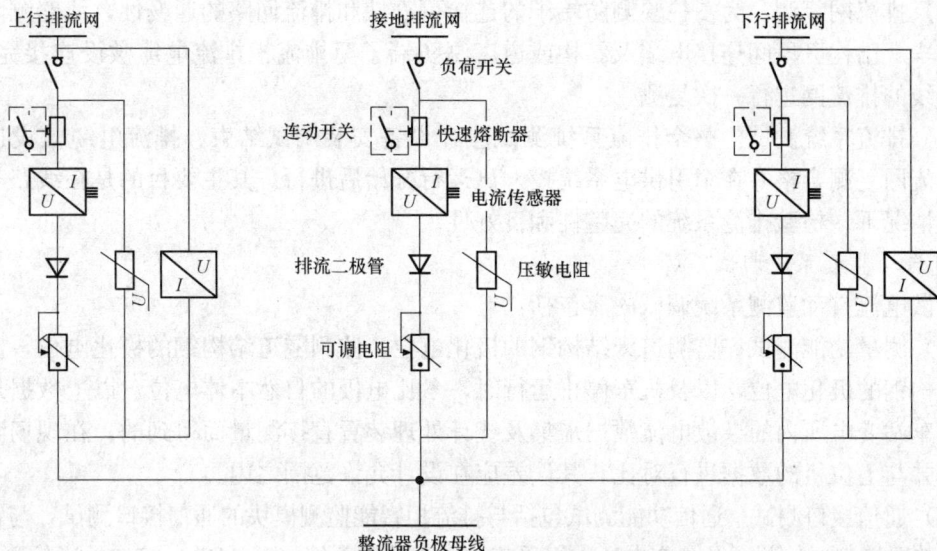

图 6-6 继电保护测试仪测试原理

7）通信功能测试。通信功能测试配合 SCADA 调试进行。

（3）单向导通装置调试。

1）单向导通装置调试前工作。

a. 按图纸检查主电路和辅助电路接线是否正确；检查所有紧固件是否紧固、弹簧垫圈是否压平。

b. 清扫绝缘子、二极管、熔断器与电容器表面的灰尘，接入电源后检查控制电源是否工作。

c. 扳动排流柜内照明灯开关，检查照明灯是否点亮；扳动排流柜内电加热器开关，检查加热装置是否能正常工作。

2）调试内容。

a. 隔离开关分合测试。先用手柄操作隔离开关，检查隔离开关是否闭合到位，行程过程有无阻碍（机构检查），然后操作排流柜内电动隔离开关的电源开关，检查隔离开关是否闭合到位，行程过程有无阻碍（电气回路及电动机检查）。

b. 短路保护信号测试。短路保护采用串接快速熔断器（带联动开关）保护。拨动快速熔断器联动开关使其触点闭合，端子排及智能控制装置应有二极管短路报警信号输出。

c. 断路保护信号测试。拔出电流传感器二次端子，施加不大于 2.7V 的直流电压，端子排及智能控制装置应有二极管断路报警信号输出。

d. 消弧装置状态信号测试。消弧装置的主回路由晶闸管组成，晶闸管回路串接快速熔断器及分流器，以向智能控制装置提供消弧装置回路通断状态的信号。调试方法与二极管断路保护信号测试相同。

e. 模拟量测试。按设备原理图及接线图，在相应回路施加直流模拟量（电压或电流）信号，智能控制装置面板应能正确显示。

f. 通信功能测试。通信功能测试配合 SCADA 调试进行。

（4）排流网复测。为了检验测防端子的连接可靠性和排流回路的通畅性，线路测防端子连接完毕、结构区段间连接电缆及结构或道床测防端子至排流柜排流电缆敷设连接完毕后，应对全线的排流网进行一次复测。

（5）排流系统测试。整个排流系统测试应在设备安装调试结束、排流电缆敷设连接完毕、排流网复测合格并在牵引供电系统投入试运行开始后进行。其主要目的是在线路有车辆运行的情况下，检验排流系统的完整性和良好性。

6. 自动监测系统调试

杂散电流自动监测系统调试内容包括：

（1）测量功能测试。监测道床结构钢的极化电位，监测隧道结构钢的极化电位，监测设备层结构钢的极化电位，以及机车停止运行时，参比电极的自然本体电位。以上数据是通过安装于车站变电所内的杂散电流数据采集及统计处理装置直接测量而得到的，在现场测量以上数据并与上位机的数据进行对比，其误差应在设计允许范围之内。

（2）通信接口测试。通信功能测试包括与排流柜智能监测模块的通信接口测试，与钢轨电位限制装置接口通信测试及与变电所数据采集与监视控制系统（SCADA）接口的通信测试。

自动监测系统通过通信接口采集和统计的数据包括：排流柜排流电流的最大值，排流电流平均值，走行轨电位的最大值、最小值及平均值，结构钢极化电位超标、钢轨电压超标等报警信号及设备自检报警、通信故障报警等。测试时，可模拟故障信号并在监测装置及上位机上观察数据传输情况以检测通信功能是否正常。

（3）计算功能测试。包括道床结构钢对参比电极的电位变化情况，隧道结构钢对参比电极的电位变化情况，监测点 30min 平均电位超标值，整体道床和隧道结构钢极化电压最大值，减去本体电位后的最高电位值、最低电位值、平均电位值、正向电位平均值与负向电位平均值，参比电极本体电位值，定时校正等内容。检查程序计算公式及系数应根据测量值校核监测装置计算的正确性。

（4）显示功能测试。监测装置能够就地显示道床结构钢和隧道结构钢的极化电位。若监测装置就地显示机车停止运行，结构钢应对参比电极的自然本体电位可根据现场测量及监测装置的计算数值，观察显示数据是否正确。

（5）信息报警测试。在设定上、下限后，根据测量值和计算值进行信息报警。信息报警分类如下：设备自检报警，通信故障报警，超标报警（自然本体电位过低、结构钢极化电位超标均在上位机报警），模拟故障并在上位机及现场观察报警显示、报警音响等信息。

任务6.2　杂散电流防护系统施工工艺要求

1. 杂散电流钢筋连接

（1）明挖地下车站。其排流条及连接端子位置如图 6-7 和图 6-8 所示。

1）如图 6-8 所示，车站底板、中板、顶板及侧墙每隔 5m 横断面的内层钢筋焊成一个环向闭合圈，此横向钢筋圈及伸缩缝两侧第一排横向钢筋圈与底板、中板、顶板和侧墙的所有纵向钢筋焊接，穿过施工缝处的钢筋要与两侧结构段内的钢筋可靠连接。

2）在每根钢轨下方选择 1 根纵向钢筋作为排流条，在车站底板、中板、顶板及侧墙内侧钢筋层各选择 3 根纵向钢筋（排流条），在每个结构段内电气贯通，并与相交的横向钢筋焊接。

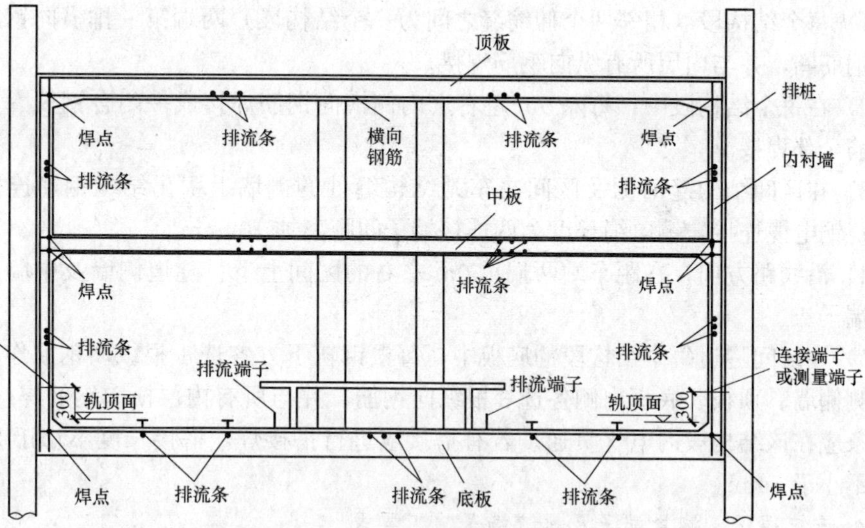

图 6-7 明挖地下车站排流条及连接端子位置示意图

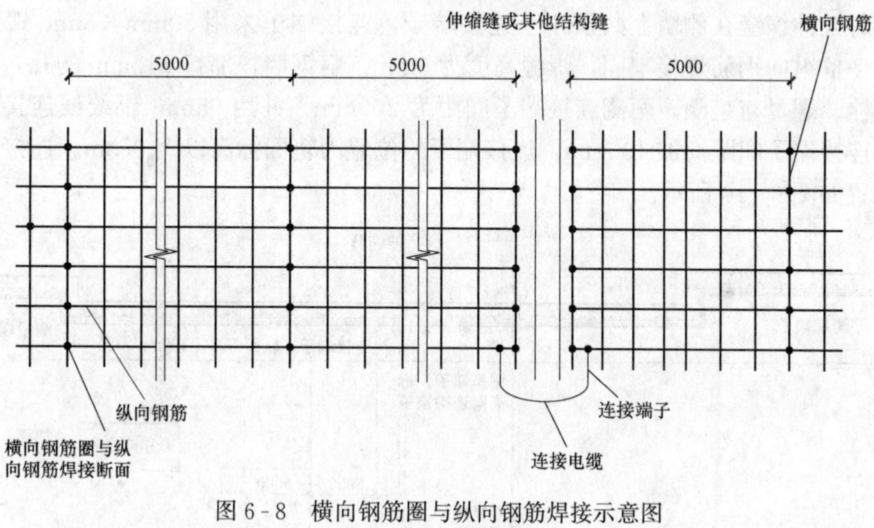

图 6-8 横向钢筋圈与纵向钢筋焊接示意图

（2）明挖地下区间。其排流条及连接端子位置如图 6-9 所示。

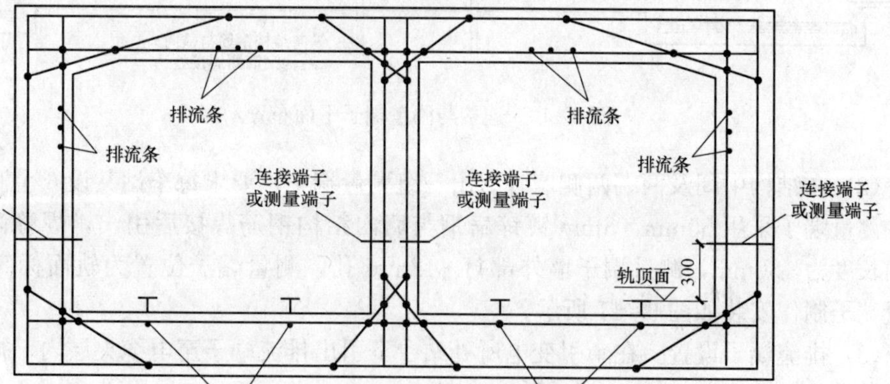

图 6-9 明挖地下区间排流条及连接端子位置示意图

1) 每个结构段（相邻两个伸缩缝之间为一个结构段）两端第一排横向钢筋应焊接为一闭合钢筋圈，并与内层所有纵向钢筋焊接。

2) 在每个结构段中，每隔 5m 左右选内侧横向钢筋焊接成一闭合钢筋圈，并与内层纵向钢筋全部焊接。

3) 在区间结构缝两侧及区间与车站结构缝处的侧墙上引出结构钢筋连接端子，并用 95mm² 铜电缆连接，铜电缆长度为两连接端子间距离加 100mm。

4) 沿线路方向，在距车站两端 150m 左右的区间上下行隧道侧墙及中墙上分别引出一测量端子。

5) 在区间隧道每个结构段的底板中，每根钢轨下方各选 1 根纵向钢筋作为排流条，以及两侧侧墙、顶板、底板内侧各选 3 根纵向钢筋，并与所有内层横向钢筋焊接作为排流条。排流条应在该结构段内电气贯通。若有搭接应进行搭接焊，搭接长度不小于 300mm，焊缝高度不小于 6mm。

2. 连接端子、测量端子及排流端子施工要求

(1) 伸缩缝应通过填充防水材料使缝的两侧钢筋实现绝缘，在伸缩缝两侧侧墙上引出连接端子，每处伸缩缝在侧墙上共设 4 个连接端子，连接端子采用 50mm×8mm 镀锌扁钢并与侧墙内 2 根纵向钢筋焊接牢固，焊缝高度为 6mm，扁钢墙外部打 φ12mm 的孔，并在打孔处安装螺栓、螺母与垫圈。两侧连接端子间距为 200mm，并用 95mm² 铜绞线连接。铜绞线长度为两连接端子间距离加 100mm，连接端子的位置为轨面标高以上 0.3m。连接与测量端子平面布置如图 6-10 所示。

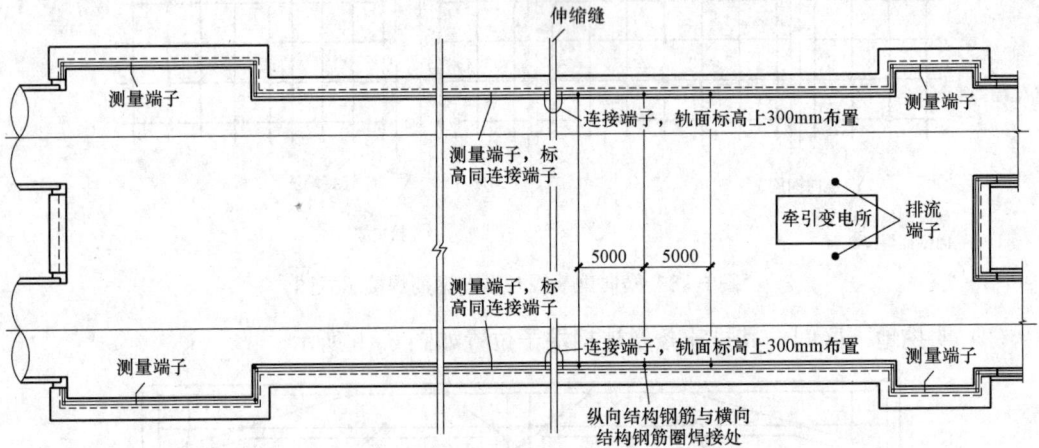

图 6-10　连接与测量端子平面布置示意图

(2) 在结构中间及两端两侧墙各引出一组测量端子，要求每车站共设 6 个测量端子。

测量端子采用 50mm×8mm 镀锌扁钢与墙内结构钢筋焊接后引出，焊缝高度为 6mm，引出长度为 150mm，测量端子墙外部打 φ12mm 孔，测量端子位置为轨面标高以上 0.3m。测量端子制作安装如图 6-11 所示。

(3) 排流端子设置。在牵引变电所处站台下引出排流端子至电缆夹层内，排流端子扁钢下料长度为 1300～2250mm，如图 6-12 所示。

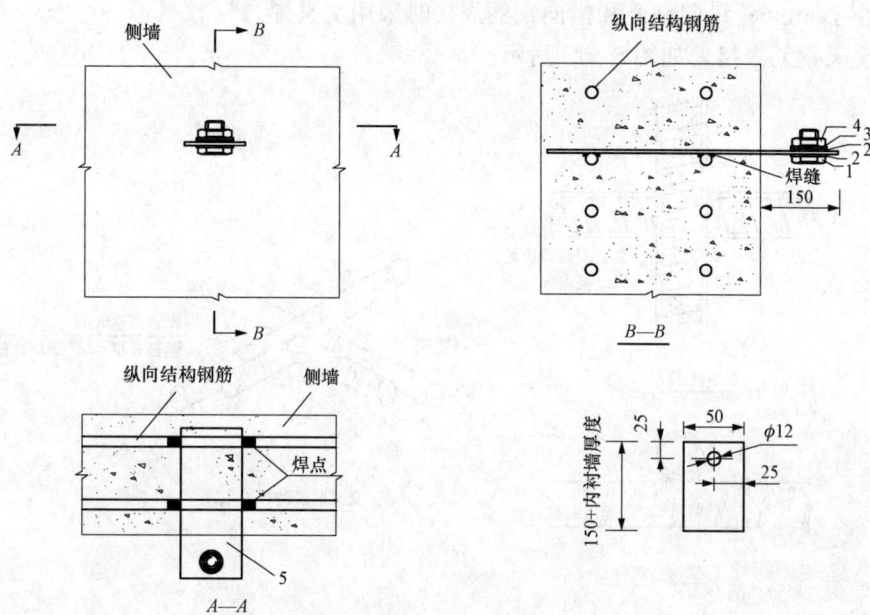

图 6-11 测量端子制作安装示意图

1—螺栓；2—垫圈；3—弹簧垫圈；4—螺母；5—镀锌扁钢

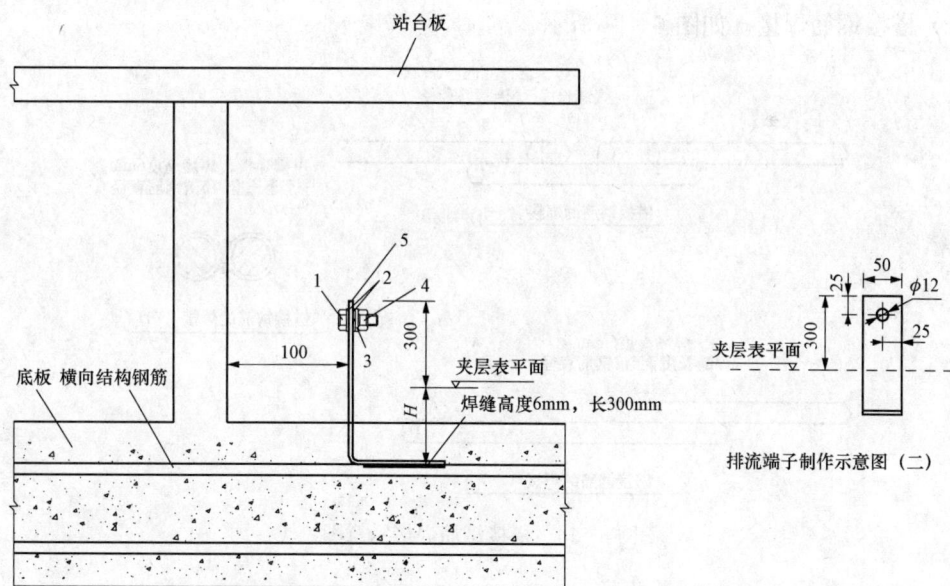

图 6-12 排流端子制作安装示意图

1—螺栓；2—垫圈；3—弹簧垫圈；4—螺母；5—镀锌扁钢；H—底板横向钢筋与道床表面间的高度

3. 杂散电流钢筋焊接

要求焊接的钢筋如用接驳器连接，须在接驳器与钢筋连接处加焊锡焊，使其可靠电气连接；当纵向钢筋采用搭接绑扎连接时，排流条应采用搭接焊，搭接长度不小于 300mm，焊缝高度不小于 6mm；纵向钢筋和横向钢筋焊接时采用交叉焊。

（1）交叉钢筋焊接，如图 6-13 所示。

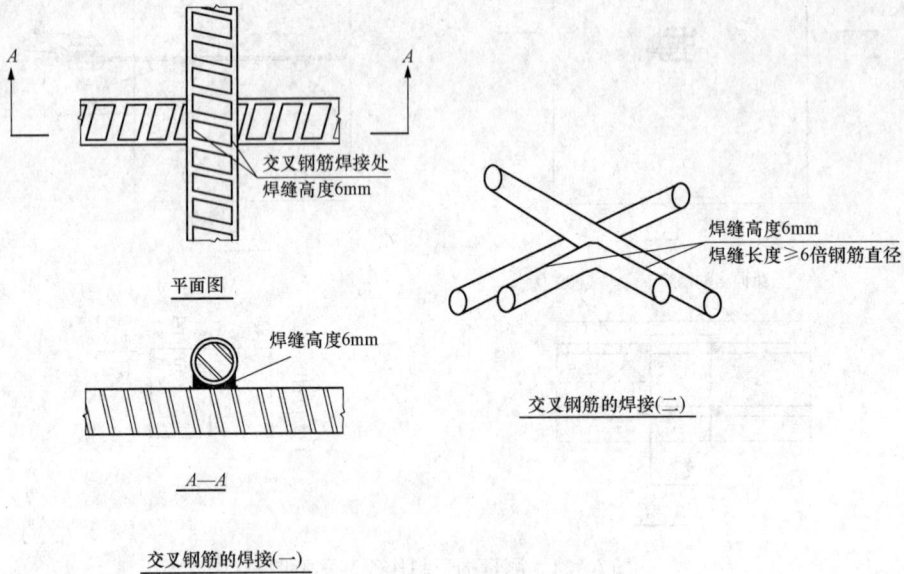

图 6-13 交叉钢筋焊接示意图

（2）搭接钢筋焊接，如图 6-14 所示。

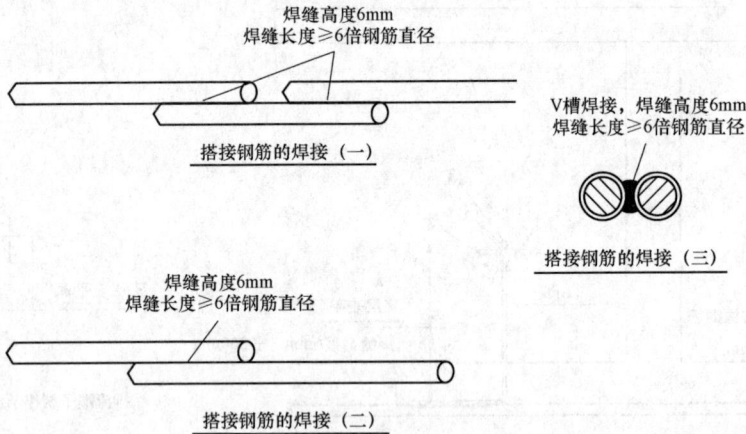

图 6-14 搭接钢筋焊接示意图

（3）平行钢筋的焊接，如图 6-15 所示。

4. 钢筋焊接基本要求

（1）在焊接处的油渍、漆污、浮皮和铁锈应清除干净。除锈方法：钢筋直径小于 12mm 的采用冷拉调直机进行调直除锈，钢筋直径大于 12mm 的采用钢丝刷人工除锈。

（2）焊缝外观检查。焊缝表面平整，不得有凹陷或焊瘤；焊接接头区域不得有肉眼可见的裂纹。

（3）焊缝宽度大于或等于 $0.8d$，d 为较大钢筋直径。

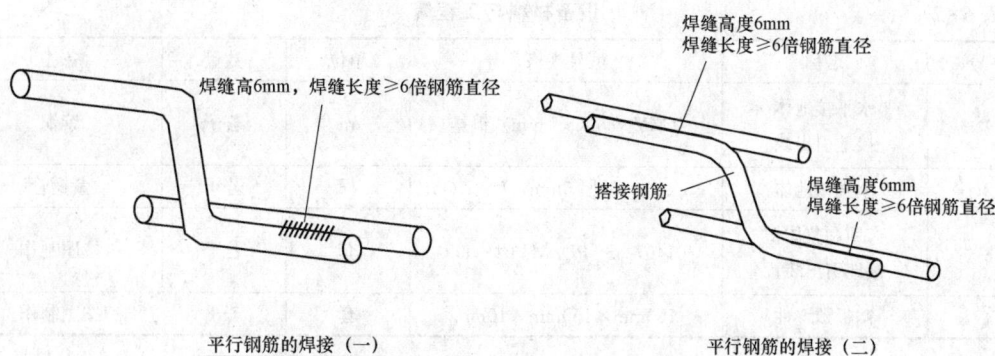

图 6 - 15　平行钢筋焊接示意图

（4）所有焊点必须牢固、无虚焊，所有搭接焊均为双面焊，且严禁虚焊。

任务 6.3　综合接地网施工

1. 设计原则及要求

（1）综合接地系统应同时满足强电设备、弱电设备及其他需接地的车站设备对接地的要求。

（2）综合接地网的接地电阻应小于 0.5Ω，接地网接地引出线需与结构钢筋绝缘。

（3）综合接地引出线穿越地下车站结构底板时必须做好防水工作。

（4）综合接地装置的设计在保证人身安全、设备安全及运营可靠性的基础上，应尽可能减少投资，当杂散电流腐蚀防护与接地有矛盾时应以接地安全为主。

（5）接地网由若干根长 2.5m 的垂直接地体（标注 A1～A34）和水平接地体组成，其中标注 P1～P3 为变电所设备接地引出线，标注 P4～P6 为弱电设备接地引出线。引出线通过电缆分别与变电所设备接地母线排、弱电设备接地母线排与车站金属管线接地母线排连接。

（6）在阶段性施工结束后，应对完工部分接地网进行接地电阻测量，以此推算整体接地网接地电阻值。如推算结果不能满足设计要求（应小于 0.5Ω），则在余下部分接地网的敷设中采取相应补救措施。

（7）综合接地网主要由水平接地体、垂直接地体及接地引出线组成。接地装置在车站底板垫层下的埋设深度不小于 0.6m。当底板垫层底部标高有变化时，仍应保持 0.6m 的相对关系。接地网外围的水平接地体、接地引出线及其连接的水平接地体为 50mm×5mm 铜排，垂直接地体为 $\phi50mm$ 的铜管，每根长 2.5m。

2. 现场准备

（1）具备相应的施工操作面，基底整平完毕，通过相关部门进行基坑承载力验收。

（2）工作面综合接地网测量放线工作完毕后应撒白灰标记并通过监理验收，现场施工用电电源应拉接到位。

3. 设备材料与工程量

设备材料与工程量见表 6 - 2。

表 6 - 2　　　　　　　　　　　　设备材料与工程量

序号	名称	型号规格	单位	数量	备注
1	水平接地体 接地引出线	TMY - 50×5（mm）铜排	m	若干	紫铜
2	垂直接地体	ϕ50mm，壁厚 5mm，L＝2.5m	根	若干	紫铜管
3	专用和整体型 接地引出装置	01407 - S - PDZM - 01 - 009	套	若干	按图制作
4	钢板预埋件	150mm×150mm×10mm	套	若干	按图制作

4. 工机具及人员组织

工机具及人员组织见表 6 - 3。

表 6 - 3　　　　　　　　　　　　工机具及人员组织

项目	名称	单位	数量	备注
人员	管理人员	人	3	
	专业技工	人	6	
	普工	人	8	
机械设备	挖掘机	台	1	挖水平沟槽
	地质钻机	台	1	做垂直接地极
	电焊机	台	1	焊接
	切割机	台	1	铜排及材料切割
	打夯机	台	1	沟槽回填夯实
	氧焊设备	套	1	焊接止水环与引上线
	电锤	台	1	破碎
	角磨机	台	1	材料切割
放热焊接工具及辅具	焊粉	罐	300	200 号 50 罐，150 号 185 罐，250 号 54 罐
	模具	套	6	十字形、T 形焊接各 1 套（50×5 对接），铜管焊接 1 套，引上线焊接模具 1 套
	夹具	套	2	
	点火枪	个	2	
	钢刷	个	2	
	毛刷	个	2	
	高温泥	盒	2	堵塞缝隙
	高温棉	盒	2	铜管焊接垫片
	喷灯	个	1	
	焊渣清洁铲	个	1	

5. 施工工艺流程

（1）基坑开挖至坑底标高后，按设计要求人工配合机械挖沟，施工水平接地体。接地网根据土建施工分为若干单元，每一部分做完后，实测其接地电阻，记录每次测量的数据，以便及时调整接地装置的设计规模。

（2）整个接地网敷设完毕后，按要求实测接地电阻、接触电位差及跨步电位差。接地网施工工艺流程如下：综合接地测量定位→沟槽开挖→验槽→钻孔放入垂直接地体→敷设水平接地体→放热焊接连接→放热焊接接地引上线→回填夯实→检测接地电阻→防护处理→引上线穿越结构底板时中间止水环防水处理。

6. 施工方法

（1）综合接地测量定位。综合接地根据综合接地网平面布置图进行测量放线，每单元主体结构土方开挖及基底平整后进行测量放线，用白灰标记。

（2）沟槽开挖。综合接地网测量定位完毕后，进行人工配合机械，开挖成上口宽600mm、下口宽400mm、深600mm的沟槽。沟槽在底板纵梁下反部位变为宽600mm、深200～300mm，以防扰动地基持力土层。

（3）垂直接地体施工。按测量定位标志打入垂直接地体（ϕ50mm、$L=2.5$m 的纯铜接地棒），垂直接地体尽量采用大锤直接打入地下，以便与地面直接接触。操作前，先将垂直接地体一端现场制作成锥形，便于打入接地网并在使用中释放电荷；另一端套上 50mm 刚性护套，防止铜棒打入时损伤。为防止垂直接地体打入不稳定，先用同种规格钢筋（ϕ25mm）削尖代替垂直接地体打入地下 500～1000mm，取出后再打入垂直接地体。垂直接地体敷设孔洞断面示意图如 6-16 所示。

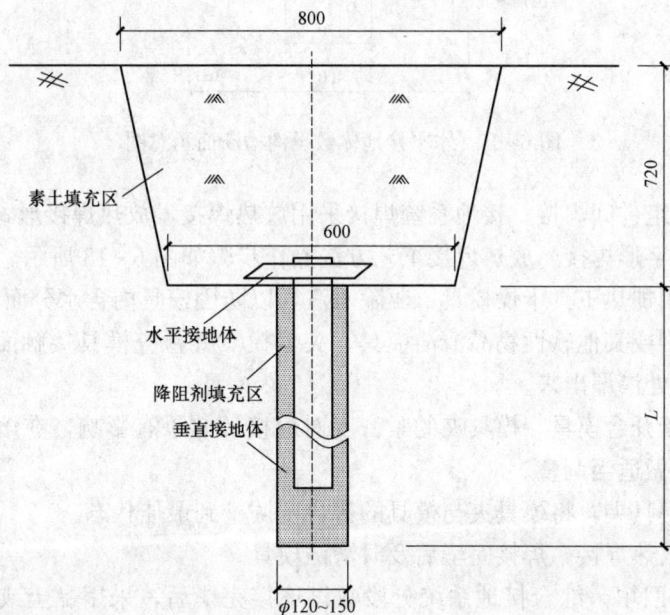

图 6-16　垂直接地体敷设孔洞断面示意图

（4）水平接地体的敷设。挖沟槽断面为上宽 600mm、下宽 400mm、深 600mm 的梯形。抽干沟槽内积水，将水平接地体铜排放入沟槽内，并按设计要求焊接好。

1）水平接地体为 TMY50mm×5mm（铜排，立放敷设）。水平接地体在底板垫层和底板纵梁垫层下 0.6m。若底板及底板纵梁底标高有变化，仍应保持 0.6m 的相对关系，用支撑物将水平接地体支撑起来，方便降阻剂料浆包裹。

2）降阻剂包裹水平接地体铜排的尺寸为 120mm×120mm，每米水平接地极降阻剂用量为 19.5kg，仅对接地网周边水平接地体施放降阻剂。将降阻剂和水按 2∶1 的比例配制，在斗车或其他容器内搅拌均匀，制成浆状，然后均匀地灌入沟槽，包裹住水平接地体，包覆厚度最薄处应不小于 30mm 才能达到防腐蚀目的。待降阻剂料浆初步凝固后，回填细土层并夯实。

3）回填土要求用细土不允许有砖头、大块石头、混凝土建筑及垃圾，以免影响接地电阻。水平接地体敷设沟槽断面如图 6-17 所示。

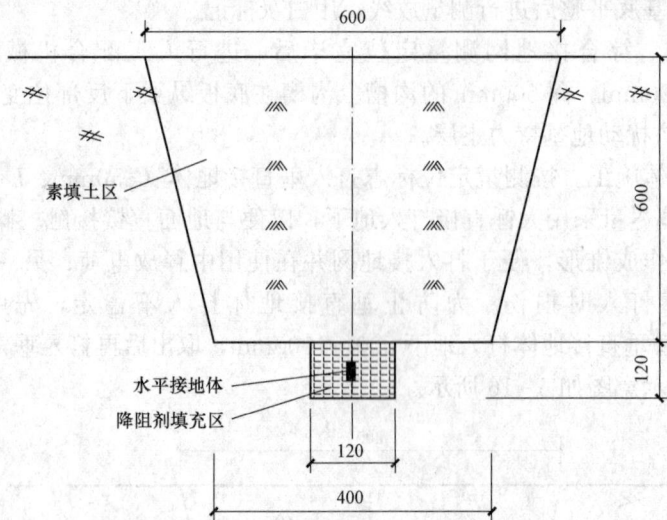

图 6-17　水平接地体敷设沟槽断面示意图

（5）接地系统组件间焊接。接地系统焊接采用放热焊接，放热焊接形式可分为一字形焊接、T 形焊接和十字形焊接。放热焊接工艺方法操作步骤如图 6-18 所示。

1）焊接前使用加热工具干燥模具，驱除水汽，以防因模具内含水分而影响焊接质量。

2）使用软毛刷或其他软性物品清洁模具，夹紧模具并检查模具接触面的密合度，防止作业时铜液从缝隙处渗漏出来。

3）模具夹用于开合模具，模具夹的紧密度对熔接的效果有影响，在熔接开始之前应认真检查模具夹，并做适当调整。

4）安装调节模具夹，将模具夹与模具的密合度调整到最佳状态。

5）通电进行放热焊接，焊接完毕后及时清洁模具。

（6）综合接地回填。综合接地系统分段敷设连接完毕后，采用黏土或电阻率低的石粉进行回填夯实，每层回填土厚度控制在 20～30mm，采用小型蛙式打夯机结合人工进行夯实。

（7）接地引上线施工。

1）接地引上线穿越结构底板时外套 $\phi100$mm、$\delta=4$mm 非磁性钢管防护，中部加焊

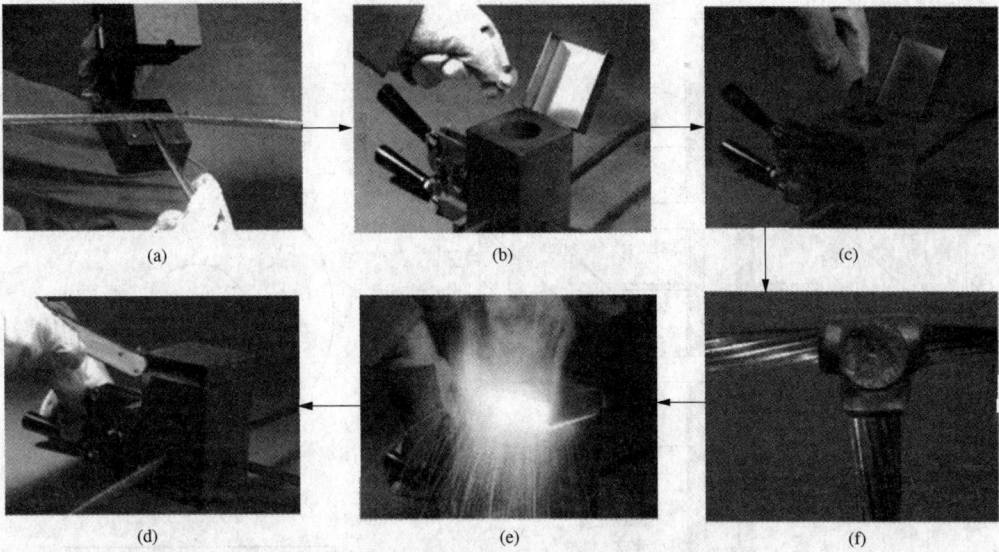

图 6-18　放热焊接工艺方法操作步骤

（a）焊接件入模；（b）加垫圈；（c）加焊剂及引火粉；（d）焊接产品；（e）焊接；（f）点火

$d310mm$、$\phi110mm$ 与 $\delta=10mm$ 钢板作止水环，止水环密封焊接在钢管外壁上，不允许有渗漏水现象，钢管外表涂刷防锈漆（环氧煤焦油厚浆型防锈漆），且应出土建结构面 $100mm$。

2）钢管内采用环氧树脂填充密实，$0.4MPa$ 水压试验不渗水，上下端采用 $d98mm$、$\delta=20mm$ 及 $10mm\times10mm\times20mm$ 的绝缘固定块固定扁铜，接地引上线预留长度超出钢管 $400mm$。接地引上线施工方法如图 6-19 所示。

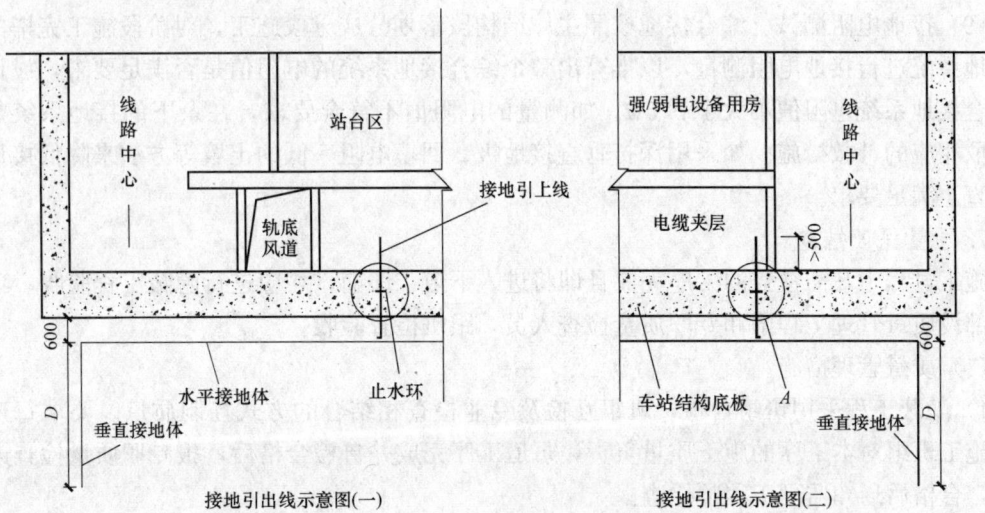

图 6-19　接地引上线示意图（一）

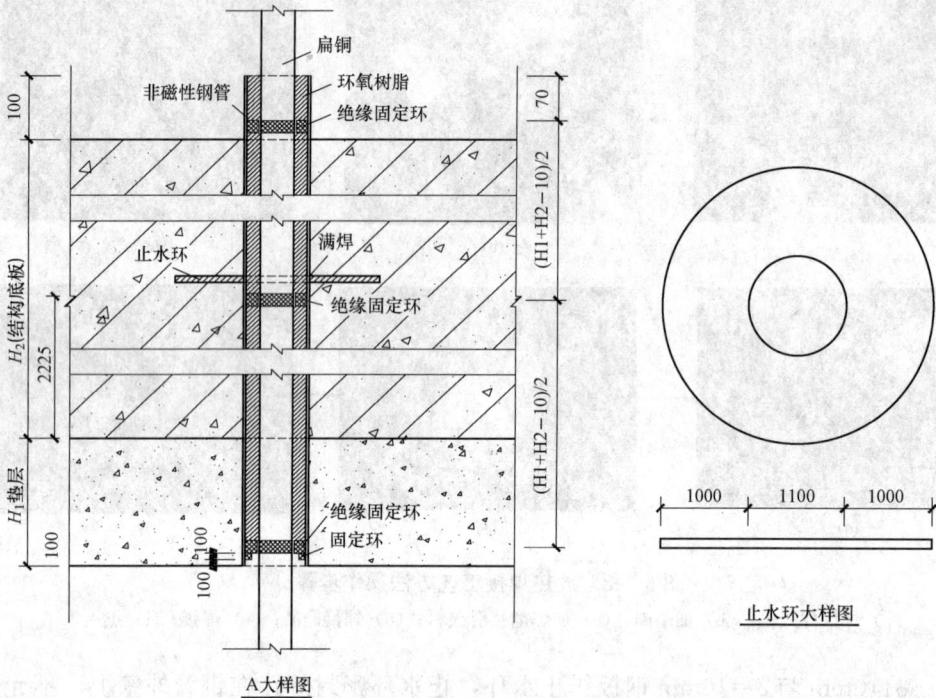

图 6-19　接地引上线示意图（二）

（8）接地引上线与母线排的连接。待主体结构全部完工后，施工完站台板后，将接地母线排按照图纸要求就近固定在站台板支撑墙或底板中纵梁侧面，最后将接地引上线固定于接地母线排上方，综合接地施工完毕。

（9）接地电阻测试。综合接地按照主体结构段落划分成分段施工，对阶段施工完毕的综合接地系统进行接地电阻测量，以推算出整个综合接地系统的电阻值是否满足要求，设计要求综合接地系统电阻值不大于 0.5Ω。如测量的电阻值不符合要求，在余下的接地系统敷设中采取相应的补救措施。如采用深打垂直接地极、回填电阻率低的土壤等方法来降低接地电阻，直至满足要求。

7. 质量保证措施

施工过程中凡需覆盖的工序完成且即将进入下道工序前，均应进行隐蔽工程验收。项目经理部设质量管理工程师和专职质量检查人员，跟班检查验收。

（1）质量管理措施。

1）隐蔽工程采用班组自检，班组互检及专业检查相结合的方式控制质量。要求每道工序的施工班组对本工序的施工质量负责，每道工序完成并自检合格后，报专职质量检查人员检查，合格后通知监理工程师检查。

2）每道需隐蔽的工序未经监理工程师的批准，不得进入下一道工序施工，确保监理工程师对即将覆盖的或掩盖的任何一部分工程进行检查、检验，以及任一部分工程施工前对其基础进行检查。监理工程师认为已覆盖的工程需要返工时，质量检查工程师和施工员应积极配合并做好记录。

3）所有隐蔽工程必须有严格的施工记录，有隐蔽工程的检查、验收都必须认真做好隐蔽工程验收记录和隐蔽工程检查签证资料的整理与存档工作。将检查项目、施工技术要求及检查部位等项目填写清楚，记录上应有项目负责人、技术负责人与质量检查人的签字。

4）根据设计要求，分区域对接地体进行测量放线，测量放线应执行测量"三级"复核制，作业班组应严格按照测量放线来控制接地体的位置。工序作业完成后，全体作业人员应加强对成品的保护意识。

5）所有进场材料必须配有检验合格证，经试验检验合格后方可用于工程施工。

（2）质量控制点。良好的熔接效果是指熔接完成后，连接头表面光亮，没有贯穿性气孔，经切开检验剖面也无所谓贯穿的气孔或瑕疵。而影响熔接效果最大的因素是湿气（或水汽），包括熔模，熔接粉剂或被熔接物等所吸收或附着的水汽。另一影响熔接效果的因素是熔模及被熔接物的清洁程度。针对以上两个因素采取如下措施：

1）熔模、焊剂、连接体在使用前用烘干箱或喷灯予以加热，驱除潮气。

2）凡附着于熔接物表面的尘土、油脂、镀锌、氧化膜等熔接前必须完全去除，使其光亮后才可以进行熔接作业。

3）熔模内遗留的矿渣也需及时完全清除，否则将使熔接接头表面不平滑或不光亮。每次熔接后应趁熔模热时，利用自然性毛刷（不可用塑胶毛刷）及布轻挖轻拭除去。否则冷却时则越硬，越难清除。

4）接地棒的口径小于熔模口径者，很容易使铜水泄漏不能保证熔接质量，此时利用铜带包扎接地棒的末端予以补救。

8. 安全与文明施工

（1）施工现场悬挂醒目的安全标语及安全标示牌，危险部位要设警告、警示标志并有专人负责。

（2）现场所用上下水管道、电气线路、材料堆放、临时设施的平面布置都必须符合安全、卫生、防火的要求并加强管理，做到安全生产和文明施工。

（3）各种电气设备、电动工具等，包括线路绝缘应良好，按三相五线制接线时，须采用重复接地，现场电气设备和线路的安装，必须是持有操作证的电工（两人以上）负责安装，严禁电线拖地使用。

（4）现场施工用电、临时用电的供电线路敷设要整齐、固定要可靠，无乱拉、乱扯现象，任何人不准私自接电。

（5）配电箱符合统一的标准要求，箱内零件齐全并符合规范。胶盖闸只作断路开关使用，不得加熔丝。碰插熔断器内熔丝的规格符合要求，严禁用铜、铝、铁丝代替熔丝。箱内漏电保护器灵敏、有效，无带电裸露线，无杂物，箱门要有锁，防雨措施良好。

（6）所有特殊工种人员、各种领班及以上人员均必须符合有关规定的资质，并且持有该项工作的上岗证，应在施工期间佩带其上岗证供监理工程师随时检查。

（7）点火前收拾一切可燃物料远离出火口，以防止引起火灾，并且焊接点温度较高，防止烫伤。

（8）工序作业完成后，须做到工完、料净、场地清。

习　　题

1. 城轨供电系统中杂散电流的主要防护方案与施工流程是什么？
2. 城轨杂散电流防护系统中的监控子系统由哪几部分组成？
3. 钢筋焊接的基本要求是什么？
4. 综合接地网的设计要求有哪些？
5. 综合接地网的施工方法是什么？

项目7 电力综合监控系统施工

城轨电力综合监控系统又称数据采集与监视控制系统（SCADA）或远动系统。它对城轨交通供电系统的主变电所、牵引变电所与降压变电所内的高压设备、中压设备、低压设备、直流设备、操作电源屏、排流柜与轨道电位限制装置等对象进行监控，实现对各种设备的控制、信息采集、数据分析处理、远方维护、统计报表、事故报警、画面调阅与历史数据查询等功能。

任务7.1 电力综合监控系统概况

1. 基本情况

自2002年起，北京地铁13号线首次实施"供电、环控和防灾报警综合监控自动化系统"。至今，深圳、广州、北京、上海、武汉、西安、成都、重庆、天津等地铁线路均设置了以供电设备监控和机电设备监控为核心的综合监控系统。

电力综合监控系统一般以电力监控、环境与设备监控为核心进行集成，通过与屏蔽门、广播、闭路电视等系统进行界面集成，在显示其系统信息的同时，具备对其底层设备的控制功能。另外，还与列车自动监控系统、时钟系统、火灾防护系统、乘客信息系统等系统进行互联，只接收相关信息，在必要情况下由人机界面推出窗口进行显示而不进行控制。

2. 城轨电力综合监控系统的构成

典型城轨电力综合监控系统结构如图7-1所示，包括控制中心系统、各车站管理系统、停车场及车辆段监控系统、网络管理系统、设备管理系统及培训管理系统组成。

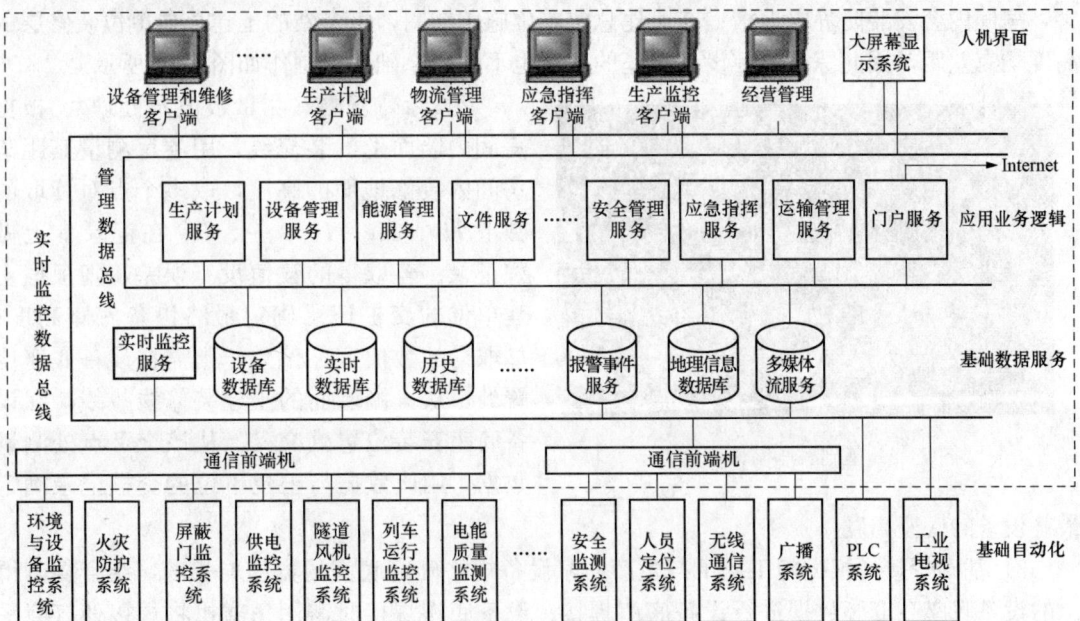

图7-1 电力综合监控系统结构

任务 7.2 电力综合监控系统施工流程

7.2.1 前期准备

1. 技术准备

（1）施工技术交底的编制，并对施工作业人员进行技术交底，确保有效的技术交底制度，做到三级技术交底。

（2）施工前期认真进行图纸会审，并形成图纸会审文件。

（3）根据施工图纸进行材料计划的编制，并根据施工现场情况明确材料到场时间，确保现场施工。

（4）施工难点、重点方案的编制，施工技术标准的编制。

2. 施工现场调查

（1）城轨施工工期紧张、项目多。各项目为了保证施工工期，不可避免地存在交叉施工作业。对于设备安装项目，一般与土建总包单位的配合施工在整个施工过程中是比较重要的环节，要求设备安装项目与土建总包项目的配合从工程的开始直至结束，一直贯穿其中。

（2）在施工开展前期，设备安装项目需做好现场调查，对施工现场的调查情况做好图片记录，保证未来施工的顺利开展和工期按期完成，所以施工现场在前期调查的时候需要与各土建标段及相关设备安装单位应建立有效的联系方式。

7.2.2 施工流程

1. 基础底座的制作及固定

（1）基础底座制作。

1）底座高度确定。综合监控设备房间属于弱电设备间，为防止静电对弱电设备产生危害，房间内会安装防静电地板；在土建总包单位施工期间，每个站的土建总包单位装修层的高度均有差距，因此综合监控设备底座的高度也不同。基础底座制作如图 7-2 所示。

图 7-2 基础底座制作示意图

2）标高复测（测量数值及处理）。根据房间内墙面上的装修线，用卷尺测量其距离房间内装修地面的高度，取多个点对读取的数值 H_1、H_2、H_3、…、H_n 在记录本上做好记录。若取得的数值没有误差，则根据土建单位的交桩记录确定最终设备底座高度；如取得的数值存在偏差，则需在设备底座位置处，从 4 侧墙面的土建装修线拉线，在设备底座安装位置处交叉。从该交叉点处测量数据，用该数据与土建单位的交桩记录确定最终设备的底座高度。

3）基础焊接。根据施工图纸与生产厂家设备规格确定底座的宽度与长度，结合复测得出的设备底座高度等数据进行设备底座焊接；设备底座焊接时需用角磨机将焊接处打磨平整，焊接完成后补充焊接处的镀锌层。基础焊接如图 7-3 所示。

4）焊接注意事项。设备底座焊接现场必须做好临电管理措施、防火措施（含动火证）与安全防护措施，焊工必须持证方能进行底座焊接；设备底座在焊接后，用角磨机磨平焊缝时要注意打磨力度，防止打磨出现凹痕；所有的焊接部位要焊接牢固，防止虚焊，焊接过程中及时将焊渣敲掉，检查焊接密实程度；设备底座焊接完成后需对焊接处进行防锈、防腐处理。

（2）设备底座的固定。

1）IBP 盘底座的固定（不含保温层）。

a. 首先应根据设计与生产厂家给出的施工图纸数据先确定靠近 IBP 盘临窗工作台的 IBP

图 7-3　基础焊接示意图

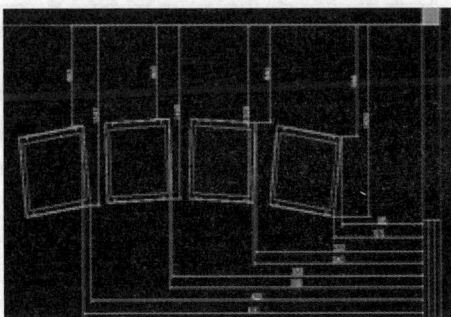

盘底座位置，并在地面用记号笔标示其位置（依次逐一确定出剩余 IBP 盘底座位置）。IBP 盘底座的基础定位与现场定位如图 7-4 所示。

图 7-4　IBP 盘底座的基础定位与现场定位

b. 接着将 IBP 盘底座挪开，用冲击钻（选用合适的钻头）在地面开底座固定孔（开孔时需保证孔垂直地面），用锤子和活动扳手将内膨胀螺栓植入开好的孔内，并使其充分在孔内膨胀固定牢固，如图 7-5 所示。

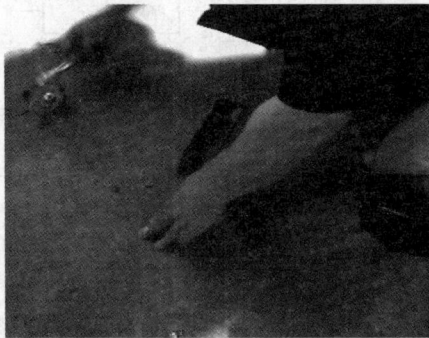

图 7-5　IBP 盘底座固定施工

c. 最后将 IBP 盘底座安装在已经固定好的膨胀螺栓上，用活动扳手将其固定（在固定时不可将螺栓紧死，待 4 个底座全部固定后检查其之间的距离是否满足设计与生产厂家数据要求，用水平尺测量底座的上表面是否在同一水平面上，如满足则可充分固定。若不满足水平，则可采用加垫片的方法调平，但垫片不得多于 3 片）。IBP 盘底座基础固定完成效果如图 7-6 所示。

图 7-6　IBP 盘底座基础固定完成效果

d. 注意部分线路车站控制室需在墙面安装保温棉。如果该线路需安装保温棉，需与土建装修专业确认保温棉厚度，在设备底座固定时将该厚度累计加到生产厂家提供的 IBP 盘底座固定数值中。IBP 盘底座基础槽钢安装偏差见表 7-1。

表 7-1　　　　　　　　　　IBP 盘底座基础槽钢安装偏差

项目	允许偏差	
	mm/m	mm/全长
不垂直	<1	<5
不水平	<1	<5
位置误差及不平行度		<5

2）综合监控机柜底座的固定。

a. 首先将监控机柜底座按照施工图纸位置摆放在水泥地上，用卷尺测量底座前边到参考墙面的距离，调整使每个底座前边两端点距参考墙面的距离相同；如设备室内参考墙面不是直线，可用尼龙线拉出一条直线，以该直线为参考，调整使各机柜底座摆放到设计图纸位置；用50mm×3mm 金属垫片调整每个底座，用水平尺检验是否水平，直至每个底座水平后，用记号笔通过每个地面安装孔处在水泥地面上做记号。综合监控机柜基础定位如图 7-7 所示。

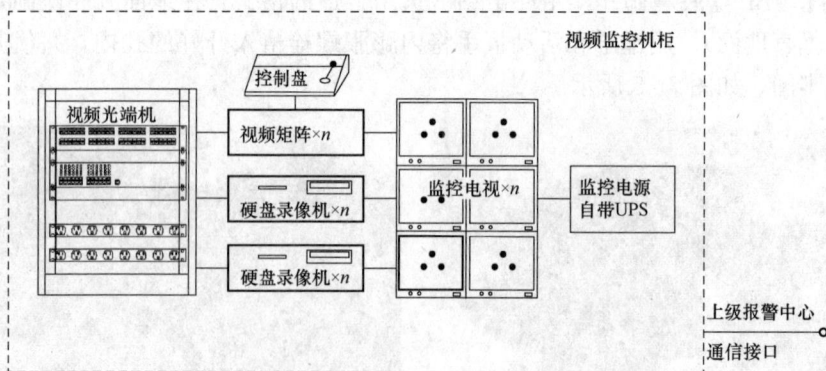

图 7-7　综合监控机柜基础定位图

b. 接着用冲击电钻在每个记号处打孔（电钻钻头要和金属膨胀螺栓型号相匹配），调节冲击电钻的深度标尺，使打孔的深度和金属膨胀螺栓的外胀管长度相同，孔要垂直；用毛刷扫除灰尘并将膨胀螺栓逐一敲入孔内，把螺栓适当旋紧，使外胀管略微胀开后，旋出螺母和垫片，将所有金属膨胀螺栓安装完成后，把设备底座安放到每个螺栓上，套上平垫、弹簧垫片、螺母。调整底座水平后旋紧螺母，同时用水平尺检验，逐一完成每个底座的安装。

c. 如果综合监控机柜底座固定图纸中未明确标明底座之间距离，则在固定机柜底座前需核实机柜外边距的实际尺寸是否与设计所给出的底座图纸相同。如果相同则可以按设计图纸将综合监控机柜紧贴着安装。如果不符合，则需要根据综合监控机柜外边距的实际尺寸并考虑底座与底座之间的距离进行安装。综合监控机柜基础安装如图7-8所示。

2. 综合监控设备安装

（1）技术标准及要求。

1）控制箱、柜、盘安装应垂直、平直、牢固。成排安装的控制箱、柜的正面宜平齐，高度宜一致，相邻箱、柜之间的接缝间隙不大于2mm。

2）控制箱、柜、盘的安装位置与方式应符合设计要求，满足维修和维护要求，要求综合监控设备机柜背面距离墙面不小于800m。

图7-8 综合监控机柜基础安装完成示意图

3）控制箱、柜、盘的安装应避开通风口、管道阀门等下方位置。无法避开时，应采取防水保护措施。

（2）IBP盘安装。

1）IBP盘安装。按照设计图纸将IBP盘放置在基础底座上面，根据生产厂家设计图纸中提供的数据先找正两端的IBP盘，以IBP盘2/3高位置拉线，逐台用垫片找平找正，柜（盘）如不标准以柜面为准（IBP盘找正时采用0.5mm铁片进行调整，每处垫片不能超过3片，然后安装临时固定螺栓固定）；柜（盘）就位、找平、找正后，柜体与柜体、柜体与侧挡板均用镀锌机螺栓连接；拼接完成后用塑料布包好IBP盘，并悬挂好成品保护标示牌，做好成品保护。

IBP盘在安装时可以用螺栓临时固定，便于在安装临窗工作台时进行调整。IBP盘面安装与示例如图7-9和图7-10所示。

图7-9 IBP盘面安装图

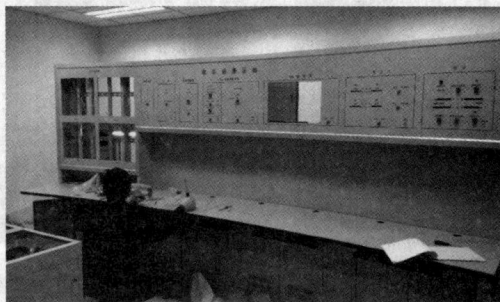

图7-10 IBP盘面安装示例

2）IBP盘临窗工作台安装。待现场土建装修专业完成车站控制室内的防静电地板、吊顶与窗户玻璃施工后，则可进行IBP盘临窗工作台安装。按照设计图纸调整临窗工作台的位置与高度，使其与工作台面和IBP盘的工作台面保持一致（注意IBP盘间接地线连接）。

3）IBP 盘台面安装。将工作台面安装至 IBP 盘与临窗工作台上，如衔接处有缝隙，则使用玻璃胶粘合。将 IBP 盘其余附件安装完后，紧固 IBP 盘各处连接螺栓。在安装完成的台面上铺厚塑料纸，避免台面划伤。

4）IBP 盘测试。接上临时电，按压试灯按钮，检查盘面灯是否点亮，将盘面的钥匙开关拨至有效位，检查测量柜内相应端子是否有电源。IBP 盘临窗盘面安装与完成效果如图 7-11 和图 7-12 所示。

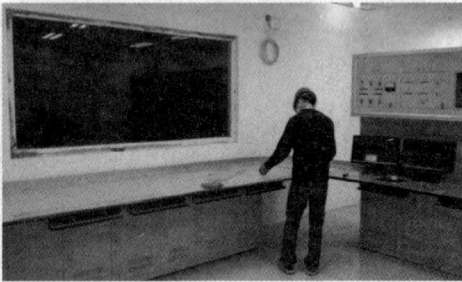

图 7-11　IBP 盘临窗盘面安装　　　　图 7-12　IBP 盘安装完成效果

（3）设备机柜安装。

1）首先是设备机柜就位，即将设备机柜底部安装孔对准底座安装孔，穿入连接螺栓并带上垫片、螺母，用水平尺和线坠检测机柜的水平度和垂直度偏差，在设备机柜底部加上金属垫片调整，水平度和垂直度偏差符合要求后按照对角方式逐一旋紧固定螺栓，并固定牢固。

2）设备机柜安装完成后喷漆完好无损，每个连接螺栓平垫、弹簧垫片和螺母齐全，尽量使用呆扳手紧固螺栓，以免损坏对连接螺栓表面，导致螺栓锈蚀。

3）用水平尺和线坠检测单个机柜和整列机柜的水平度与垂直度偏差，安装完成后还需仔细检查设备模块是否松动，设备内部连接线是否松动、脱落。

4）所有设备机柜安装完成后，使用彩条布覆盖防止灰尘进入并锁好机柜门。综合监控机柜安装步骤和完成效果如图 7-13 和图 7-14 所示。

图 7-13　设备机柜安装步骤

（4）综合监控机柜安装成品保护。用防水塑料布包裹→用彩条布包裹→粘贴悬挂成品保护标识。保护步骤如图 7-15 所示。

（5）注意事项。

1）采用金属垫片调整底座水平时，金属垫片不超过 3 块。

2）测量过程中发现与施工图有冲突时，应及时与设计单位进行协调；施工过程中及时与土建施工单位配合，确定静电地板的高度，避免底座高度制作出现偏差；设备机柜应可靠接地。

3）设备机柜应漆饰良好，无严重脱漆和锈蚀，应对设备底座固定开孔处的铁屑及时清理，防止其造成开孔处生锈。

3. 线槽及钢管安装

（1）线槽安装。

图 7 - 14　综合监控机柜安装完成效果

图 7 - 15　综合监控机柜安装成品

1）技术标准及要求。

a. 非镀锌电缆桥架间连接板的两端跨接铜芯接地线，接地线最小允许截面积不小于 $4mm^2$。

b. 直线段钢制电缆桥架长度超过 30m、铝合金或玻璃钢制电缆桥架长度超过 15m 时设有伸缩节，电缆桥架跨越建筑物变形缝处应设置补偿装置。

c. 当设计无要求时，电缆桥架水平安装的支架间距为 1.5～3m。垂直安装的支架间距不大于 2m。

d. 桥架与支架间螺栓、桥架连接板螺栓应紧固固定、无遗漏，螺母位于桥架外侧；当铝合金桥架与钢支架固定时，有互相绝缘的防电化腐蚀措施。

e. 各分支线槽接入综合线槽时，采用上方覆盖的方式接入；分支线槽与综合线槽衔接处的蹬踏弯角度为 45°（在 45°线槽处应加装线缆固定杆）。

2）施工步骤：定位测量→支架、吊架安装→金属桥架安装→伸缩沉降缝补偿装置安装→调整及槽盖安装。

a. 定位测量。依据设计图纸及规范要求，根据施工简图确定支架的安装位置，直线段用墨斗弹出标记线，用记号笔在标记线上标出支架的安装距离及安装膨胀螺栓的打孔位置；桥架路径确定后，用记号笔在桥架与墙体、层板穿越处画出位置、标高及尺寸。孔洞预留不完善的部位应及时解决，以便安装。

结合现场测量情况定出所需的线槽转弯、分支处的弯通配件规格及数量；线槽敷设路径遇有低于线槽标高的建筑物承重梁时应考虑采用蹬踏弯配件方式过渡；蹬踏弯的角度应不小于 20°，且盖板与梁底距离不小于 50mm，便于敷设电缆及检修电缆时开启盖板。定位测量线槽分布施工图如图 7 - 16 所示。

图 7 - 16　定位测量线槽分布施工图

　　b. 支架、吊架安装：检查所要安装的吊架、连接件及附件的外观，钢材有无扭曲变形、防腐类型是否符合要求，针对线槽安装高度组装移动梯车，备好线槽安装的工机具及材料；用电锤对定测过的吊架位置进行打孔，吊架与膨胀螺栓固定后，安装横梁。在线槽的转弯、分支处依规范要求加装吊架；潮湿地带沿墙布置的桥架，其支架应采用凸出墙面方式固定。安装如图 7 - 17 所示。

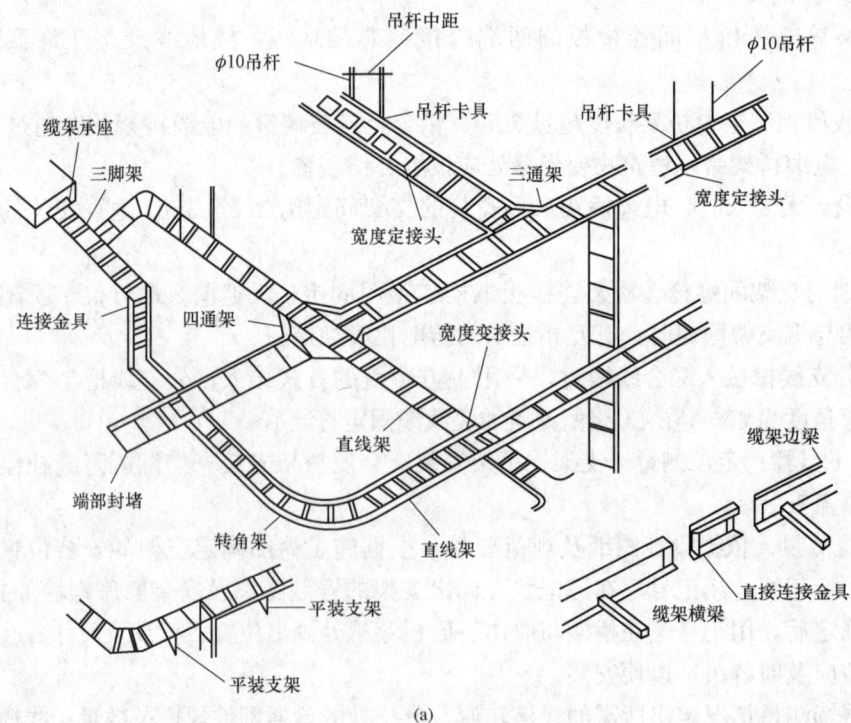

(a)

图 7 - 17　支架、吊架安装施工（一）

(b)

图 7-17 支架、吊架安装施工（二）

c. 金属桥架安装。按安装部位要求，首先应核对金属线槽规格、型号及防腐状况，接着将金属线槽的一端与连接片连接，然后移至安装好的支架上，再与另一金属线槽的一端连接，逐节接续，每节线槽都必须与支架横担固定；安装接地线时，在两节对接线槽紧固螺栓的一侧（便于安装、检查），用电钻在线槽上打孔，采用 16mm² 软铜编织线（两端压开口线鼻子并搪锡）在线槽对接处两端安装跨接地线，该接地线应预留一定松弛度。整合线槽安装施工如图 7-18 所示。

图 7-18 整合线槽安装施工

d. 伸缩沉降缝补偿装置安装。加工（长度为 200mm，宽度为所安装线槽宽加 10mm，高度为所安装线槽高加 10mm）与线槽同材质的金属线槽，在此线槽一端的两侧各开一个 50mm 长的水平长孔，在线槽另一端的两侧各分别开 3 个垂直的长孔，以补偿线槽伸缩沉降的变化量；在需安装补偿装置的金属线槽处，将线槽切断，断口距离为 100mm，依据补偿外护套各孔中心对应在线槽断口两端的位置，用电钻分别开圆孔，将补偿外护套套在线槽切断处，用螺栓做松弛连接，并用双螺母锁紧。跨接接地线的方法与金属线槽安装接地线的方法相同。线槽伸缩沉降缝补偿装置如图 7-19 所示。

图 7-19 线槽伸缩沉降缝补偿装置

e. 调整及槽盖安装。利用线坠、水平尺对吊杆、线槽进行平直调整。调整的重点为吊杆、吊杆横担及分支、转弯处吊杆安装是否平直，有无扭曲现象；调整完毕后，进行槽盖试盖安装，要求每节线槽均配有与之相配套的槽盖，以利密封。线槽安装成品效果与调整如图

7-20 和图 7-21 所示。

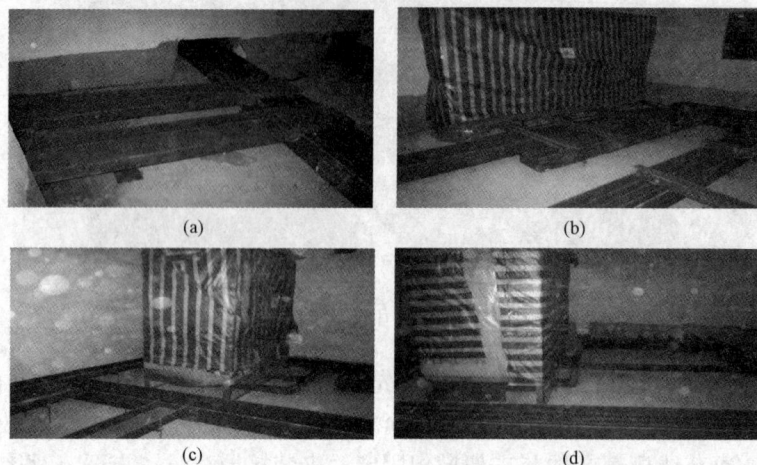

(a)　　　　　　　　　　　　　　　(b)

(c)　　　　　　　　　　　　　　　(d)

图 7-20　整合线槽安装成品效果

图 7-21　走廊及公共区域线槽调整

3）注意事项。

a. 施工前与土建单位核对现场标高，施工时必须按施工图进行，公共区及房间区走廊路段桥架的安装高度、路径需参照综合管线图施工。

b. 桥架过人防门处，桥架距人防门 400mm 处应断开安装（满足人防要求）；桥架安装完成后需做成品保护，标示牌悬挂处及转弯处应醒目。地面桥架安装完成后，标贴成品保护标示牌（防止人为损坏）。

c. 两桥架接地线连接时，桥架接地面处需把防火涂料刮掉，以满足接地要求；桥架必须用相应规格的裸铜线或铜网线做跨接地线，接地线在同一侧以便于检查；遇有特殊地段，需要现场加工桥架时，桥架的型号、规格、颜色应与单位采购桥架相同。

d. 高处作业时应注意安全事故，劳动保护用品应齐全并可使用；临时使用必须坚守"一机一闸一漏"规定。

e. 线槽垂直敷设及贴地面水平敷设时，线槽下需加装支架底座，底座高度应大于 100mm。

（2）钢管安装。

1）技术标准及要求。

a. 用在与接线盒分线箱连接处的钢管套丝长度，不宜小于钢管外径的 1.5 倍；用在管与管相连接部位的套丝长度，不得小于管中间接头长的 1/2 加 2～4 丝扣。

b. 接线盒安装弯管路，直线不超过 30m；两个接线盒之间有 1 个弯时，不超过 20m。

两个接线盒之间有 2 个弯时，不超过 15m；两个接线盒之间有 3 个弯时，不超过 8m，伸缩补偿装置 50m 设一处。

c. 镀锌的钢导管、可挠性导管不得熔焊跨接接地线，以专用接地卡跨接的两卡间连线为铜芯软导线，截面积不小于 $4mm^2$。

d. 当非镀锌钢导管采用螺纹连接时，连接处的两端焊跨接接地线；当镀锌钢导管采用螺纹连接时，连接处的两端用专用接地卡固定跨接接地线。

e. 电缆导管的弯曲半径不应小于电缆最小允许弯曲半径；导管在建筑物变形缝处，应设补偿装置。

f. 明配的导管应排列整齐，固定点间距均匀，安装牢固；在终端、弯头中点或柜、台、箱、盘等边缘的距离 150～500mm 范围内设有管卡，中间直线段管卡间的最大距离应符合相关规定。

2）明装钢管施工步骤：定位测量→管线切断及煨弯→管线固定→支架、吊架安装→穿引拉线→管口封堵。

a. 定位测量。吊顶内配管在吊顶装饰施工前进行。配管前，应按设计图纸确定好设备位置，然后依照配管线路"先主干，后支线"的秩序，路径横平竖直的原则。确定主干路径可依照设计图纸、车站综合管线图，选出最短、最直、相互干扰最小的路径。

b. 管线切断及煨弯。弯曲角度不得小于 90°，切断处钢管管口须做无毛刺处理。

c. 管线固定。管卡在管子的终端、转弯终点、接线盒的边缘固定点的距离为 150～200mm，安装固定管卡打孔，使用塑料胀管时，打孔的孔径与套管外径差值不得大于 1mm。

d. 支架、吊架安装。固定牢固、平整或垂直，在同一条直线上，支架、吊架位置偏差不大于 5mm。

e. 穿引拉线。管路敷设完成后应穿入钢丝作为引线，以方便后续穿线施工。

f. 管口封堵。钢管安装完成后，用碎布条将钢管管口封堵并用外罩塑料布包裹进行简单防水，防止土建施工时将混凝土灌入钢管内，堵塞钢管。

3）预埋钢管施工步骤：定位测量→墙面开凿→管线切断及煨弯→管线固定→穿引拉线→管口封堵。钢管预埋施工步骤如图 7 - 22 所示。

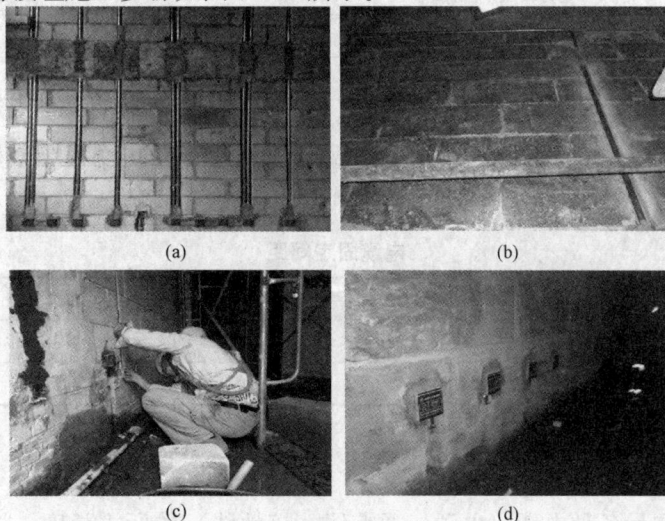

(a)　　　　　　　　　　(b)

(c)　　　　　　　　　　(d)

图 7 - 22　钢管预埋施工步骤

a. 施工步骤中的"定位测量、管线切断及煨弯、管线固定、穿引拉线与管口封堵"与明装钢管施工步骤一致。

b. 墙面开凿。通槽的深度满足钢管埋深与建筑物表面的距离不少于 15mm。根据施工图要求及地面标高情况，在墙面的规定位置开出箱盒的安装位置，如设计图纸未说明，出线盒下边沿距最终设计地面 300mm。墙面开凿施工如图 7-23 所示。

图 7-23 墙面开凿施工

4. 线缆敷设

（1）技术标准及要求。

1）线缆穿管前，应清除管内杂物和积水。管口应有保护措施，不进入接线盒（箱）的垂直管口穿入电线、电缆后，管口应密封。

2）线缆在线槽内有一定余量，不得有接头。电线按回路编号分段绑扎，绑扎点间距不应大于 1.5m。

3）线缆的布放应自然平直，不得产生扭绞、打圈与接头等现象，不应受外力的挤压和损伤；线缆的两端应贴有标签，应标明编号，标签书写应清晰、端正和正确。

4）线缆应有余量，以适应终接、检测和变更。对铰接电缆预留长度：工作区宜为 3～6m，设备间宜为 3～5m；光缆布放完后应有盘留，预留长度宜为 3～5m，有特殊要求应按设计要求预留长度。

（2）电缆敷设时最小允许弯曲半径及固定间距应符合表 7-2 的检验标准。

表 7-2 电缆最小允许弯曲半径检验标准

序号	电缆种类	最小允许弯曲半径（mm）
1	非屏蔽 4 对对绞电缆弯曲半径	4D（D 为电缆直径）
2	屏蔽 4 对对绞电缆弯曲半径	8D
3	2 芯或 4 芯水平电缆弯曲半径	25
4	交联聚氯乙烯绝缘电力电缆	250
5	多芯控制电缆	100

桥架内电缆敷设：电缆敷设排列整齐，敷设于垂直桥架内的电缆固定点间距不大于表 7-3 的规定。

表 7-3 电缆固定间距

敷设方式	固定点距离（m）
水平敷设	5～10
垂直敷设	1.5

注 水平敷设时，在线缆的首尾及转弯处需进行固定。

（3）线缆敷设步骤。

1）现场实际测量各种电缆（电源、通信线、接地线）的所需长度。将电缆裁好，将写明电缆编号与型号等内容的白色胶布粘贴于电缆的两端以做标记。

2）金属线槽组装成统一整体并经清扫后，方可进行线缆的敷设，将电源线、网络线分别放入强弱电线槽内，线缆敷设时边敷设边整理，并按系统绑扎成捆，在电缆敷设完成后，再进行一次统一整理。

3）电缆敷设过程中，注意避免电缆与线槽边缘、防静电地板及其支架的摩擦。

4）在电缆整理完毕后，对电缆挂标示牌。

（4）注意事项。

1）电缆敷设时必须分清类别，所有电缆在敷设前后必须进行外观检查和绝缘检查，电缆敷设时不得有扭绞压扁和保护层断裂的现象。

2）电缆敷设坡度大于 45°时，倾斜的电缆每隔 1.5m 处注意设固定点。

3）电缆沿桥架敷设时，应排列整齐，拐弯处应以最大截面电缆允许弯曲半径为准。

4）当电缆从建筑物外面进入建筑物时，应选用适配的信号线路浪涌保护器保护。

任务 7.3 电力综合监控系统安装测试

1. 变电所综合自动化系统设备安装

变电所综合自动化系统设备的安装包括供电系统设备的微机综合保护测控单元安装、中央信号屏的安装、通信处理装置的安装和所内通信网络的构建。

供电系统设备的微机综合保护测控单元在设备出厂前已由各生产厂家安装于设备柜体上，现场主要为网络线的敷设和设备的调试。变电所综合自动化系统设备的安装与变电所的整体进度应保持一致同步进行，并在变电所保护调试时应做相应的配合工作，监视后台（中央信号屏）的数据应与保护调试的结果进行一致性校验。

2. 电力综合监控及复示系统安装

控制中心电力综合监控系统主要设备包括调度员工作站、服务器机柜、配电盘（箱）、打印机、UPS 机柜及接口设备等；服务器机柜、UPS 机柜和配电盘（箱）应固定于安装好的基础支架上，用紧固螺栓将盘底部与基础支架连接牢固。安装后，盘面应对齐、顺直，机柜与配电盘应可靠接地。调度员工作站、打印机等安装在调度大厅的设备可依施工图放在操作台柜内，台面上安放 VDU 设备（CRT、键盘和鼠标）。

供电检修车间复示系统主要设备包括工作站、打印机、UPS 机柜及接口设备等。其安装方式与控制中心电力监控系统设备安装基本一致。

3. 光缆敷设与接续

（1）变电所综合自动化系统。根据招标文件，变电所综合自动化局域网通信电缆主要采用多模软光缆。

（2）环网。变电所中央信号屏至通信机械室一般采用单模软光缆，并由施工单位按照施工图全线敷设接线。由于车辆段及停车场为户外，因此采用户外光缆。

（3）控制中心电力综合监控系统。控制中心电力综合监控系统电缆包括设备用电源电缆、通信电缆（屏蔽双绞线）及光缆。通信电缆及光缆应敷设于架空地板下预先安装好的金属线槽或管线内；电源电缆（带铠装）应敷设于架空地板下（具体敷设方式根据设计图纸确定），穿墙及楼板采用镀锌钢管防护，在电缆竖井内敷设于电力专业安装的桥架内，要求控制中心穿线工作宜在架空地板铺设之前完成。

(4) 供电检修车间复示系统。供电检修车间复示系统电缆包括设备用的电源电缆、网络线及传输通道光缆。传输通道光缆敷设于通道电缆支架、供电检修车间桥架内，电源电缆穿镀锌钢管敷设，网络线敷设于金属管线内。

4. 电力综合监控系统测试

(1) 变电所综合自动化系统。

1) 配合变电所继电保护调试。继电保护调试是变电所整组传动试验的重要内容，保护装置地址的分配，保护定值的输入和修改、保护软压板的投切，软件联锁、闭锁及特殊保护功能的投入（如低压柜备自投允许）都与自动化系统密切相关，需变电所综合自动化系统的配合才能顺利完成。

以上功能是通过变电所综合自动化通信网络来实现，因此变电所继电保护试验宜与变电所综合自动化系统的调试同期进行。

2) 变电所综合自动化子系统调试。变电所综合自动化系统一般采用分散、分层、分布式系统结构，分三层布置，即站级管理层、网络通信层与间隔设备层。站级管理层为设置在中央信号屏内的主监控单元（通信控制器）；间隔设备层包括安装于各开关柜内的保护测控一体化设备并作为变电所综合自动化子系统；网络通信层是指变电所综合自动化系统的通信网络。

变电所综合自动化子系统包括 35kV 子系统、400V 低压子系统、配电变压器温控仪（硬接线）、所用配电屏监测单元、整流变压器温控仪（硬接线）、直流 1500V 子系统、轨电位限制装置（硬接线）及接触网隔离开关（硬接线）等。其调试主要内容为各子系统与主控单元间的通信功能（包括规约处理功能）测试。因变电所设备类型较多，各子系统生产厂家规约又不尽相同，所以子系统的调试是电力综合监控系统调试的关键环节。各子系统与综合自动化系统的接口测试工作应在设备出厂前完成。综合自动化子系统现场调试由施工单位、自动化设备生产厂家及相关接口设备生产厂家共同协作完成。

3) 变电所综合自动化系统调试。变电所综合自动化子系统调试完成后即可进行全所的综合自动化系统调试工作，其主要内容为变电所内"对点"测试，即在与控制中心通道还未建立之前的站内"三遥"（遥控、遥信、遥测）量的测试。变电所综合自动化系统调试可用以验证以下功能：

a. 继电保护与自动装置功能。即变电所继电保护装置通过网络接口接入全所综合自动化系统。继电保护功能验证包括 35kV 电流速断保护、过电流保护、零序电流保护、变压器过负荷保护、温度保护、直流开关过电流保护、DDL（$di/dt+\Delta I$）保护、双边联跳保护等。自动装置功能验证包括直流 400V 低压系统的备自投功能、直流馈线断路器设置的带有判断故障性质的自动重合闸功能、交（直）流自用电的进线自动投切功能验证等。

b. 控制功能。对变电所断路器，电动隔离开关，保护功能投退、闭锁解除，自动装置等实现改变运行状态的所内控制或在中央信号屏（主控单元）上执行远程控制命令的功能验证。

c. 信号调试与测量功能。信号调试是对所内开关位置、故障信息、保护动作信号等设备运行状态进行实时采集、显示、报警、存储等处理的功能验证。测量功能是对变电所重要电量，如电压、电流、功率等进行实时采集、显示、存储等处理功能的验证。

d. 远程通信与画面组态功能。远程通信功能验证是通过变电所光纤以太网与车站通信接口（通信专业提供）的测试，检验变电所自动化系统与控制中心电力综合监控系统通道的传输速率、容量及通道的可靠性。画面组态功能是指在变电所中央信号屏主控单元可实现本所的主接线图、一次系统图、所内设备布置图、电流电压曲线图、所内通信网络图及各种记录、警报、软压板投切图等画面的组态验证。

e. 系统可维护功能。系统可通过外接便携式计算机完成对系统的测试、维护及监控功能验证。

f. 系统容错、自检、自恢复功能。变电所综合自动化系统调试结果应满足下列指标：站内事件分辨率小于或等于 5ms；模拟量测量总误差小于或等于 ±0.5%；站内遥控正确率为 100%；信号正确率为 100%；SOE 分辨率小于或等于 5ms；控制响应时间小于 2s；信息响应时间小于 3s。

（2）控制中心电力综合监控系统。控制中心电力综合监控系统（主站）由指挥中心局域网、中央服务器、工作站（操作、维护、数据转发与设备管理）、电力监控软件、打印机、交换机、UPS 电源系统等组成。控制中心电力综合监控系统调试主要工作内容包括 UPS 电源系统测试、控制中心局域网的组建和测试及接口测试等。

1）UPS 电源系统测试。UPS 电源系统由 UPS 装置、蓄电池组及配电盘组成，主要测试内容包括蓄电池充放电试验、容量校验、配电盘两路交流进线手动/自动投切试验、失电压报警、电池低电压报警、配电馈出回路校验及 UPS 电源系统运行状态、故障信息在线监视等。

2）局域网的组建和测试。局域网络结构采用双以太网构成，相互备用，在正常情况下，一个网络用于控制中心电力综合监控计算机之间的通信，另一个网络处于热备用状态；当主用网络发生异常或故障时，系统在规定的时间内自动切换到备用网络。局域网的组建和测试内容包括网络节点配置、物理连接（网络线敷设及连接）、软件安装、IP 地址分配及参数设定、网络通信测试及双网切换测试等。

任务 7.4 电力综合监控系统联调

电力综合监控系统联调可分为控制中心与变电所综合自动化系统联调及控制中心与电力综合监控复示系统（设置在车辆段）联调。

7.4.1 电力综合监控系统调试准备

1. 调试工序流程

电力综合监控系统联调主要工序流程如图 7-24 所示。

2. 进度安排及组织方式

（1）进度计划。应按照项目联调工序流程节点计划进行。

（2）组织分工及职能划分。

1）组织分工。系统联调阶段调试人员分控制中心、变电所、复示系统三个

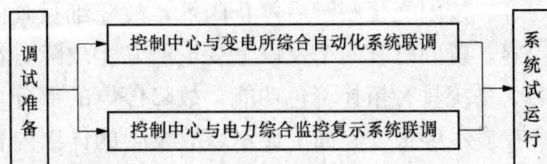

图 7-24 电力综合监控系统联调主要工序流程

组，电力监控控制中心组对调试工作整体负责，并负责对调试工作做出全面的安排和进度掌

握。变电所组负责供电系统联调时变电所部分的"三遥"功能调试结果确认与配合。复示系统组负责核对复示工作站在系统联调时的结果是否与控制中心的结果一致。

2）职能划分。

a. 控制中心。施工单位专业调试工程师在业主的领导下负责整体调试工作的安排。电力综合监控系统集成商现场调试工程师配合施工单位专业调试工程师的调试工作，并负责控制中心各设备的正常工作及调试问题的解决。施工单位工程师负责整个光环网的接线，并负责整个系统通道的畅通。

b. 变电所。施工单位专业调试工程师负责电力综合监控系统被控站的调试工作；变电所综合自动化系统集成商现场调试工程师配合施工单位专业调试工程师的调试工作，并负责变电所综合自动化系统的正常工作；施工单位工程师负责整个光环网的接线，并负责整个系统通道的畅通；变电所设备的安装调试工程师配合专业调试工程师的调试工作并负责变电所的设备的正常工作。

c. 复示系统。施工单位专业调试工程师负责整个复示系统的调试工作，电力综合监控系统集成商现场工程师配合。

7.4.2　电力综合监控主系统调试方法

1. 控制中心与变电所综合自动化系统联调

控制中心（后备）与变电所电力综合监控系统联调应在控制中心电力综合监控系统调试及变电所综合自动化系统调试完成后进行。

2. 系统联调的主要测试项目

（1）遥控功能。遥控是调度员在控制中心通过对站名、开关名及动作状态进行选择后，进行单个开关的遥控分合操作控制。遥控过程分两步进行：

1）首先调出变电所的主接线图，选择控制对象（只有当选择成功后，方可进行后续操作）。

2）接着在被选中对象的确认画面上，按下执行键，发出执行命令，若遥控成功，CRT显示器及大屏幕上开关状态刷新、停止闪烁并有打印记录；若执行失败，则CRT显示屏及大屏幕上开关恢复原状态显示，并有打印记录。

（2）遥信功能。遥信信号包括变电所开关位置信号，开关设备接地刀闸信号，变电所事故信号、预告信号及变电所内交、直流信号。遥信显示内容包括：

1）正常运行状态的显示。即在控制中心CRT显示器上对变电所供电设备运行状态和信息的实时监视，如开关状态画面合闸时显示红色，分闸时显示绿色。

2）事故推画面。当事故发生时，在显示屏故障显示窗口显示故障站名，系统自动推出故障所在的变电所主接线画面，相应的自动变位模拟开关闪烁，同时在故障细目画面显示事故内容。按闪光复归键后停止闪烁，故障细目画面自动消失，若故障仍存在，则保留故障细目内容。若同时有两个及以上变电所发生故障，在显示屏故障显示窗口同时显示发生故障的站名。系统具有拓扑着色功能，故障停电的部分自动转为灰色或其他指定的颜色。

在显示屏报警画面上显示事故发生的详细内容，并在打印机上进行打印，内容包括故障发生地点、对象、性质、时间等。当控制中心接收到事故信号，发出音响报警，操作员按"确认键"后，解除音响；当某站发出预告信号时，在显示屏报警画面上显示详细预告内容，并在打印机上进行打印，包括站名、对象、性质、发生时间等。

3）报警信息处理：当变电所供电设备或接触网隔离开关发生故障时，故障信号迅速传递到控制中心显示、打印并启动控制中心音响报警。

（3）遥测功能。供电系统的遥测功能主要完成牵引所、混合变电所及降压变电所（跟随所）的交流 35kV 系统、直流 1500V 系统、交流 400V 系统电流、电压、有功/无功的测量，对直流电能量、交流电能量及变压器温度信号的采集，并具备越限报警功能。

（4）控制闭锁功能。断路器与电动隔离开关的操作安全闭锁功能及变电所 35kV 进线开关与母线联络开关之间防止两路进线电源合环运行的闭锁功能。

（5）供电系统运行情况的数据归档和统计报表功能。对操作信息、事故和报警信息的历史记录分类保存，以便进行查询和故障分析；测量数据的日报、月报的统计报表功能实现；各种档案报表的自动/手动建立功能。

（6）用户画面功能。各种系统图、变电所的主接线图、供电设施示意图、事件记录表、报警清单，各类保护整定值清单、系统配置图的正确显示。

（7）信息打印功能。所有操作、警报、报表信息均可根据需要在打印机上打印出来，当打印机处于关机状态时，各种信息自动保存在硬盘上。

（8）口令级别设置功能。根据管理人员的级别设置不同的口令，防止低级别的人员行使高级别的权限。口令级可分为操作员级、应用软件级与系统软件级等。操作员级：键入口令后，只能调用监视画面和操作画面，进行正常的开关操作和事件监视；应用软件级：键入口令后，可对运行参数、各种用户画面和数据库进行修改、编辑和定义，对应用软件实现在线编辑；系统软件级：键入口令后，可对系统程序进行编程和修改。

（9）软件的维护、修改和扩展功能。可根据数据库及画面编辑原则，对系统进行扩容，如修改、增扩对象等。系统要求对整个系统运行状况实施监视，以图表来直观反映，并能报警提示维护人员，对运行设备的故障发生时间、恢复时间能自动记录；此外，要求系统具有对各通道进行监视的功能，若有通道故障，能发出音响报警；系统还应能对变电所综合自动化系统运行状况进行监视。

3. 调试前需完成的工作

调试测试大纲及实施性调试方案编制应已完成→各系统设备已调试完毕，且运行正常→控制中心与变电所的通道测试工作已完成→控制中心与变电所已建立正常的通信联系→变电所综合自动化系统已调试完毕→检查开关位置指示、继电器、储能指示是否正确。

4. 调试流程及方法

控制中心与变电所综合自动化系统联调可按以下流程进行：调试准备→设备上电检查→遥信功能测试→遥测功能测试→断电、恢复接线，检查屏柜接线→遥控功能测试→其他功能试验。

下面以某牵引降压变电所电力综合监控系统调试为例，如图 7-25 所示。某变电所由两路 35kV 进线、两路 35kV 出线、母线联络开关（110、1101、1102）、两路整流变压器馈出开关（112、1122 及 112、1123）、两路配电变压器馈出开关（111、1111 及 112、1121）、400V 两路进线开关（201、202）及母线联络开关（203）组成。正常运行时两段母线分列运行，当一路进线电源停电时，母线联络开关自投，另一路进线承担全部负荷，即两路整流变压器并列运行。当一台变压器有故障时，另一台变压器也可单独运行。

当 35kV 的 I、II 段母线都有电压，闭锁母线联络断路器合闸操作，400V 进出线及母

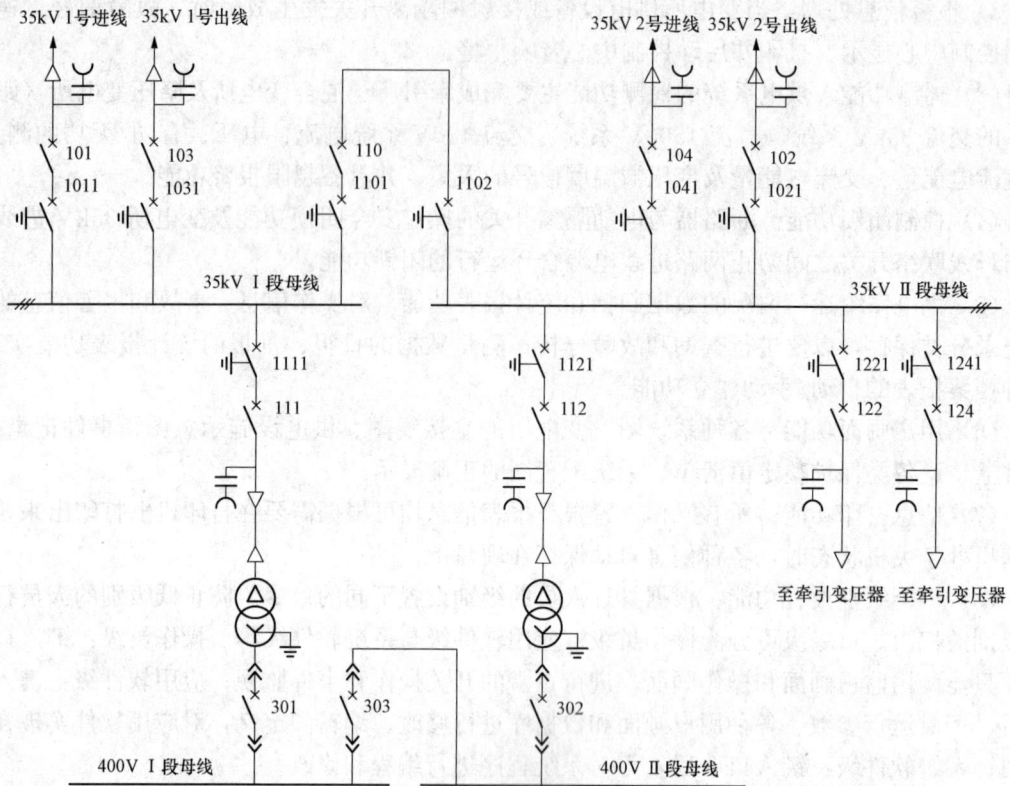

图 7 - 25　某站牵引降压变电所主接线图

线联络断路器设备自投保护功能。当正常运行时，301、302 断路器在合闸位置，303（母线联络断路器）在分闸位置，400V 的 Ⅰ、Ⅱ段母线有电压。当 400V 的 Ⅰ段（或 Ⅱ段）母线失电压，在备自投功能投入的情况下，301（或 302）断路器跳闸。当 400V 的 Ⅰ、Ⅱ段母线三级负荷被切除后，303 断路器合闸。若 400V 的 Ⅰ段（或 Ⅱ段）由失电压变有电压，则备自投启动来电自复功能，即 303 断路器跳闸，301（或 302）断路器合闸，恢复正常运行状态。以 101、301、302 和 303 断路器为例，根据以上原理进行调试。

（1）遥信功能测试。

1）开关位置信号测试。分别将断路器小车置于工作位和试验位，并进行开关分、合闸操作，控制中心开关变位显示正确。

2）报警信号测试。根据保护定值，在 101 电流互感器二次侧加故障电流，101 过电流保护动作跳闸，变电所中央信号屏、控制中心 CRT 及大屏幕显示"101 过电流保护动作报警信息"，同时报警音响启动。

（2）遥测功能测试。在 101 断路器二次侧测量接线端子加电流、电压信号，控制中心应能正确显示。

（3）遥控功能测试。断路器手动操作正常后，将"远方/当地"转换开关转到"远方"位，此时由控制中心对 101 断路器进行远方操作。

1）操作程序。首先将变电所中央信号屏当地/远方操作转换开关转到"远方"位置，接着把 101 开关柜"远方/当地"转换开关转到"远方"位，最后确认 1011 接地闸刀在分位。

2）确认保护无动作情况。遥控合 101 断路器，信号屏及控制中心 CRT 显示"101 断路器合闸"，开关正确动作；遥控分 101 断路器，信号屏及控制中心 LCD "101 断路器分闸"。

（4）400V 自投功能调试。测试前提条件是 301 与 302 断路器两侧母线有电压，301、302、303 断路器均在工作位，且 301、302、303 及三级负荷总开关均在遥控位置。在自投功能投入、无故障的情况下，301、302 在合闸位，303 在分闸位；若 301 侧失电压，302 侧有电压，301 断路器跳闸，303 断路器（母线联络断路器）自动投入。调试步骤如下：

1）将 301、302、303 断路器小车摇至工作位。

2）把自投装置转至"投入"位，400V 柜的所有"远方/当地"转换开关转至"远方"位。

3）合 301、302 断路器并在 400V 的 Ⅰ、Ⅱ 段母线加三相电压。

4）撤除 400V 的 Ⅰ 段母线电压，经过 4.5s（据设计定值确定）301 断路器跳闸后，203 断路器自动投入，控制中心报"备自投成功"信号。

5）若断开 301 断路器分闸回路或 303 断路器合闸回路，按以上步骤重复试验，由于 301 断路器分闸不成功或 303 断路器合闸不成功，控制中心报"备自投失败"信号。

7.4.3 控制中心与复示系统联调

一般电力综合监控复示系统设置于车辆段供电检修车间内（如图 7-26 所示），用于监视全线变电所设备与接触网设备的运行情况，使供电维护人员及时了解现场事故信息，提高处理事故的工作效率，缩短停电时间，并且通过与控制中心的远程通信，完成维修调度作业计划的发送和接收。电力综合监控复示系统如图 7-26 所示。

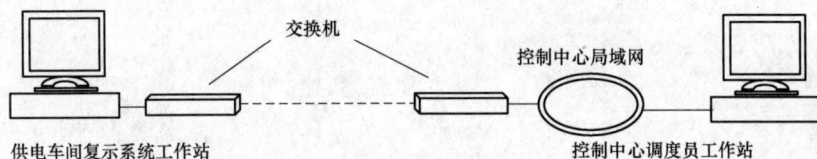

图 7-26 电力综合监控复示系统

1. 调试准备

（1）建立复示系统工作站与控制中心的正常通信。检查通信交换机工作正常，各端子连接可靠，供电检修车间与控制中心的通信联络工具可正常工作（内部电话、无线通信工具或手机）。

（2）检查两部分的 UPS 电源。在调试前已经完成 UPS 电源的测试与准备，两路工作电源工作正常。UPS 蓄电池也充电准备完毕，保证系统在失电情况下 30min 的电力供给。

（3）复示系统工作站和控制中心工作站、终端服务器与局域网应工作正常。

2. 调试方法

复示系统的工作原则为"只看不动"，即在复示系统工作站只能完成与控制中心供电系统的数据同步，但没有控制权，因此工作站主要作为控制中心与供电检修车间复示系统的信息同步调试。

（1）遥信信息调试。由变电所模拟一个预告或事故信号，观察控制中心、复示系统工作站的信息显示是否正确并核对打印机的记录是否一致。若有漏项或记录结果不一致现象要找出原因并改正。

（2）遥测信息调试。找出一个测试点，如变电所的进线电压或某一直流馈线电流。用恒压源或恒流源加一个测试电压或电流并改变所加量的幅值，核对控制中心与复示系统工作站的信息显示是否正确和一致。

（3）维修作业计划的发送和接收。复示系统通过地铁通信系统提供的专用数据通道或局域网通信通道远程登录控制中心电力综合监控系统，向电力调度发送和接受维修作业计划。

习　　题

1. 电力综合监控系统的施工流程是什么？
2. 变电所综合自动化系统设备安装流程是什么？
3. 电力综合监控系统测试项目有哪些？
4. 电力综合监控主系统调试方法是什么？

参 考 文 献

[1] 杨建国．城市轨道交通供电工程施工技术手册［M］．北京：中国铁道出版社，2013．

[2] 于景臣．城市轨道交通工程施工［M］．北京：中国铁道出版社，2009．

[3] 李建民．城市轨道交通供电［M］．成都：西南交通大学出版社，2007．

[4] 夏芳．城市轨道交通工程施工［M］．北京：中国铁道出版社，2009．

[5] 张文宏，蔡佳旻．城市轨道交通供电工程［M］．北京：中国建材工业出版社，2020．